民生刑法限度研究

★

蒋晗华　著

中国政法大学出版社

2018 · 北京

图书在版编目（CIP）数据

民生刑法限度研究/蒋晗华著.—北京:中国政法大学出版社，2018.3
ISBN 978-7-5620-8056-5

Ⅰ.①民… Ⅱ.①蒋… Ⅲ.①刑法－权益保护－研究－中国
Ⅳ.①D924.04

中国版本图书馆CIP数据核字(2018)第054087号

出版者 中国政法大学出版社
地 址 北京市海淀区西土城路25号
邮 箱 fadapress@163.com
网 址 http://www.cuplpress.com（网络实名：中国政法大学出版社）
电 话 010-58908435(第一编辑部) 58908334(邮购部)
承 印 固安华明印业有限公司
开 本 880mm×1230mm 1/32
印 张 8.25
字 数 214千字
版 次 2018年3月第1版
印 次 2018年3月第1次印刷
定 价 39.00元

目　录

导 论

一、问题缘起

民生，即民之生计。与国计不同，民生是一个天然含有人本思想和人文关怀的语词，其蕴含着浓浓的平民意识和大众情怀。随着社会的变迁和文明的演进，民生从传统的柴米油盐酱醋茶，演变为如今的生存权、发展权等社会经济文化权利，并向网络空间、人类社会可持续发展、全球化等相关议题进一步延伸。民生问题关乎每一个人，是基本人权的应有之义。刑法作为以保障人权为重任的法律，必须关注民生。刑法作为社会治理体系中的重要元素和社会纠纷解决机制的重要环节，必须保障民生。

刑法是一个与民生密切关联的部门法，其生命力不仅在于贴切的法制话语，更在于其积极地回应民生，以民生问题为其制度设计的出发点。从当前国家刑事法治实践看，不管是刑事立法，还是刑事司法，都空前一致地强调刑法对民生问题的回应与保护。《刑法修正案（七）》增加组织、领导传销活动罪，《刑法修正案（八）》增加醉酒驾车、恶意欠薪、食品安全犯罪并限制死刑范围，规定未成年人前科消灭、老年人从宽处理等，《刑法修正案（九）》增加侵犯公民个人信息罪、虐待被监护看护人罪、组织考试作弊罪、代替考试罪、编造传播虚假信息罪等，均是回应民生问题的重要体现。

卢建平教授是民生刑法观的积极倡导者，他将民生刑法概念的诞生视为我国刑事法治发展的历史性标志，民生刑法的提倡是时代发展的必然要求，他还提出了以民生刑法观为指导的我国刑法改革的新思路。[1] 而何荣功教授则主张应慎重对待“民生刑法观”。因为，刑法最后手段性的特点和热点民生问题形成的原因，更需要国家优先尝试使用社会政策和民事、经济、行政等法律手段进行化解。国家若一旦提倡“民生刑法观”，极容易导致国家各部门过分强调刑法对该类问题的解决，致使刑法过度活跃，促使刑法向社会管理常规手段的方向发展演变，这会产生巨大的风险。[2]

其实，提倡“民生刑法”并不必然导致刑法过分介入民生，任何刑法观念，不论善恶，前者如极权刑法、专制刑法，后者如民主刑法、民权刑法，一旦强调得过分了，都是危险的。[3] 民生权益关乎社会整体福祉，加强对民生的刑法保护已经成为我国刑法学界的普遍共识。合理强调民生刑法，能够在中国的社会转型和刑法改革过程中，适当降低国权刑法或政治刑法的比重，适度提升民权刑法或市民刑法的比重，实现保障人权、保护民生的刑法功能。

当然，何荣功教授对于民生问题刑法介入过度的担忧不无道理。从世界刑法的发展趋势可以看出，虽然近年来刑法“谦抑主义”“非犯罪化”“非刑罚化”的思想观念非常流行，但是刑法的调整范围还是在不断地扩张。相比较而言，犯罪化占据了主导地位。我国刑法也不例外，其主要表现为犯罪圈的不断扩张，泛刑法化的危险从来没有消失。刑事立法已经成为我国立法活动中最积极、最活跃的一个方面。这种积极的立法不仅表现为立法活动的频繁，还表现在立法内容的取向上，在历次对刑法的修改中，基本上

---

〔1〕 参见卢建平：“加强对民生的刑法保护——民生刑法之提倡”，载《法学杂志》2010 年第 12 期。

〔2〕 参见何荣功：“要慎重对待‘民生刑法观’”，载《中国检察官》2014 年第 3 期。

〔3〕 参见车明珠：《民生刑法观导论》，知识产权出版社 2015 年版，卢建平之序第 4 页。

是增加罪名或加重对某些犯罪的刑罚。尤其是近年来，面对公共道德的滑坡，公众要求增设各种罪名的呼声此起彼伏，凡是社会关注度高的问题，往往倾向于用刑法来“救场”。但从理性的角度看，即便民生刑法的提法天然地具有取悦民众、博得立法者和司法者青睐的特点，人们也不允许立法者在出入罪问题上肆意而为，而是期待存在一定的标准或原则，制约立法者的立法行为，避免立法结果脱离理性。

在面对重大民生风险时，刑法应扮演何种角色？是积极干预还是底线控制？这实际上涉及对一个民生侵权行为而言，究竟在何种情况下才宜于犯罪化？所关涉的是刑法介入民生的限度问题。为民生刑法界定限度范围，合理划分侵犯民生利益的犯罪圈，既能保持刑法固有的谦抑性与最后手段性，也能凸显刑法对民生利益的保障效果；既有利于提高民生刑法立法的效率并保证其妥当性，也能妥善地处理在民生法律保护体系中，刑法与民法、刑法与行政法的分工和衔接问题，彻底地贯彻刑法的谦抑精神，让其真正成为民生利益的最后保障手段。可以说，刑法恰当掌握定罪量刑的尺度，是保障民生的最后一道防线。从这个意义上讲，提倡民生刑法，并对民生刑法及其限度进行研究，无疑是一个重要课题。

二、研究价值

法律制度的建构不能脱离现实生活，法既是历史的呈现，又是在社会现实生活中的生成。换言之，“社会发展是因，法律发展是果，公共意志、法学理论和法的信念等同样是出于社会现实的需要，也因为现实生活的需要使立法者具有正当性去改变现状或维持现状。所以，法因社会变迁而变化，任何刑法制度的生成都是社会变迁和理念转变相互作用的结果”[1]。民生刑法也不例外。

---

〔1〕 姜涛：《劳动刑法制度研究》，法律出版社2013年版，第7页。

民生概念古已有之，民生刑法却是一个新生议题。刑法是一个与民生密切关联的部门法，其生命力不仅在于贴切的法制话语，更在于其积极地回应民生，以民生问题为其制度设计的出发点。从当前国家刑事法治实践看，不管是刑事立法，还是刑事司法，都空前一致地强调刑法对民生问题的回应与保护。因刑法关注民生而构建民生刑法，成为刑法关怀民生与民生保护的制度体现。

刑法的正当性需要犯罪化理论来进行证明。在保护民生已经成为当代中国的时代最强音时，刑法能否表现出高度热情，扩大立法范围，强化民生刑法立法，以求促进社会发展和解决民生问题，刑法对民生权益保护的干预的边界何在？如何合理把握民生刑法的规制限度，是本书研究民生刑法及其限度的动机所在。事实上，即便刑法是民生保护的重要维度，是否应制定更多的刑法保障民生，也需要犯罪化理论提供标准。本书着力于构建一套关于民生犯罪的犯罪化的可行理论，旨在保证刑法介入民生保护的适当限度，为合理构筑民生犯罪的犯罪圈提供思路。

如果本书的中心论点正确，那么民生刑法的深入研究，可能成为刑法体现民生保护政策的一个制度生长点，也可能成为刑法制度完善的一个理论新视角。民生刑法的主题，一方面，把与国家的民生保护政策相抵触且具有重大法益侵害性的行为纳入犯罪圈，从而使民生利益之社会保护的实现得以制度化、规范化，以良好的制度保障法律能够落到实处；另一方面，民生保护是一个需要所有法律部门密切配合、共同担负的时代使命，其着眼于民生刑法的思考，可以促进法律部门之间实现沟通、对话和制度整合。那么，对民生刑法限度的研究，具有什么理论和实际价值？

第一，对民生刑法的提倡，可以促进刑法角色的重大转变，实现我国刑法由国家工具主义向权利保障主义的发展。刑事法律体系重视民生不只是对人权予以关照，民生刑法也不单纯强调刑法的人权保障机能。民生刑法对民之生计的保障，仍须依赖于社会保护机能的实现以维持法律秩序，从而保障人类共同的生活。民生刑法体系的构建，有利于达成人权保障机能和社会保护机能的合理协调、相宜衔接。

第二，对民生刑法进行系统化研究，可以推动民生保护的刑事制度构建。民生刑法观既能在理论层面指导刑事活动各环节，为刑事立法、司法与执行改革提供理念指导；也能促进“民生”内容在刑法规范层面的确立，使刑法真正成为对具体的民生法益予以保障和救济的法律规范。所以，民生刑法的规范分析，不仅可以促进保护民生的刑事立法，还可以避免在司法层面对民生犯罪的刑罚惩治缺乏具体法律规则指导的尴尬局面。

第三，对民生刑法的研究，有利于在刑法的价值体系中融入现实与微观层面的权益考量，使刑法在保护社会整体利益的同时，更关注从社会公平角度对社会个体成员民生利益的回应与保护。传统刑法强调对权利侵害的救济，主张强势公平，坚持任何人犯罪都应以平等原则对待。而民生刑法蕴涵人本价值观，主张弱势公平，强调对社会弱势群体应当倾斜保护。在一般的刑法制度以外构建特殊的刑法制度，侧重对权利缺失群体的利益保障，适当向弱势群体倾斜，可以使民生落到实处。

第四，对民生刑法的限度研究可以促进民生领域刑事立法实践的科学性、有效性。理性审视现有的刑事法治实践，可以发现我国现行刑法中有诸多与民生意蕴不符之处。其中，刑法对民生权益保护的干预度仍存在可完善的空间，民生刑法应在深刻反思中寻求解决之道：优先保护民生，建立合理的入罪机制，弥补部分民生权益刑法保护的缺位；适时调整民生保护范围，建立动态的适应机制，科学控制民生犯罪圈，防止民生刑法的越位；全面保护民生，建立适当的协调机制，严守刑法的角色定位，实现民生刑法的退位和补位。因此，对民生刑法限度的研究，有助于从广度和深度上构建立体的民生刑法调控机制，保证刑法介入民生保护的合理限度，使之在规制民生犯罪时既不缺位也不越位，并与民生权益的其他法律保护手段清晰界分、合理衔接。

三、研究现状

民生刑法的限度研究，实为两大问题：一是对“民生刑法”的研究；二是对民生刑法之“限度”的探讨。

（一）“民生刑法”的研究概况

“民生刑法”是一个具有中国特色的本土化概念[1]，在国外刑法理论中几乎没有“民生”的说法。尽管没有“民生”的概念，国外刑法对民生刑法的相关问题并不缺乏立法与研究，他们在生态环境保护、劳动权利保障、食品安全保护等方面均有较为成熟的立法例和较为丰富的研究成果，对社会民生的保护起到了积极而现实的作用。

在我国，“民生”是一个政治学和社会学的理念，在相当长的时间内，刑法并不关注民生。因而将民生引入刑法体系的时间较短，刑法学界尚未展开全面、深入的研究。总体而言，关于“民生刑法”的学术成果为数不多。

从研究主题来看，现有成果多数集中在对于民生刑法观的理念价值的探讨，也有部分成果涉及对民生领域内具体犯罪类型的论述。虽然也有少数学术著作就刑法对民生的保护展开了讨论，但缺乏从理念到规范、从宏观到具体的系统性研究。

从研究内容来看，国内刑法学界对于“民生刑法”主要集中在两个方面进行探讨：①民生刑法的现代刑法观之倡导。包括人本主义的理念，即要求无论是刑法的目的与功能，还是内容和形式抑或是制定和适用等都必须贯彻人本精神；弱者倾斜保护的理念，即要求刑法引入弱势公平理念，适度向弱势群体进行利益倾斜，纠正传

〔1〕参见车明珠：《民生刑法观导论》，知识产权出版社2015年版，第4页。

统刑法注重强势公平的缺陷。同时，要把握社会利益的均衡，防止对弱者群体的过度保护；尊重人性的理念，即刑法应宽容看待人性，肯定人的自然本性，制度设计应注重与人性的兼容、尊重人性的要求。②刑法保护民生之具体探讨。包括在刑法总则中的体现：特殊群体犯罪从宽制度的完善，死刑制度的优化，强化刑罚制度的矫正功能等；在刑法分则中的体现：调整分则体系结构（将侵犯人权的犯罪置于类罪之首等），完善危害民生的个罪规定（包括增补罪名、降低门槛、扩充行为、提高刑罚），严格保护民生犯罪的界限（即只将“严重危害民生”的行为犯罪化）。

总体上看，刑法学界对于民生刑法的学术研究，对理念的分析较之于具体制度的探讨所占比例更大，且在刑法保护民生的具体实现方面，虽然涉及内容较为广泛，但多是泛泛而谈，缺乏全面的、系统性的深入思考。如何将“民生保护”的法治理念，从对刑事法律的观念指引，发展到在刑法体系中的制度化实现；如何构建保护民生的刑事法治体系，真正实现保护民生的价值理念，切实保障广大民众的民生权益；如何在优先、全面保护民生的前提下，坚守刑法的谦抑性，严格且有限度的保护民生等，亟待我国刑法学界进一步的研究。

（二）民生刑法之“限度”的研究概况

民生刑法的限度研究，旨在从应然层面探讨损害民生权益的行为符合怎样的条件或标准才能将其犯罪化，有无界限程度。首先从宏观层面论证刑法介入的根据，即犯罪化的标准，再将刑法介入根据与民生问题的特点相结合，探讨刑法治理民生问题的限度。从笔者掌握的文献资料来看，就民生刑法之“限度”进行专门性研究的成果几乎没有，多是在论及民生的刑法保护时，提出“限制民生刑法的调整范围”的主张，未深度论证并形成整体性的研究成果。然而，从宏观层面上看，国内外刑法学者对刑法的介入根据、刑法的边界等问题均进行了深入的研究，理论研究成果较为丰富。

现有的研究成果为确立刑法的调控范围、刑法介入的根据或限度奠定了坚实的理论基础。但仍在以下几个方面存在进一步深入研究的空间：①刑法介入的根据的论证，可从刑法观层面阐述。我国刑事立法和刑事司法，随着宪法的发展，其理念也在发生转变，刑法理念的转变，指导着刑事立法和司法活动，从而对刑法的介入范围有所影响；②刑法与其他部门法的关系模式，它们之间的界分和协调，也会促使刑法学者在确立刑法的介入标准时进行反思；③从刑法介入对社会情势变化的回应以及刑事政策的角度入手，探讨刑法修改圈定犯罪、司法运作认定犯罪所导致的刑法边界的动态发展。

四、研究路径

本书的写作遵循提出问题——分析问题——解决问题这一常规研究思路。提出的问题是：在民生保护理念深入人心的中国当下及未来，刑法为何介入民生保护以及以何种面孔、何种限度介入民生保护，或者说，如何建构中国民生犯罪的犯罪圈？

民生概念古已有之，民生刑法却是一个新生议题，对其研究必须首先明确理论基础、厘清相关概念。民生刑法还是一个复杂的系统问题，涉及刑法理论与实践的各个方面。对民生刑法限度的设定，更是需要多元机制的构建。因此，本书研究的基本思路是：

1. 从历史的视角透视民生观念的源流，在法治的语境下解决民生问题。即对民生的缘起、内涵、内容等问题进行分析，梳理总结民生观念的思想发展，为民生刑法提供理论背景；将民生问题纳入法治化轨道，将民生改善转变为法律诉求，为民生刑法指明路径方向。

2. 在观念层面探讨民生刑法观，即厘清民生刑法观的内涵，以人本主义和社会本位为理念基础，指导我国的刑事立法、刑事司法和刑事执行，使民生理念融入刑法运行的各个环节。

3. 在规范层面探讨民生刑法观，即明晰民生刑法的概念、价值、品格属性，以民生理念为视角反思现行立法，促进和完善民生理念在刑法规范中的制度化。

4. 着重探讨民生刑法的规制限度，从广度和深度两大方面构建民生刑法的立体化调控机制。刑法应当合理保障民生利益，既不能缺位也不能越位，还须适当回应民生发展。

确立民生刑法的界域，是一个不断排除、限缩的过程。首先，从法益侵害的角度建立入罪机制，确定民生犯罪圈的初步范围。出于保护民生利益之需要，民生刑法应从民生危害行为的性质与程度两方面明确犯罪化的标准。其次，从部门法之间关系的角度确立互补协调机制，从刑法修正的角度确立适应机制，进一步限缩民生刑法的界域：一方面，并非严重危害民生利益的行为都须纳入民生刑法的规制范畴，只有符合刑法不得已原则或最后的手段原则，即对于其他社会手段或法律措施很难或有效控制的行为，才须犯罪化；另一方面，刑法应当适应民生发展的要求，适时、适度地调整规范内容与规范方式，既不能僵守刑法规范的“稳定”，也不能沦为世俗生活的工具，应在维护自身有益价值的基础上保持规范的有效性。

五、研究方法

科学理论研究是具有目的性的人类精神活动，研究结论的科学与否很大程度上取决于所采用的研究方法的正确与否。本书的研究目的是探究民生刑法的规制限度，笔者力图避免简单、孤立地看待问题，尝试从体系层面确立限度标准。本书广泛运用归纳法、演绎法等传统的研究方法，此外，还有针对性地运用了历史分析、概念分析、规范分析、比较分析、类型分析等研究方法，并将其与本书的研究思路、研究内容紧密结合。

（一）历史分析法

“民生”是一个地道的中国古典词汇，在不同的时代有着不同的理论需求和政治意蕴。本书运用历史分析的方法，探寻自古以来民生的历史发展轨迹，理解民生的精神要义，以期对我们今天认识民生、重视民生、保障民生有所裨益。

（二）概念分析法

对法律概念进行分析界定，目的是准确、深入地理解概念，并以最大程度的精确性和明确性来表达我们的思想。“民生”“民生刑法”均是本书的核心概念，笔者正是在界定民生之“民”、民生之“生”“民生”“民生刑法”等含义的基础上，展开对民生刑法的理念、品格、与传统刑法的差异、入罪化标准等问题的探讨。

（三）规范分析法

规范分析法的运用，旨在明确法律条文的内容含义、适用范围、法律效果。本书大量运用了规范分析法，对现行刑法的民生犯罪进行立法目的、构成要件、适用效果的阐释，以评析民生危害行为入罪化的合理性。

（四）比较分析法

比较分析法是法学研究不可或缺的工具。在国外刑法理论中，虽然没有“民生刑法”的概念，但有关民生刑法保障的学术成果较为丰富，主要体现在劳动刑法、环境刑法、福利刑法等方面。本书注重对外国刑事立法和刑法理论的借鉴，同时尝试以比较分析的方法对民生刑法的相关问题进行考察，有助于发现民生视野下刑事立法的共性和差异，深刻反思我国民生犯罪立法的不足与缺陷，以期促进民生刑法的完善。此外，由于本书涉及不同的部门法领域，不可避免地运用比较分析法，用以剖析在民生利益的法律保护中，刑法与民法、行政法的界分协调问题。

（五）类型分析法

类型化分析是一种对抽象概念的演绎和细化。为了克服抽象概念的不确定性和应对抽象概念的开放性，可以将某类具有共性的侵害行为进行类型化分析，从而达到具体化、可感知化的效果。民生是人们基本的生活性利益的直接表达，关乎民众生活的方方面面，换言之，民生是一个具有抽象性和待展开性的概念，本书在论及民生犯罪的入罪标准时，并未按照个罪逐一探讨，而是分别从教育领域、医疗卫生领域、社会保障领域、劳动领域等几大方面对侵害法益和危害程度进行了类型化分析，从整体视角体现各类犯罪的共性特点。

第一章　民生刑法概说

民生是关乎民众幸福、人心向背、社会治乱和政权兴衰的重大问题。保护民生已成为当前中国的时代最强音，是中国执政党新时期面临的时代新任务。在依法治国的时代背景下，民生保障是政治决策的主要目标，也是法治建设的基本任务。保障民生必然呼唤法治，以法治融合民生、以法治发展民生，是民生法治保障的主旨所在。因此，首先必须要追问的是，到底什么是民生法治？要理解“民生法治”，应先从民生的内涵界定开始。

第一节　民生的提出及其内涵

一、民生之缘起

“民生”是一个地道的中国古典政治词汇，在中国政治法律思想史的历史流变中，不同的时代有着不同的理论需求，其背后蕴含着各异且深刻的政治文化意蕴。

（一）中国古代的民本理念

中国古代的“民生”思想体现为民本思想指导下的“利民惠民”的休养生息政策，思想家们基于对百姓生存状况的同情，纷纷在民本思想框架内提出了建设民生的思想和改善民生的途径。

1. 民生意识的萌芽。“重视民生”“以民为本”的思想，古已有之。在《尚书·高宗肜日》中曾有“王司敬民”的民本理念的记载。商周政权的转移，让统治者们对民本政治有了更为深刻的感触，由此促成了民本思想的最初萌发。在《尚书·泰誓》中，有“天视自我民视，天听自我民听”[1] 的说法，是具有定论性、永恒性的治国之道，意指统治基础的稳固不仅须“顺乎天”还须“应乎人”。周公曰：“天命靡常”[2]，“欲至于万年惟王，子子孙孙永保民”[3]；君主必须“徽柔懿恭，怀保小民，惠鲜鳏寡”[4]。由此可见，“保民”是周人“敬德”最基本的要求，是一种承认天命之下的重民思想，说明此时的政治文化观既强调“敬天”，更强调“保民”。“以天为宗、以德为用、以民为本是周人的思维模式，他们从天命转移是通过人民来实现，进而认识到需要明德慎罚和保民重民。”[5] 西周时期“敬天保民”“以德配天”的政治思想，已与殷商时期“天命神权”的政治理念大有不同。“周人已经认识到民众中蕴藏着足以影响政权存亡的巨大潜在力量，民心之向背决定着政权之存亡。”[6] 民的问题已经成为统治阶段关注的政治问题。这种“民惟邦本，本固邦宁”[7] 的治国理念，是民生意识的萌芽。

2. 民本思想的形成。后来，许多有为的统治者和思想家对民本思想不断地丰富和发展。在春秋战国时期，民生话语体系得以形成。《论语·雍也》中“博施于民而能济众”；《荀子·王制》中“君者，舟也；庶人者，水也；水则载舟，水则覆舟”等著名论说，都充分体现了古代圣贤对民生问题的重视，并将其上升到君民关系的高度。“在他们看来，人民是国家之根本和基础，只有安众养民、培根固本，才能治国安邦、长治久安。这就要求统治者要‘重民’

---

〔1〕《尚书·泰誓》。

〔2〕《诗经·大雅·文王》。

〔3〕《尚书·梓材》。

〔4〕《尚书·无逸》。

〔5〕 王云涛：“两汉民本思想述论”，山东师范大学2010年史学硕士学位论文。

〔6〕 王杰：“神权政治向伦理政治的转向——西周时期的敬德保民思想”，载《理论前沿》2005年第23期。

〔7〕《尚书·五子之歌》。

‘亲民’‘爱民’和‘恤民’。”[1]

儒家的代表人物孟子，更是中国古代民生思想的集大成者。他不仅系统化了儒家的民本思想，而且注重与政治实践相结合，探索民本思想的实现方式与途径。他提出：“诸侯之宝三：土地、人民、政事。”[2]，主张民生与王道息息相关、与国计相提并重，认为百姓的生计，与土地、政治一样，都是诸侯应看重的事情。“是故贤君必恭俭、礼下，取于民有制。”[3] 孟子坚信：“桀纣之失天下也，失其民也；失其民者，失其心也。得天下有道，得其民，斯得天下矣。得其民有道，得其心，斯得民矣。”[4] 孟子这一“得人心者得天下”的观点，是其民本思想的一个重要内容。因此，一种新的政治文化观——“民本”观开始形成，而民本的重要内容，即是民生。

3. 民本思想的政治实践。春秋战国时期的动荡纷争，导致传统的民本思想虽有较为正规的学说，却难有政治实践使其发挥应有的效用，其社会价值真正展现于秦代之后。汉初的思想家，立足社会现实，吸取秦亡的教训，重新反思国家兴亡与百姓之间的关系，将被秦统治者摒弃的民本思想重新搬回政治舞台。从汉代开始，民本思想作为一种思想体系，才在国家政治生活中发挥起重要的历史作用，并一直延续至后世各代。

对汉初民本理论作出最为突出贡献的是贾谊。他是西汉杰出的政治家、思想家，他开启了民本思想在汉初的复归之路，把先秦以来的民本思想发展到了一个新阶段。他所提出的民本思想的内容十分丰富，主要包括“民的重要性”“民何以为本”“如何以民为本”

---

〔1〕 张勇：《民生刑法：刑法修正案中的民生权益保障解读》，上海人民出版社2012年版，第6页。

〔2〕《孟子·尽心下》。

〔3〕《孟子·滕文公上》。

〔4〕《孟子·离娄上》。

三个方面。[1]

（1）民的重要性。他在《大政》一篇中提出了利民安民的民本思想，开篇即是“闻之于政也，民无不为本也，……闻之于政也，民无不为命也，……闻之于政也，民无不为功也，……闻之于政也，民无不为力也，……”[2] 贾谊用本、命、功、力四个概念，高度评价了百姓的地位和作用。在他看来，“国家的安危兴亡，君主的荣辱强弱，官吏的贤或不肖，都应视民之‘本’‘命’‘功’‘力’而定，所以民是根本，是国家的‘命’之所在”[3]。

（2）民何以为本。首先，百姓占人口的绝大多数，且力量最大，统治者不能与百姓为敌，正所谓“夫民者，大族也，民不可不畏也。故夫民者，多力而不适也。呜呼！戒之哉！戒之哉！与民为敌者，民必胜之”[4]。“故夫战之胜也，民欲胜也；攻之得也，民欲得也；守之存也，民欲存也。”[5] 不论做什么都必须因势利导，善于把握和利用百姓。其次，百姓是国家的基础。“王者有易政而无易国，有易吏而无易民。”[6] “故天下者，非一家之有也，有道者之有也。……故夫天下者，难得而易失也，难常而易亡也。”[7] 贾谊认为，一个国家正是由百姓这个永恒且不可更易的基础群体组成的。正因为此，真正掌握爱民之道的统治者才能得天下，但把握这个道却是很不容易的。此外，贾谊不仅认为百姓是决定国家存亡的基础，还是衡量官吏功罪、贵贱的根本标准：“故夫为人臣者，以富乐民为功，以贫苦民为罪。故君以知贤为明，吏以爱民为忠。故臣忠则君明，此之谓圣王。故官有假，而德无假，位有卑，而义

---

〔1〕参见王兴国：《贾谊评传》，南京大学出版社1992年版，第122～130页。
〔2〕《新书·卷九·大政上》。
〔3〕王云涛：“两汉民本思想论述”，山东师范大学2010年史学硕士学位论文。
〔4〕《新书·卷九·大政上》。
〔5〕《新书·卷九·大政上》。
〔6〕《新书·卷九·大政下》。
〔7〕《新书·卷九·修政语下》。

无卑，故位下而义高者，虽卑，贵也，位高而义下者，虽贵，必穷。"[1] 再次，百姓是物质生产的主体。贾谊在《无蓄》[2] 中借用古人之口，强调了百姓在生产、特别是农业生产中的重要作用，与其在经济领域中强调的"以农为本"的认识一致。综上，由于百姓是"不可易"的"大族"，也是"多力"的生产者，因此他们在任何时候、任何地方都是国家不可缺少的基础。正如贾谊所言："夫民者，万世之本也，不可欺。……故夫士民者，国家之所树而诸侯之本也，不可轻也。"[3]

(3) 如何以民为本。即应怎样做到以民为本，此为民本论解决问题的核心环节。贾谊认为，既然民为国本，那么君主在施政过程中，就必须真正做到以民为本。他着重从以下三个方面加以阐述：其一，爱民。他指出，"凡居于上位者，简士苦民者是谓愚，敬士爱民者是谓智"[4]，"为人君者敬土爱民，以终其身"[5] "帝嚳曰：德莫高于博爱人"[6]，主张只要坚持爱民之道，忧民之忧、乐民之乐，统治者才能使自己获得可靠的保卫者。其二，惠民。贾谊在《修政语上》引用了帝嚳的话说："政莫高于博利人"；又引用大禹的话："民无食也，则我弗能使也，功成而不利于民，我弗能劝也。"[7] 他认为，君主要指挥百姓，必须让他们吃饱饭，凡事应首先考虑是否有利于百姓。他还引用周成王的话："寡人闻之：圣王在上位，使民富且寿云。若夫富，则可为也；若夫寿，则不在天乎?"[8]，以此说明惠民最关键在于富民，并指出，"昔楚庄王即

[1]《新书·卷九·大政上》。

[2]《新书·卷四·无蓄》。

[3]《新书·卷九·大政上》。

[4]《新书·卷九·大政上》。

[5]《新书·卷九·修政语下》。

[6]《新书·卷九·修政语上》。

[7]《新书·卷九·修政语上》。

[8]《新书·卷九·修政语下》。

位，自静三年，以讲得失，乃退辟邪而进忠正，能者任事而后在高位，内领国政，辟草而施教百姓，富民恒一，路不拾遗，国无狱讼。"[1] 上述观点也体现了贾谊的重农思想。在古代社会，民本思想的内涵包含了重农思想。通过"辟草而施教"，开垦荒地发展生产，使百姓丰衣足食，生活有保障，也是爱民的体现。其三，慎刑。"天之诛伐，不可为广虚幽间。攸远无人，虽重袭石中而居，其必知之乎！若诛伐顺理而当辜，杀三军而无咎；诛杀不当辜，杀一匹夫，其罪闻皇天。故曰：天之处高，其听卑，其牧芒，其视察。故凡自行，不可不谨慎也。"[2] 贾谊虽然打着天命的旗号，但目的却是为了爱民，主张慎刑。与他的礼法统一的思想一致，他并不反对一切刑罚，而是主张必须谨慎用刑。

综上，贾谊全方位地构建了民本思想的系统理论，其民本思想在很大程度上淡化了"天命"色彩，更加注重的是"民命"本身，奠定了从神本向人本过渡的重要基础。汉代民本思想的价值核心是关注民生，他们所提出的诸多安民、利民、富民和教民的社会政策和改良建议，对汉代及后世治国理念的确立具有重要的指导意义。

之后，唐初统治者汲取隋亡的教训，唐太宗采纳了"王道仁政，安人理国"的治国方略。平民各有耕田，赋税大大减轻，劳弊之事未施于百姓，大灾开仓赈民，刑律放宽，刑罚减轻等诸多措施的运用，使唐初出现了"牛马布于野，外户不闭"的太平景象。像唐代如此，把民本由思想变成政策，由政策转化为具体措施，而且实施得较历代都更为充分。[3]

4. 民本思想的理论升华。明末农民战争让思想家们看到了百姓的力量和作用，尤其是黄宗羲、王夫之、顾炎武、唐甄、戴震

---

〔1〕《新书·卷七·先醒》。

〔2〕《新书·卷七·耳痹》。

〔3〕参见迟汉青："传统民本思想源流考评"，载《北方论丛》1995年第3期。

等。他们置身于现实，对原有的政治制度、思想理念进行了深刻的反省，使传统的民本思想更具理性和思辨色彩。其中黄宗羲对民生问题进行了深入思考，其民生主张切合社会的实际，符合时代的要求，与传统的民本思想相比，有了质的飞跃，并达到了中国古代民本思想的新高峰。

黄宗羲主张“天下为主，君为客”〔1〕。他也深知，民生不是小事，“四方劳扰”“民生憔悴”是社会的不稳定因素，“天下之治乱，不在一姓之兴亡，而在万民之忧乐”〔2〕。君主要顺从民意，重视民生，因为民生关系社稷之存亡。如何解决民生问题？他主张工商并重，工商业和农业一样，都是“民生之本”。然而，由于黄宗羲身处于封建社会后期，传承了中国传统的“天下为公”的伦理道德观念，他虽然利用“切于民用”的标准来诠释工商皆本的“本”，实际却从发展农业经济的立场考虑，主张大多数商品交换“不切于民用”，从而“一概痛绝之”，未能意识到发展商品经济对社会进步的推动作用。因此，黄宗羲的民本思想不可避免地存在历史局限性。

民本思想在一定程度上使民众的生存氛围和空间得以扩展和宽松，但必须认识到，它是以“君为政本”为前提的“以民为本”“为民作主”的思想，体现了百姓的被动地位。由于民本并没有真正成为一种限制封建统治者、保护百姓的制度安排，而是服务于封建统治的工具，所以民本思想下民生需求的满足是不确定的、有限的，缺乏稳定的制度保障。综观历史，每个社会的进步力量都起始于对民生问题的思考，而每个社会的落后势力又都是在民不聊生、民生无着落中走向了衰败。〔3〕

---

〔1〕《明夷待访录·原君》。

〔2〕《明夷待访录·原臣》。

〔3〕参见王玉灵、霍有光：“民主民本民生理念辨析及理论构建”，载《北京行政学院学报》2011年第6期。

(二) 中国近现代时期的民生观念

我国古代就有“民生”一词，所谓“民生在勤，勤则不匮”[1]，表达了百姓的生计问题。而真正将“民生”作为哲学范畴，运用到政治领域，并且使之成为系统化的政治理念和思想的是孙中山。

孙中山先生的民生观念，在内涵、外延、逻辑起点、政治意图等方面与中国古代的民生话语已有本质的差别。[2] 他的民生思想源于西方的社会民主，他在总结西方国家建设经验和教训的基础上，将中国古代的民本思想和近代大同思想的民生政治观加以融合，全面阐述了民生主义的核心内容。

孙中山的民生主义基本思想，可概括为四个方面：一是解决民生问题必须从改革政治入手。“一国之内，人民的一切幸福都是以政治问题为依归的。国家最大的问题就是政治问题。”[3] 在孙中山看来，国家的独立和民族的解放，是解决民生问题的前提条件。二是解决民生问题的物质基础是发展经济。孙中山认为，发展经济的出发点和归宿点应归于民生，提倡振兴实业、发展生产力，皆为民生之幸福。通过解决百姓的衣食住行问题，从而彻底解决民生问题。三是民生主义的现实追求是实现社会公平。通过均贫富，进而实现社会公平，正是孙中山倡导民生主义的出发点和着眼点。他认为：“民生主义的事实，最要紧的是均贫富”[4]。主张“平均地权”和“节制资本”，从而实现贫富均等，避免两极分化，这是解决民生问题的关键。国家应通过经营各项实业，增加国民收入，并由国民共享利益，让国民真正富裕起来。四是解决民生问题，需要政府与人民协力共进。解决民生问题，不能单纯依靠政府或人民任何一

---

〔1〕《左传·宣公十二年》。

〔2〕参见付子堂、常安：“民生法治论”，载《中国法学》2009年第6期。

〔3〕《孙中山全集》(第9卷)，中华书局2006年版，第287页。

〔4〕《孙中山全集》(第9卷)，中华书局2006年版，第572页。

方的力量，而应当携手并进，合力推行。在政府与人民之间，孙中山更加强调政府的作用，要求政府为解决民生问题创造各种条件，并从制度上予以安排。当然，民生问题的解决不能忽视人民自身的力量，需要人民担负起相应的责任。总之，孙中山将解决民生问题的依靠力量定位于政府和人民，两者只有各自担负责任，才真正有利于民生主义的实现。[1]

总体来说，孙中山所主张的民生主义是，国事由国民直接参与，国家福利由国民全体享受的一种制度。[2] 虽然由于历史的局限，他的民生思想未能获得真正实现，但不可否认，民生主义是孙中山留给后人的重要思想遗产，蕴含了解决民生问题的诸多智慧，体现了他的人本理念，表达了其对人的生存的关怀与价值的尊重。

以史为鉴，以古鉴今。中国古代传统的“民本”思想和近现代孙中山先生的“民生”思想，虽然都有其历史和阶级的局限性，但这些思想中所蕴含的对民生问题的基本看法和精神要义，对于当今社会如何认识民生、重视民生、保障民生以及改善民生，都有积极的启迪意义和巨大的借鉴作用。[3]

二、民生之内涵

保障民生，首要前提是正确地理解民生的内涵和外延，科学地认识民生的特点。在古汉语中，民生是一个合成词，如《说文解字》中称，“‘民’众萌也。‘生’，进也，像林木生出土上。”[4] 据目前学界的考据，一般认为“民生”首见于《左传·宣公十二

---

〔1〕 参见陈金龙：“孙中山民生主义的历史作用与当代价值”，载《科学社会主义》2011年第1期。

〔2〕 参见张勇：《民生刑法：刑法修正案中的民生权益保障解读》，上海人民出版社2012年版，第6页。

〔3〕 张勇：《民生刑法：刑法修正案中的民生权益保障解读》，上海人民出版社2012年版，第7页。

〔4〕 许慎：《说文解字》，上海古籍出版社2007年版，第632、297页。

年》中“民生在勤，勤则不匮，是勤可以免饥寒也”。其实，此处的“民生在勤”恰好体现的是“民”与“生”合成的意义。事实上，在历史的语境中，“生”是一种权利，“民”是权利的主体，“民生”是一种话语机制。总体来说，“民”用以区分民众与政府，“生”用以区别权利与权力，与此同时，民生又可作为民间与官方共享的话语机制，在国家与社会之间流转，成为建构政权和解构政权的合法性标准。[1] 何为“民”，何为“生”，视角不同，各有界定。

（一）民生之“民”

“民”在《古汉语常用词典》中有两种解释[2]：一是指百姓，例如，“禹之王天下也，身执耒锸，以为民先，股无胈，胫不生毛”[3]；二是泛指人，例如，“食者民之本也”[4]“民有好恶喜怒哀乐”[5]等。总之，“民”既指百姓，又泛指人。在古代中国，“民”是相对于“君”而言，含有低、弱、贱的意思。它作为一个集合性的名词，成为古代思想家们关心的主题和议论的对象。在他们的眼中，作为整体的“民”的力量是不可忽视的，并提出了以舟与水比君与民的经典比喻，由此提醒统治者“要对民的社会地位与作用、民的生活状况给予一定的关切，不能饮鸩止渴，竭泽而渔，掠夺式的统治不仅会伤民气，产生民怨，更重要的还会伤及君国社稷的根本。”[6]

从实践来看，近现代中国关于“民”的内涵和地位经历了一个重大变革的过程，孙中山面临着民族危急的形势，以集权方式组织

[1] 张善根：“人权视野下的民生法治”，载《法学论坛》2012年第6期。

[2] 陈涛主编：《古汉语常用词典》，语文出版社2006年版，第403页。

[3] 《韩非子·五蠹》。

[4] 《淮南子·主术训》。

[5] 《左传·昭公二十五年》。

[6] 王人博：“论民权与人权在近代的转换”，载《现代法学》1996年第3期。

集体力量、整合社会利益，采用社会动员的手段进行政治斗争。由此，民权的立场以集体权的语境开始演绎。而在毛泽东的人民民主思想中，人民是指各革命阶级的联合群体，从阶级权利角度对工人、农民的集体权利的论述很丰富，而很少从公民个人权利角度来强调。[1] 因此，当时“民”的内涵是从“群”的视角来理解，所关切的是作为群体的民众，而不是作为个体的个人。

改革开放以后，经济和社会的发展逐渐成为国家政治的主旋律，“以阶级斗争为纲”的指导方针不再存在，阶级成分的差别烟消云散。因此准确地讲，在当前“民”应该指称的是民众、国民、公民，不论身份、地位、年龄、性别、种族等，包含的是国家所有的社会成员。因此，我们所要关注的并非是特殊群体或部分民众的民生问题，而是全体公民的民生问题。此外，我们不应局限于“民”的集体性，在关切“民”所包含的集体权利的同时，还应强调“民”所蕴含的个体权利。换言之，“民”不仅包括整体的国民，也包括作为个体的公民。

（二）民生之“生”

从字面含义来看，民生之“生”所表达的是人之生存、生活的含义。“生”表达了一种基于民权的个体人权观念。但如果仅仅是从生存的意义上来理解民生之“生”，则显然是对它的误解，也是对我们自身追求的囫囵吞枣似的搬用和套用。有学者从伦理学的视角出发，将“生”之内涵细分为三个方面：一是根基性的“生存”；二是尊严性的“生活”；三是理想性的“好生活”。[2] 虽然“尊严性的‘生活’”和“理想性的‘好生活’”的概念具有模糊性，但却说明“生”不仅仅是生命的延续和自然地存在，而且还应

〔1〕 参见韩英军：“中国近代民权的话语特性分析”，载《首都师范大学学报（社会科学版）》2006 年第 1 期。

〔2〕 参见田广兰：“公正与关怀——民生制度与实践的伦理原则”，载《道德与文明》2011 年第 3 期。

该包括基于“生”的其他意义，诸如人性尊严、个人发展等。

1. 个体生存。生存是保持人的生命的基本要求。“古今一切人类之所以努力，就是因为要求生存，人类因为有不间断的生存，所以社会才有不停止的进化。所以进化的定律是人类求生存。人类求生存，才是进化的原因。”〔1〕民生之“生”的基础内容是生存。因为，“人性的首要法则，是要维护自身的生存，人性的首要关怀，是对其自身所应有的关怀。”〔2〕生存权的保障是民生的基础内容，获得可靠保障的生存权，是人们行使其他政治权、经济权、社会权、文化权等权利的前提条件。

在民生保障中，生存权宜理解为“生命安全得到保障和基本生活需要得到满足的权利”〔3〕。生存权有低级和高级之分。低级的生存权仅指维持生命得以存在最基本的权利，而高级的生存权是指维持人们较高的生活质量的权利。高级的生存权才是民生保障中应该关注的内容。在当前而言，保障民众的生存权，是使广大民众过上“学有所教、劳有所得、病有所医、老有所养、住有所居”的生活。

2. 人性尊严。重视“民”之“生”还要维护人性尊严的神圣。通常认为，人是自然属性和社会属性的结合体，在关注人的自然属性方面，必须关照人的生存的本能或者说权利，在关注人的社会属性方面，必须关照人的尊严。有尊严的生活，是人之为人的起码要求，“人之所以为人的要求和尊严……是内在于每个人自身，是人之天性、民之本性”〔4〕。因此，从这个角度来说，关注民生就是关注人性尊严。

实现人的尊严，不仅需要个体的主观努力，还要求国家创造条

---

〔1〕《孙中山全集》（第9卷），中华书局1981年版，第369页。

〔2〕［法］卢梭：《社会契约论》，何兆武译，商务印书馆1980年版，第9页。

〔3〕王家福、刘海年主编：《中国人权百科全书》，中国大百科全书出版社1998年版，第351页。

〔4〕夏勇：《中国民权哲学》，生活·读书·新知三联书店2004年版，第49页。

件使每个人都能有尊严地、体面地生活。从民生保障的角度来看，人的尊严意味着国家在可能的范围内有义务创造各种条件，使人性尊严之实现有其可能性。一方面，国家不得侵犯民众既有的生存基础；另一方面，当民众因自身条件、社会分配不公等诸多因素而无法自力维持生存基础时，要求国家提供最基本生存所需的物质。为此，当民众陷于生存困境时，应当积极履行给付义务和责任。随着社会的发展，现代国家的任务不再局限于促进社会弱势者之生存保障及机会平等，而是延伸到增进全民之福祉。国家必须扩大保障视野，不仅要将保障主体扩展到全体公民，还要特别关注人在多层次、高层次方面的需求，以保障社会福祉的最大化。

3. 个人发展。发展，对于个人而言，是一项不可剥夺的权利。发展权的概念，是由塞内加尔法学家卡巴·穆巴依首先提出来的，他指出，“发展，是所有人的权利，每个人都有生存的权利，并且，每个人都有生活得更好的权利，这项权利就是发展权，发展权是一项人权。”〔1〕人类社会最重要的目标就是发展。有学者提出，在目前社会条件下，我国的民生保障不能仅限于生存权，还应当将发展权，即“第三代人权”的内容纳入其中。〔2〕

保障民众的发展权，应当注重创造条件，让民众共享社会发展的成果，为民众提供平等的发展机会，提高民众的发展能力。这意味着，国家要在更大范围内、更高层次上保障民生。在内容上，发展权涵盖了所有国民的各个方面，强调国家应当运用一切措施确保人民享有基本资源，在食品、住房、医疗、教育、就业及其他方面的机会均等，实现经济、社会、政治、文化等各方面的全面发展；在层次上，发展权不再局限于向国民提供最基本的生存保障，而应

〔1〕《国际人权法入门》，三省堂1983年版，第350页，转引自徐显明：《法理学教程》，中国政法大学出版社1994年版，第377页。

〔2〕参见汪习根：“发展权含义的法哲学分析”，载《现代法学》2004年第6期。

当把追求更高生活质量和水准作为基本价值，把实现人的自由、平等作为价值理想，无限发展公民的各种机会，最终实现人的全面发展。[1]

(三)“民生”之涵义界定

从“民生”的词源来看，它描述的就是“民”的生活实践，民生的含义仅指百姓生计。在当今时代，关心民生问题、解决民生问题以及保障民生问题已经成为中国人所要面对的头等大事和根本问题。在此背景下，对民生概念进行细致反思和界定显得尤为重要。因为，“对民生问题有一个比较准确、合理、恰当的界定，是一件十分重要的事情，因为这直接影响着具体民生政策的制定和实施。如果对民生的界定过于模糊或者是内涵过于宽泛的话，那么在这种界定基础之上的民生政策也会不可避免地出现过于庞杂、模糊不清的状况。相反，如果对于民生的界定过于狭窄的话，那么在这样基础之上的民生政策也不免会出现不到位、不全面的情形”。[2]

对于民生，学界众说纷纭，存在不同的理解和表述。有的学者着眼于社会层面，认为“所谓民生，主要是指民众的基本生存和生活状态以及民众的基本发展机会、基本发展能力和基本权益保护的状况等。”[3]；有的学者从利益均衡角度阐述民生，认为“民生问题往往就是一个国家利益均衡的问题，也就是利益和谐的问题”[4]；有的学者着眼于民生的人权本质，认为“民生就是人民的生存和发展，它关系到人们在经济、文化、社会等各方面的现实权益和未来权益”[5]；有的学者关注民生的整体样态，主张“在现代

[1] 杨炼：“民生保障的宪法透视：权利的三重视角”，载《黑龙江社会科学》2010年第2期。

[2] 吴忠民：《走向公正的中国社会》，山东人民出版社2008年版，第311页。

[3] 吴忠民：《走向公正的中国社会》，山东人民出版社2008年版，第311页。

[4] 陈媚林：“民生问题是构建和谐社会的基点”，载《求实》2008年第8期。

[5] 何玉春：“对民生问题的几点认识”，载《商业文化（学术版）》2009年第9期。

社会、民生和民主、民权相互倚重，而民生之本，也由原来的生产、生活资料，上升为生活形态、文化模式、市民精神等既有物质需求也有精神特征的整体样态等"[1]；有的学者关注利益，认为"民生问题即有关国民生计与生活、生存和发展等广大人民群众的根本利益问题"[2]；还有的学者从经济学的角度给出民生概念的内涵，认为民生就是老百姓的主观需求，包括两个不同层面的需求，即求生存人类所产生的需求和求发展人类所产生的需求[3]。

上述观点研究视角不同，皆有可取之处。民生是一个动态发展的概念，其范围会随着时代的变化而不断扩展。鉴于此，我们应当发展地看待民生。现代民生，已经从强调民众的基本物质生活，逐渐拓展至政治、社会、文化及其所依赖的生态环境。民生包涵了多层级、多方面、多样化的民众有序的生活系统。实质上，现代意义上的民生已经发展成为以尊重生命为前提、以经济生活为基础、以文化与社会生活为支撑、以政治生活为保障、以生态环境为依托的全面发展的人民生活。[4] 因此，现代意义的民生概念内涵非常丰富：从横向来看，民生是民众的政治、经济、社会、文化及所依赖的生态环境；从纵向来看，民生是民众的生存与发展问题；从利益角度来看，民生是民众的根本利益问题，是民众的政治、经济、社会、文化和生态权益问题。概括而言，所谓民生，是指以民众的物质产品需要为基本面向，以精神文化为内在需求、以良性发展为个体追求、以社会福利为现实保障的生活需要。

---

〔1〕 李抒望："'高度关注民生'是落实科学发展观和构建和谐社会的关键"，载《济南日报》2007年3月20日，第10版。

〔2〕 赵中源、梅园："回顾与反思：理论界关于民生若干问题的研究"，载《当代世界与社会主义》2010年第4期。

〔3〕 王国发："把握民生本质 真正改善民生"，载《中共贵州省委党校学报》2008年第5期。

〔4〕 窦孟朔等："论十六大以来中国特色社会主义民生观形成发展"，载《科学社会主义》2011年第2期。

第二节 民生问题的法治解读

一、民生权利与民生问题

关于民生的内容，有不少学者进行了探讨。有的学者从广义上确定民生的内容范围，凡是与民生有关的，包括直接与间接相关的事务都纳入民生的范畴，将其所涉及的内容扩展到政治、经济、文化、社会各个领域。如有学者认为，民生就是人民群众的生活，是一个由多要素构成的系统。在政治生活中，人民群众正当的政治权利得以保障；在经济生活中，人民群众日益增长的物质需求得以实现；在文化生活中，人民群众合法的文化权益得以落实；在社会生活中，人民群众享受一系列公共服务等。[1] 还有学者主张，民生的内容主要有四个方面：满足人民的生命、生存、生产、生活及其生态环境的需求是基本前提；全面提升人民的精神生活是重要内容；实现人民基本的民主权益是主要标志；促进社会公平正义和人的全面发展是最高目标。[2]

上述观点充分强调了民生问题高度的重要性和综合性，但若泛化理解民生，不利于人们准确地把握民生的内涵，难以有效结合并实施改善民生的具体政策和相关法律制度。为防止无限扩大民生的内容，有学者对其进行了严格限定，认为教育、就业、分配、保障、健康、稳定这六个方面构成了民生最基本的内容。因为，无论是生存需求还是发展需求，都与上述六方面联系在一起，并在本质上决定了广大民众所享有的受教育权、就业权、劳动权、参与社会

---

〔1〕 吴宁："民生：马克思主义哲学中国化的现实问题和理论维度"，载《贵州师范大学学报（社会科学版）》2009 年第 1 期。

〔2〕 参见窦孟朔等："论中国特色社会主义民生观"，载《河北师范大学学报（哲学社会科学版）》2009 年第 1 期。

分配、社会保障等权利。[1]

在我国建设法治国家的背景下，把握民生的内容应当立足于法律层面。权利正是法治的要义所在，民生在本质上反映的是权利与义务关系的问题。对于民生，尽管可以从政治、经济、文化、社会不同领域来作广义的理解，但其核心是社会生活领域的“社会民生”。在我国现阶段，民生问题所涉及的主要是社会领域中教育平等、劳动就业、社会保障、环境安全、食品安全、安全稳定等广大民众最直接、最现实、最关心的问题。而所有这些民生问题在法律层面上的表现即是公民的各种社会权利。

民众的生存权和发展权若不能得到有效的保障，则容易引发民生问题。在中华人民共和国成立后的较长时间内，解决广大人民群众的温饱问题是我国的主要民生问题。直到20世纪90年代，中国基本解决了人民群众的温饱问题。但随着改革开放的深化和社会的进步，大部分人已经不再满足于获得基本的物质需求。一方面，他们期待通过更多的途径去获得个人的良性发展，实现人生价值和社会价值的统一。他们期待社会发展成果落实于民，切实享受到经济增长带来的实惠。于是，充分保障民众的社会权益，不断提高民众的生活水平需求和可持续发展的社会民生需求日趋增长。然而，同经济的快速发展相比，我国基本民生状况改善和公共福利的发展相对滞后，由此导致教育、就业、住房、医疗、养老等社会民生问题日益凸显，造成了“上学难”“就业难”“住房难”“看病难”“养老难”等民生现状。另一方面，作为人类个体的基本生存需要，社会安全是广大人民群众安居乐业的保障，也是社会稳定发展的基础。在当今风险社会的时代背景下，人们的风险意识逐步增强，一些涉及民众切身利益的公共安全问题，诸如食品安全、交通安全、

---

[1] 参见王国发：“把握民生本质 真正改善民生”，载《中共贵州省委党校学报》2008年第5期。

社会治安、环境安全也成了广大民众关注的重要民生问题。由此，笔者认为，当前我国面临的民生问题主要集中在社会民生和公共安全两大方面。

二、民生的法治保障

民生问题在当代中国的凸显，是社会发展的阶段性产物。自改革开放以来，中国社会处于快速的转型期，制度变迁形成的结构性调整与创新，造成了不同利益群体之间的“结构紧张”，其产生的张力形成了诸多矛盾和利益冲突的杂糅，构成了我国目前民生问题的复杂特质，使得民生问题成为一个多维度的难题。所以，解决民生问题必须综合运用各种手段，需要包括行政方式、经济方式、政策措施、法治保障等在内的多种社会调控机制的通力协作，其中法治保障是最重要的手段。法治是基本的治国方略，它在破解民生难题方面具有自身独特的优势。民生保障法治化，就是将民生利益“法律化”，用法律形式将其作为民生权利固定下来，形成利益均衡性的法律制度，由此实现民生保障的持久与稳定。

（一）法治的实践品格契合民生的制度需求

法治是人类维持自我生存和促进自身发展的理想选择，具有超越人治权威的精神品格。现代法治已经成为当前诸多事物发展中不可忽视的价值分析工具和考察向度，法治需要具备公平、自由、正义等道德价值方面的诉求。除此之外，法治还被赋予了显明的实践品格。从日常生活需求之中产生的规则和法律，又被反过来运用于规范和调整日常生活。正是在处理这些日常生活琐事的过程中，法治潜滋暗长并在其中持存与展开。

因此，“法治，并不仅仅是一种形而上的价值诉求，或者程序化的规则训诫，它更是一种特定时空背景下的社会实践，它与特定历史场域下的其他社会实践深深地联系在一起，它也必须回应特定时空背景下特定民族的社会、政治诉求"[1]。换言之，法治不应是一种抽象的理论构建，它应在特定时空维度之下进行，并由特定历史场域中的主体领导和参与的一种社会实践。因而，它必然要对特定主体的特定制度需求做出现实的法律回应，使其实践品格得以张扬。正如苏力教授所言，"法治话语的流行，反映的是对秩序的渴求，而新的秩序的形成，是整个民族的事业，必须从人们的社会生活中通过反复博弈而发生的合作（广义的）中发生"[2]。如果说法治存在抽象法治和具体法治分野的话，前者是学者理论建构的产物，后者则是运作层面上与公众生活休戚相关的事物。从某种意义上讲，具体法治更能体现法治的实践品性，是极具务实精神地以问题为导向来思考法治。正是由于法治并非抽象的学理推演，而是反映客观现实的制度实践，我们才不仅需要了解法律制度本身的内容和逻辑，更需要了解法律制度背后的社会基础，从而在法治道路上回应时代诉求，体现法治的社会治理价值。民生，正是中国民众在社会转型期的一种特定制度需求。

如前所述，就实质而言，民生问题就是权利问题。法治视野下的"民生"可以具象体现为法律权利。我国民生问题的凸显，正是因权利配置、权利实现、权利保障等方面机制的缺失或不足所导致。解决民生问题，需要制度的保障。因为，"民生保护除了具有公平、正义、平等等道德价值方面的诉求，以及服从社会发展大局的若干社会政策训诫之外，还被赋予了鲜明的法治品格，即把这些崇高的价值标杆和周详的政策安排，通过法规范的建构与运行，从而为民生保护开辟一条制度通道"[3]。而法治是保障权利和制约权力的有效、稳固的机制，能为改善民生提供最坚实的制度保障。

---

〔1〕付子堂、常安："民生法治论"，载《中国法学》2009年第6期。

〔2〕苏力："二十世纪中国的现代化和法治"，载《法学研究》1998年第1期。

〔3〕姜涛：《劳动刑法制度研究》，法律出版社2013年版，第10页。

1. 法治能够合理分配和协调民生利益。民生权利的核心在于如何分配和协调民生利益。民生包含了利益的需求，其表达了人们对自身生存与发展的利益主张。民生权利之所以存在，是为了保护民生利益。因为，“一种利益若无人提出对它的主张或要求，就不可能成为权利。一种利益之所以要由利益主体通过表达意思或其他行为来主张，是因为它可能受到侵犯或随时处在受侵犯的威胁中”[1]。在现实社会中利益受到侵犯之事比比皆是，民生利益正是易于被侵犯的对象之一。而法治的逻辑起点就是利益，法治的产生与发展源自于利益的冲突和分化，制定法的目的是对利益进行确认或者配置，执行法的目的是对利益的保护。法治合理公正地调整利益关系，是构建和谐社会的基石性问题。

从利益配置层面看，良善法律的存在是法治的前提。法律何以成为良法？“善法是经过正当程序制定的，必须反映广大人民的意志并体现客观规律，善法需要通过理性来公平地分配各种利益。”[2] 民生的利益指向是明确的，凡是人们对自己的生存与发展相关的利益主张均可以纳入民生权益的范畴。一方面，宪法作为我们国家的根本大法，对基本民生权利进行了最权威的宣示；另一方面在宪法指导下，构建具体的民生法律制度。只有用法律的形式将民生权益固定下来，才能实现民生保障的稳定与持久，确保民众实现民生权利、获取民生利益。

从利益协调层面看，依据社会控制理论，观念协调、经济协调和制度途径构成社会利益协调的三种机制。然而，片面强调或者单纯运用其中任何一种方式，都不能构成利益协调途径的全部内容。只有将这三个方面有机统一，并形成合理的制度，才能真正达到利

---

〔1〕 夏勇：“权利哲学的基本问题”，载《法学研究》2004年第3期。

〔2〕 W. J. Keefe, M. S. Ogul, “The American Legislative Process: Congress and the States”, *Western Political Quarterly*, 17 (1964), p. 834.

益的协调。协调不同利益群体的关系是保障民生的重要内容。法律是利益调节的有效规则系统，通过制定和实施规则，逐步建立以权利、规则、分配、机会等多项公平为内容的社会公平保障体系，能够逐步抑制和消除利益的冲突，并且促使各利益主体在特定的利益框架内平等有序地实现自己的利益。从这个意义上说，法治是当前民生利益均衡机制的理性选择。[1]

2. 法治能够有效保障民生权利。民生利益转化为法律权利时，即表明民生话语不再游离于体制之外，而转换成了制度性事实。但如果民生权利不能得到保障和救济，再完美的权利设置都将流于形式，“民生之计”也就无法真正落实。

从行政角度而言，行政机关的依法行政能够切实保障民生权利。政府的各项工作，无不与民生问题息息相关。政府法治的完善，可以促使执法部门依法履行职责，全面满足民众的民生需求。从这个意义上讲，“现代法治国家中政府的民生举措是必须履行的法定义务，着力保障和改善民生，也成为衡量、评价政府能力的一项核心指标”[2]。但同时，政府权力是一把双刃剑。权力被少数人滥用，可能导致社会的不公平，由此损害广大民众的民生利益。所以，民生要求控制行政权力。在保障民生权利方面，要有效发挥行政权力的积极作用，法治至关重要。通过法治，可以划定行政权力的界限，依法界定和规范政府的职能，强调政府依法行政，从而保障政府以公共服务职能和社会管理为重心，确保执法为民宗旨的实现。

从司法角度而言，司法机关的公正司法能够有效救济民生权利。“无救济则无权利”，这一经典的法学谚语充分体现了司法救济

---

〔1〕 参见王成礼：“利益、法治、秩序与和谐——关于构建和谐社会法治维度的价值思路”，载《法学杂志》2008 年第 6 期。

〔2〕 付子堂、常安：“民生法治论”，载《中国法学》2009 年第 6 期。

在权利系统中的重要地位。可见，司法既是权利系统的最后防线，也是民众对权利保障体系信赖与否的一个重要标尺。真正实现对民生权利的司法保障依赖于司法机关公正的司法活动。司法公正是法治的根本保障和核心内容。在我国着力倡导和推行法治的背景下，塑造司法权威、增强司法公信力是深化司法体制改革的突出任务。在此基础上，司法机关正逐步将司法工作的出发点和落脚点转移到对民生利益的保护和对民生权益的有效救济，力图从保护民生权利、救济民生利益、化解民生矛盾的角度进行理念设计和制度安排，从而提高司法保障民生的水平。近年来，司法机关不仅陆续出台了一系列旨在保障民生的规章制度，还积极践行“司法为民”的工作理念，实行司法便民工作机制，采取各种司法手段保障民生。由此通过司法这一法律实施的最后渠道，给予民生权益以最强有力的保护，进而最大程度地保障民生。[1]

综上所述，法治是保障民生、关注民生、改善民生的基础性手段。民生的最终实现，必须依靠法治的保障。正如有学者所言，“法治对于权利的重视，对于规则稳定性、透明性的强调，对于司法权威的尊崇，对于政府权力的制约和政府义务的要求，均使得法治可以为解决当代中国的民生难题做出自己的贡献。”[2] 因此，构建民生法治，通过法治手段来保障民生，是解决民生问题的必由之路。

（二）民生的法治实现

1. 民生权利的体现——社会权。“民生”原本是一个社会与政治范畴的命题，浓郁的民众情怀渗透于其中。将民生保障纳入法治化轨道，民生改善得以从道德与政治诉求转变成为法律诉求，在民

---

〔1〕 参见付子堂、常安：“民生法治论”，载《中国法学》2009年第6期；李新刚：“构建民生法治是民生发展对我国法治建设的新要求”，载《南京航空航天大学学报（社会科学版）》2011年第4期。

〔2〕 付子堂、常安：“民生法治论”，载《中国法学》2009年第6期。

生保障过程中具有重大意义。在民生法治获得正当性论证的基础上，民生保障如何与法治建设进行有机的结合，是民生法治获得实践价值的根本。

法治国家的运作机理，是以法律为运行基础，并以保障权利和设定义务为运行方式。虽然在法治中权利与义务如影随形，但法治的根本是保障权利。若要在法治轨道内保障民生，必须使其具有权利的一般属性，将民生话语还原于权利的本质。法治时代的民生，主要是通过权利直接表达为法律。民生向法律权利的转化，实现了政治社会的民生概念向法治的民生概念的转化。至此，民生不再游离于国家与社会之间，而是国家与社会共享的观念，是社会中实实在在的权利。〔1〕

民生本质上就是权利〔2〕，绝大多数的学者都表示赞同。民生保护不应当只是一种纲领性的权利，这一社会政策切换到法学领域，必须成为一种具体的权利的法律保障，是一个有关社会权的保护问题。现代意义上的民生，实际上是人们对自身生存与发展，乃至自我价值实现的一种要求与主张。民生是“以教育、就业、分配、社保、安全等为构成要件——就业是民生之本、教育是民生之基、分配是民生之源、社保是民生之依、安全是民生之盾”〔3〕。而这些体现在权利上，则是社会权涉及的内容。因此，民生法治可通过对社会权的保障获得实现。对民生的保护，首先落实为一种社会权，再由社会权延展出相关社会权保护的立法与司法。

主流观点认为，社会权是要求国家积极作为的权利，国家的义

---

〔1〕 参见张善根：“人权视野下的民生法治”，载《法学论坛》2012年第6期。

〔2〕 参见陈伯礼：“民生法治的理论阐释与立法回应”，载《法学论坛》2012年第6期；张善根：“人权视野下的民生法治”，载《法学论坛》2012年第6期。

〔3〕 何士青：“通过法治迈向民生保障”，载《政治与法律》2008年第5期。

务是积极的。[1] 社会权不同于自由权。自由权以个人自由不受公权力限制为主旨，它要求在国民自由的范围内，国家不应积极干预社会经济生活，因而是一种消极的权利。社会权强调以法规范的社会保护实现社会正义，它要求国家积极地干预社会生活，保护和帮助弱者，以保护社会整体利益为目的，因而是一种积极的权利。

2. 社会权的权利体系。所谓“社会权”，有学者将之界定为“基于福祉国家或社会国家之理念，为使人人皆可获得合乎人性尊严之生存，而予以保障之所有权利的总称”，其保障内容是要使人民有符合人的尊严与价值之经济、健康、文化的生活条件与环境。[2] 实现社会权，当然需要将其转化为具体确定的法律权利。但从纯粹的数量来看，等同于民生的社会权转化为具体的法律权利，必然只是一部分。世界各国在社会权的立法规定上存在差异。如法国、荷兰立法规定的“社会权”包括生存权、受教育权、工作权等一组权利[3]；日本宪法将生存权、受教育的权利、勤劳的权利、劳动基本权统称为社会权[4]。

究竟哪些权利能够纳入社会权的权利体系，主要是以其是否符合社会权概念所蕴含的价值目标为判断标准。因为，“一切权利制度的安排都与关于权利的价值理念密切相关”[5]。在整个人权发展体系中，社会权是一种新人权类型，主要是相对于传统的自由权而存在。虽然社会权与自由权的终极目的都是维护人之为人所固有的尊严，但从更具体的角度来看，社会权的价值重心更侧重于对平等

---

〔1〕参见［美］杰克·唐纳利：《普遍人权的理论与实践》，王浦劬译，华夏出版社1987年版，第154页。

〔2〕参见周志宏：“社会权——总论、教育权”，载《月旦法学杂志》1999年第48期。

〔3〕参见龚向和：“社会权的概念”，载《河北法学》2007年第9期。

〔4〕参见凌维慈：“历史视角下的社会权——以日本生存权理论的发展变革为视角”，载《当代法学》2010年第5期。

〔5〕喻少如：《行政给付制度研究》，人民出版社2011年版，第81页。

价值（尤其是实质平等）的关注与追求。在某种意义上，社会权是自由权的补充，它在优先维护自由权和形式上的机会平等的基础上，还必须切实保障具有起点意义的实质平等，其现实目标就是让每一个人都获得维系人的尊严而必须具备的适当生活水准。社会权的实现，必须依赖于国家社会以及个人义务的履行。但从义务主体的地位而言，国家无疑处于最重要的核心位置。国家对自由权与社会权均负有尊重、保护和给付的人权义务，不仅不得非法干涉公民的人权，而且负有防止第三方对人权侵犯的义务。更重要的是，国家必须营造合理的制度与途径促进公民实现相关方面的利益，当上述努力仍不足以保障公民实现上述利益的情况下，应当直接给相关公民提供物质，使其免于匮乏从而保障其生命和尊严。总之，所谓社会权，是指相对于传统的自由权，以一个“人”的立场，要求国家在社会经济领域采取各种积极措施，建立某些社会福利制度并提供相应服务，以保证所有国民的可行能力都能够达到为维系人之最低尊严而必须具备的适当生活水准的权利。[1]

尽管社会权作为一种基本权利出现在宪法中已有百年历史，但绝大多数国家并未将其作为整体性权利加以规定[2]，而是通过对社会权的子权利内容的规定来保障社会权。关于社会权的外延厘定，中外学界观点不一。事实上，权利是随着社会经济的发展而不断完善的，意图提供社会权的完整清单是不切实际的。要判断一项权利是否属于社会权，应当从社会权的权利特性和功能出发，以其在个体社会化保障的作用为基础，全面认识社会权在不同领域所表

〔1〕 参见邓炜辉：“社会权概念界定之批判与重塑”，载《北方法学》2013 年第 4 期。

〔2〕 荷兰学者马尔塞文对 107 部宪法的统计表明，只有 18 个国家的宪法明确使用了“社会权利”这个词或者类似词，仅占全部统计宪法的 12.7%。参见［荷］马尔塞文：《成文宪法——通过计算机进行的比较研究》，陈云生译，北京大学出版社 2007 年版，第 117 页。

现的不同的权利内涵。笔者认为，现阶段符合中国国情的社会权的基本权利体系中，至少应当包括食品安全权、医疗卫生权、社会保障权、环境权、劳动就业权、受教育权等有助于公民实现适当生活水准的相关社会权利。

第三节　民生利益的刑法保障

一、刑法保障民生的必要性

（一）保障民生是刑法的价值目标

在法治国家中，解决民生问题以及实现民生保障，都离不开法律的支撑。如前所述，民生利益是一种社会权，其所依存的社会法“多具公法之形式渐侵入私法之区域”〔1〕，是公法规范与私法规范的融合。社会法的性质决定了保护社会权益的复杂性，其中不仅仅有民法，还包括行政法、刑法。既然民生已经成为法治的应有之义，法治语境下的民生必然应是各个法律部门共同的价值目标。在保障民生的过程中，每个部门法的作用和分工各不相同。社会保障法、消费者权益保护法、医疗卫生法、环境资源法、劳动法等社会法部门，基于同民生观念的天然联系，在保障和完善民生方面无疑居于整个法律体系的前列。但不能忽视的是，刑法在保障民生的过程中也扮演了重要的作用。刑法是一种保护利益的法律，公民的社会权益关系到人们的基本生活利益，是刑法保护的重要法益，无疑应当享受到刑法最强有力的保护。不过刑法作为法律体系中的“补充法”“保障法”，只能在其他法律无法有效惩治严重危害民生的行为时，才可运用刑罚手段予以强力制裁，从而实现保障民生的价值目标。

---

〔1〕 史尚宽：《劳动法原论》，政大印书馆1934年版，第3页。

（二）保障民生彰显刑法的机能

通常认为，刑法具有保护机能和保障机能。一方面，刑法通过给予某些行为以刑罚处罚，起到了保护社会、维持社会秩序稳定的作用，此为刑法的保护机能；另一方面，刑法通过设定罪刑规范，限制刑罚权的任意发动，保障公民的个人自由和权利免受国家刑罚权的肆意侵害，此为刑法的保障机能。刑法对民生的保障，彰显了刑法的保护机能和保障机能。一方面，保障民生，首先表现为保障人类的共同生活秩序。人类的共同生活能够得到正常维持，离不开社会秩序的稳定与和谐。刑罚作为一项公权力，通过惩治严重危害民生利益的犯罪，体现其在维护社会秩序方面所具有的不可或缺的作用，以此实现其社会保护机能。另一方面，刑法涉及对公民的生杀予夺，其存在的必要性在于保护社会，使社会免受犯罪的侵害。但这种刑罚权若不加限制，任其扩张，势必侵犯公民的自由权利。民生保障的问题本质上是基本人权保障的问题，保护全体公民的基本人权实际上是将犯罪人的人权保障包含在内的。正是在这一特殊矛盾中，刑法中人权保障的重要性才得以凸显并备受重视。刑法对民生的保障，实则要求刑法通过合理地保障犯罪人的民生利益来实现刑法的人权保障机能。因此，保障民生能够促进刑法的保护机能与保障机能的有机结合，实现刑法维护社会秩序、保障基本人权的目的。

二、“民生刑法”概念的提出

“民生刑法”概念，最早由卢建平教授提出，并将其界定为保障民生的刑法。[1] 民生刑法的基本立意在于民生保障。民生是一个永恒的社会背景，任何关涉人类社会的道德、政治与法律都要受

---

〔1〕参见卢建平：“加强对民生的刑法保护——民生刑法之提倡”，载《法学杂志》2010年第12期。

制于民生的基调。民生问题已经成为当今中国的时代主旋律，国家公共政策关注的焦点由国计转向民生，强调保障民生、改善民生，法律自然也应当呈现相应的变化，关注民生、保障民生。刑事法体系作为公共政策系统之一，当然不能对这些民生问题视而不见。正如有学者所说，“即便回溯至最悲惨的古代中国的血淋淋的刑罚镇压时代，都能够寻找到千丝万缕抹不去的人性气息，‘上请’‘恤刑’‘死刑复奏’等制度都在展示着统治者对民生问题的注意与关照，勿论建立在人民主权之下的现行刑法体系。”〔1〕刑法的生命力体现于刑法实践，表现为能够回应民生需求，有效解决社会问题。刑事法律应当以民生问题作为制度设计的出发点。可以说，民生是刑法的立命之基，我国的刑事立法应当建立在对人的终极关怀的基础之上，将保障和完善民生作为立法目的，要让关注民生的价值追求真正成为迈向法治之路的强大动力。〔2〕

对刑法史学进行勾勒梳理可以发现，历史上的刑法都具有功利的一面并遵循一定的目的。以刑法的性质与机能为标准，刑法有国权主义刑法与民权主义刑法的区分〔3〕，也有政治刑法与市民刑法之分野〔4〕。一定程度上说，政治刑法与市民刑法可以和国权主义刑法与民权主义刑法相对应〔5〕。国权主义刑法或政治刑法以国家为出发点、以国民为规制对象，侧重构建社会秩序，凸显刑法的政治品性，与刑法的社会保护机能相映照，通常可用国家刑法来概

---

〔1〕张训：“论民生刑法的出场——受达顿《中国的规制与惩罚：从父权社会到民权社会》的启迪”，载《安徽大学法律评论》2011年第2期。

〔2〕参见车明珠：“民生刑法初论”，载《刑法论丛》2012年第4卷。

〔3〕参见李海东：《刑法原理入门（犯罪论基础）》，法律出版社1998年版，第5页。

〔4〕参见陈兴良：“从政治刑法到市民刑法——二元社会建构中的刑法修改”，载《刑事法评论》（第1卷），中国政法大学出版社1997年版，第5页。

〔5〕参见陈兴良：“法治国的刑法文化——21世纪刑法学研究展望”，载《人民检察》1999年第11期。

括；民权主义刑法或市民刑法则以国民利益为出发点，以国家权力为限制对象，侧重创设权利意识，旨在突出民众自由，与刑法的人权保障机能相呼应，也可用民生刑法来概括。虽然民生刑法不同于市民刑法，两者在外延与内涵上都存在差别，但都体现了福利刑法或社会刑法的上位，也都强调在二元社会结构背景下对社会本位理念的倡导。在关注民生保障的时代背景下，用民生刑法表达更为贴切，更能代表中国刑法模式的未来发展方向。因此，提出并倡导“民生刑法”概念在刑法学领域具有重大意义，以此指导刑事立法的完善和刑事司法的变革也正合时宜。

针对“民生刑法”概念，有论者提出了不同的观点。他认为，“近年来，刑法的多次修正，使得刑法对诸多领域介入保护，为了强调刑法保护的重要性，根据介入、保护的领域不同而创造性地使用了‘特色刑法’的称谓。‘医疗刑法’‘环境刑法’‘劳动刑法’等一时成为刑法学研究的热门领域和时髦词汇。笔者并不反对上述提法，只是谨慎的认为，若刑法对某个领域进行保护，就获得某某刑法的称谓以彰显刑法特色的话，恐怕刑法最终将成为‘特色刑法（领域特色）’而丧失‘刑法特色（自身特色）’。因此，笔者不赞成刑法过分介入强调保护某一领域，刑法对犯罪的规制和法益的保护应当依据自身的逻辑和具体现实情况而定。”〔1〕本书以为，提倡“民生刑法”并不必然导致刑法过分介入民生，对民生刑法界定限度范围，合理划分侵犯民生利益的犯罪圈，既能保持刑法固有的谦抑性与最后手段性，也能凸显刑法对民生利益的保障效果。

那么，为何要在普通刑法的基础上，提出对民生刑法的特别研究？主要基于以下几点理由：

1. 民生刑法在规范层面的理论研究尚处于起步阶段，难以为

〔1〕杨柳：“释法抑或造法：由刑法历次修正引发的思考”，载《中国法学》2015年第5期。

民生权益的刑法保障提供足够的学理支撑和理论动力。通常来说，制度发展，理论先行。一项法律制度的成就，往往是受到相关法学理论的引导。民生权益关乎社会整体福祉，加强对民生的刑法保护已经在我国刑法学界达成普遍共识，刑法学界对于民生刑法的基本理论有了较为深入的研究，但多是从观念层面和条文解读的基础上展开，对规范层面民生的内涵与外延如何界定、民生刑法保障的制度如何建构却鲜有研究。民生刑法的规范研究未能形成系统化，无法推动民生刑法保护的制度构建。因此，提倡民生刑法，能够促进保护民生的刑事立法，避免在司法层面对民生犯罪的刑罚惩治缺乏具体法律规则指导的尴尬局面。

2. 民生刑法的特别属性决定了应该建立具有中国特色的民生刑法制度。在社会科学领域，“属性”表明的是事物的特征和性质。事物的特别属性是此类对象独有而不为彼类对象所具有的特性，人们通常以特别属性区分不同的事物。因此，特别属性具有明显的区别性。我们要真正认识事物的本质，必然要了解事物的属性并且形成科学概念。这也是现代法学研究中认知和建构某一学科的基本分析工具。[1] 譬如，刑法学者之所以在刑法学领域之下，提出行政刑法、劳动刑法、环境刑法、经济刑法等概念，皆是基于它们具有不同于传统刑法的特有属性，民生刑法也不例外。只有研究民生刑法的特别属性，才能理性认识刑法介入民生保护的应然姿态，并合理规划我国民生刑法的限度范围。

传统刑法强调对权利侵害的救济，主张强势公平，坚持任何人犯罪都应以平等原则对待。而民生刑法蕴涵人本价值观，主张弱势公平，强调对社会弱势群体应当倾斜保护。不难看出，在如何看待强势群体与弱势群体之间的现实差距的问题上，传统刑法与民生刑

---

〔1〕 参见姜涛：“问题与出路：对我国劳动刑法出场形态的慎思”，载《西南政法大学学报》2010 年第 5 期。

法大相径庭，两者在罪刑结构上有所差异。随着社会的发展，社会分层现象日益严重，强势与弱势的对立逐步加剧，刑事法治作为社会保护的最后防线应当发挥其应有的作用。目前，我国出现的为数不少的影响社会稳定的群体性事件，往往都是因为在社会治理过程中公民的基本权利包括人身权、财产权、政治参与权等得不到有效保障而引起的。[1] 因此，在一般的刑法制度以外，还须构建特殊的刑法制度，侧重对权利缺失群体的利益保障，适当向弱势群体如环境污染的受害者、食品安全的消费者、危险驾驶的受害者、劳动者等倾斜，从而使保障民生落到实处。[2]

3. 民生刑法的提倡，是刑法角色转变的重要环节，体现了我国刑法由国家工具主义向权利保障主义的发展。民生刑法模式将民生作为考量的核心标准，并在此基础上践行社会保护和人权保障的刑法机能。民生刑法对民之生计的保障，除了强调刑法对人权的关照之外，还须依赖于社会保护机能的实现以维持法律秩序，从而保障人类共同的生活。过分注重人权保障机能，易于弱化刑法作为社会治理手段的功效，以致矫枉过正。因此，在民生刑法的体系中，人权保障机能和社会保护机能应当做到合理协调、相宜衔接。具体来讲，民生刑法一方面要通过合理地保障犯罪人的民生利益以实现刑法的人权保障机能，另一方面则通过惩治严重侵犯民生的犯罪来达到刑法的社会保护机能。正如有论者所言，“唯有当民生问题成为社会热点话题和时代主流命题的时候，以民生为安身立命之基石的民生刑法之提倡和构设的时机才相对成熟。而民生刑法对人权保障机能和社会保护机能二位一体的完整关照才不至于使其失去现实底蕴和理论周延，从而使其所强调的国家刑法或者政治刑法向民生

---

〔1〕 参见庞凌：“权利、自由与社会管理创新的切入点”，载《法学》2011 年第 10 期。

〔2〕 参见高铭暄、陈冉：“论社会管理创新中的刑事法治问题”，载《中国法学》2012 年第 2 期。

刑法的转向有了理论基点和现实基础。"[1]

三、"民生刑法"概念的界定

民生刑法的价值判断是一个特殊的思考过程，它需要以特殊的概念与逻辑作为思考的手段，是认识和研究民生刑法的前提。正如博登海默所言，"概念乃是解决法律问题所必须的和必不可少的工具。没有限定严格的专门概念，我们便不能清楚地和理性地思考法律问题。"[2] 自"民生刑法"概念提出以来，在谈及民生的刑法保护时，"民生刑法"一词使用较为频繁，但对民生刑法的概念界定却相对罕见。究竟何谓"民生刑法"，有三位学者对其进行了明确定义：一是卢建平教授简明扼要地将民生刑法界定为保障民生的刑法[3]。二是车明珠博士主张，民生刑法是"在主权在民的原则指导下，以保障人民权利为出发点和归宿的应然刑法；简言之，即保障民生的刑法"[4]。三是张勇博士认为，"所谓民生刑法，即指对民生权益予以保障和救济的刑法规范"[5]。严格地说，以上三种表达方式没有实质差别，都是从规范对象的角度来定义民生刑法，即只要是以民生利益为保护客体的刑法规范均为民生刑法。

笔者认为，民生刑法概念的界定可从以下几个方面进行考量：其一，从保护民生的理念出发，探讨如何在刑法上达到此目的，此为民生刑法的真谛。换言之，应当明确民生刑法是以保障和完善民

---

〔1〕 张训："论民生刑法的出场——受达顿《中国的规制与惩罚：从父权社会到民权社会》的启迪"，载《安徽大学法律评论》2011年第2辑。

〔2〕［美］E. 博登海默：《法理学——法律哲学与法律方法》，邓正来译，中国政法大学出版社1999年版，第486页。

〔3〕 参见卢建平："加强对民生的刑法保护——民生刑法之提倡"，载《法学杂志》2010年第12期。

〔4〕 车明珠："民生刑法初论"，载《刑法论丛》2012年第4卷。

〔5〕 张勇："民生刑法的性格：兼评《刑法修正案（八）》"，载《河北法学》2011年第6期。

生为其立法意旨。其二，民生刑法是传统刑法在保护客体涉及民生利益时所作的特殊规定。因此，民生刑法并未游离于传统刑法理论之外，无法完全超脱刑法所设置的既有框架，而是相对于传统刑法的形式与抽象性关系，基于具体关系的回复，在形式平等与实质平等的对立形态中相互产生关联，并在关联中兼顾到传统刑法理论。其三，民生刑法的范围以对民生利益整体性的侵害为标准来确定。属于民生犯罪的行为首先必须是直接侵害整体民生利益的侵权行为。那些直接保护独立的、超个人法益，但同时间接地也保护个人的法益的刑法规定，应当属于民生刑法的范畴。其四，民生刑法不同于传统刑法，它能在某种限度和解释下对传统刑法作出修正，故其主要关心的内容是传统的刑法规范可根据民生保护的特殊要求产生何种程度的变化。总之，在不超过刑法理论与规定的立场下，根据民生保护需求的入罪化要求，分析民生刑法的过度与不足，同时参照社会法中的社会权保护法理以及刑法规范的法理，从中相互验证，方能完整说明民生刑法概念。

综上，所谓民生刑法，是指以人本主义为价值理念，反思传统刑法及其理论之不足，以整体民生利益为保护对象而建构起来的具有不同于传统刑法的新特质的刑法。

第二章　民生刑法的理念基础

法治语境中的民生是各个法律部门共同的价值目标，刑法作为“后盾法”，是衡量一国民生水平的重要窗口。对于具有相当严重社会危害性的民生侵权行为给予应有的刑事制裁，是刑法作为保障法的责任，也是现代国家刑法所作出的共同选择。刑法要确立以人为本的价值理念，刑罚作为国家维持社会秩序的最严厉制裁措施，也必然要以保护民生为核心内容。

第一节　民生刑法观的倡导

一、我国刑法观的变革

自觉的实践必然需要一个深入认识的基础，法律制度的建构与实践源自于一定的观念基础。在强调民生保护的时代背景下，民生刑法要由理想转变为现实，依赖于法治理念从“法治刑法观”到“民生刑法观”的转变，理念基础的更新决定了民生刑法制度的形成与运作。

刑法观是对于刑法的生成、性质、运行等一系列问题的基本看法和思维模式。[1] 刑法观与刑事实践互相依赖、相辅相成。一方面，刑法观是刑事理论、刑事立法和刑事司法的内在根据，其在根

〔1〕 参见齐文远：“社会治理现代化与刑法观的调整——兼评苏永生教授新著《区域刑事法治的经验与逻辑》”，载《法商研究》2014 年第 3 期。

本上决定了刑事立法与刑事司法的基本面貌，并能反思、审视刑事实践活动的缺陷，引导刑法制度、刑法技术乃至刑事实践方式的进化与发展，并为其提供思想动力。另一方面，刑法观的确立又必须以国家的社会变革为观照，是社会变革在法律观念上的直接映射，并在与社会政治、经济形势相契合的过程中逐步生成、更新直至完善。在不同的社会发展阶段，刑法观呈现出承继又各异的特征，体现了鲜明的时代特色。随着社会结构形态的变迁，刑法观也在不断地演变。从刑法的发展史来看，自国家运用刑罚治理犯罪以来，我国刑法观大致经历了由工具主义刑法观向法治刑法观的转变。“在当代，我国各项体制改革已处于深水期，我国的刑法观在这一时期随着社会形势的变更在原有传统模式的基础上呈现出一些新的特征和走向。”[1] 尤其是在民生语境下，民生刑法观开始崭露头角，刑法的理念正在逐渐走向文明和理性。[2]

（一）工具主义刑法观

国家为何要制定刑法，对刑法寄予怎样的期望，期待通过刑法的制定与适用达到什么目的，这是关系刑法存在的根基的刑法价值理念问题。英国法学家阿蒂亚曾就“法有目的吗?”这个问题进行论述，主张法只是在社会系统中实现一定社会目标的工具和手段，它不具有任何价值意义。[3] 也就是说，在任何特定时期，法律都可以通过工具主义的方式加以利用，可以为了实现某种特定目的而修订和改写法律。

关于法律的本质和价值，法律工具主义是中国法学领域最为盛行的正统法学理论，“法律是统治阶级意志的体现，是维护阶级统

〔1〕参见齐文远、夏凉：“徘徊于传统与现代之间的刑法观——以创新社会治理体系为视角”，载《武汉大学学报（哲学社会科学版）》2015 年第 1 期。

〔2〕参见车明珠：“民生刑法初论”，载《刑法论丛》2012 年第 4 卷。

〔3〕［英］P. S. 阿蒂亚：《法律与现代社会》，范悦等译，辽宁教育出版社 1998 年版，第 125 ~ 127 页。

治的工具”是其经典表述。由于具有特殊的强制性和暴力性，刑法被视为最具有工具价值的法律部门。工具主义刑法观自古已有、根深蒂固。这种观念之所以能长久流行，与我国一元的社会结构不无关系。在强调国家本位的一元社会形态中，政治国家处于垄断地位，强调优先保护国家利益以稳定社会秩序，公民的自由和权利长期受到淡化与压制。

为了某种目的而裁判，把人看作是达成某种目的的手段，是刑法工具主义的明显表现。工具主义刑法观主要反映在对刑法机能的认识上。就我国而言，传统工具主义刑法观关注更多的是刑法的社会保护机能，而将刑法对人权的保障置于次要地位。刑法仅仅被当作惩罚犯罪的工具、维护社会稳定的利器，刑法是否被尊重很大程度上取决于它的实施对其社会保护机能的实现有无帮助。长期以来，受到工具主义刑法观的束缚，刑法被当作“刀把子”或专政工具，惩治犯罪，执行阶级专政职能。同时，功利执法所产生的短期效应又助长了刑法获得更高的使用频次，且刑法的工具价值被以一种机会主义的态度对待。“其结果是，刑法的确立和变更，取决于政治斗争的需要；刑法的适用，随政治形势而变迁。”[1] 因而，“以暴力镇压为主要功能的刑法，就成了历代刑事立法的共同特征，并构造了中国刑法的主体形象”[2]。1997 年刑法修订后，我国刑法典确立了罪刑法定原则，以限制国家刑罚权、保障人权为基本价值取向。尽管如此，从刑事法制实践来看，我国刑法的人权保障机能仍未得到充分的重视和全面的贯彻。“无论是立法者还是司法者，抑或普通老百姓，对刑法保障罪犯人权的功能总体上难有体认，或者充其量处于‘抽象肯定，具体否定’的认识。”[3] 在人们的观念

---

〔1〕 梁根林：《刑事政策：立场与范畴》，法律出版社 2005 年版，第 240 页。
〔2〕 陈晓枫主编：《中国法律文化研究》，河南人民出版社 1993 年版，第 316 页。
〔3〕 梁根林：《刑事政策：立场与范畴》，法律出版社 2005 年版，第 241 页。

深处，刑法的社会保护机能和人权保障机能无法并存。因为刑法既然是镇压犯罪的利器，又怎能用来保障犯罪人的人权？再者，如果刑法对犯罪人的人权加以保障，又如何能够保护广大民众尤其是被犯罪侵害的被害人的权利？显然，若按照这种逻辑思维理解、适用和执行刑法，刑法的功能只能是惩罚犯罪以保护社会。在此观念基础上，刑法会过分强调国家利益和社会利益，而压抑、轻视个人利益。“不容置疑的是，这种绝对主义的刑法使命观确实蕴含着国家刑罚权不受制约、刑罚随司法者的主观判断而任意适用、重刑主义倾向泛滥的现实危险。”〔1〕因此，过分强调刑法的绝对工具价值必然会导致刑法被政治操纵，法治遭受破坏的严重后果。

其实，任何国家的刑法都具有一定的目的，那就是刑罚理论上的预防主义或者报应主义，没有任何目的的刑法是不存在的。如果从实现一定目的的角度看，刑法的工具性是不可避免的。问题在于如何使用这个工具，是绝对的工具主义，还是相对的工具主义？是把刑法当作惩治犯罪的“刀把子”，还是视为保护人权的“大宪章”？诚如储槐植教授所言：“保护（社会）权利最得力的工具常常也是侵犯（个人）权利最厉害的手段，刑法就是这种东西。”〔2〕所以，刑法是打击犯罪、维护社会秩序的主要手段，这个法律手段的行使必须坚持罪刑法定原则，实现保护社会与保障人权并重。

（二）法治刑法观

改革开放以来，我国传统的一元社会形态转型至政治国家与市民社会二元分立的社会形态，社会面貌发生了重大变化。法治目标的确立与制度的建构，成为20世纪以来中国社会最为重大的社会变革之一。刑事法治的制度建构，不断深化着对刑法机能的深入思考。由此可见，刑事法治理念触发了刑法观的更新，为现代刑法实

〔1〕梁根林：《刑事政策：立场与范畴》，法律出版社2005年版，第241页。

〔2〕储槐植编：《美国刑法》，北京大学出版社1987年版，第25页。

现适度立法、科学立法提供了重要的观念基础。

秩序是人类赖以生存的基础。法治的产生肇始于人们对理想秩序的追求，并促使人类理性地面对秩序构建中的诸多争端。“在任何法律制度中，法治的内容是：对立法权的限制；反对滥用行政权保护措施；获得法律的忠告、帮助和保护大量的平等的机会；对个人和团体各种权利和自由的正当保护以及在法律面前人人平等……它不是强调政府要维护和执行法律及秩序，而是说政府本身要服从法律制度，而不能不顾法律或重新制定适应本身利益的法律。”〔1〕据此，法治的确立，能够从总体上框定国家权力与公民权利的一般关系，并为国家运用法律调整社会关系、建构社会秩序提供一般准则，即“社会生活的统治形式和统治手段是法律；国家机关不仅仅适用法律，而且其本身也为法律所支配；法律是衡量国家及个人行为的标准”〔2〕。基于“法治国的基本精神在于：一个受法约束的国家”〔3〕的观念，“在法治建构中的国家，绝不是一个无所不在的利维坦，而是被严格限制在一定范围内活动的政治实体，国家存在的根本目的就在于使公民享有最大限度的个人自由与权利”〔4〕。

法治国的基本精神在于：一个受法约束的国家。换言之，国家在法律框架内生存，以此区别于不受法律约束的、具有无限权力的国家。在现代法治国家，国家权力必须受到限制。刑事法治处于法治的基础地位，国家刑罚权关系到对公民的生杀予夺，其行使更应受到严格地控制。在刑法构造中，如何处理国家权力与个人权利的关系始终是决定刑法性质的重要问题。刑事法治意味着以刑法限制

〔1〕［英］戴维·M. 沃克：《牛津法律大辞典》，北京社会与科技发展研究所译，光明日报出版社 1988 年版，第 790 页。

〔2〕［美］A. T. 默克尔：《法治国的观念和形态》，转引自公丕祥主编：《法哲学与法制现代化》，南京师范大学出版社 1998 年版，第 450 页。

〔3〕陈兴良主编：《刑法理念导读》，法律出版社 2003 年版，第 2 页。

〔4〕程燎原：《从法制到法治》，法律出版社 1999 年版，第 202 页。

包括立法权与司法权在内的国家刑罚权，从而有效保障公民的自由与权利。申言之，“刑法应是一个国家权力和公民权利互相依存、互相制约的矛盾共同体。一方面通过对特定行为的禁止和惩罚，规范和约束全体国民的行为，并为国家运用刑罚权惩罚犯罪提供法律依据，发挥法益保护、秩序维护的功能；另一方面又通过罪刑法定原则严格制约下的犯罪构成和法定刑设置，规范、限制国家刑罚权的发动与行使，保障国民不受法外入罪和法外量刑之侵害，发挥人权保障的功能”[1]。也就是说，现代刑法既限制权利又保护权利，既保障权力又规制权力。

概括而言，在价值取向上，法治刑法观主张保护个人的自由与权利，限制国家的刑罚权。犯罪人本身也是社会成员，其合法权益理应在刑法的保护范围内。对于犯罪的惩罚，以制止犯罪、确保社会秩序符合社会发展的最基本要求为必要。

（三）民生刑法观

法治国原则延展了国家权力的限制、人权保障等积极价值[2]，然而它却造成刑法无法合理组织对社会的反映。近年来，伴随着世界经济的繁荣与发展，社会关系与社会矛盾呈现复杂态势。社会分层带来了社会强者与社会弱者之间的利益严重失衡，弱者群体在利益分割中的边缘化和利益实现中的难题，不仅仅是社会弱者自身原因造成的，更是社会发展尤其是经济发展中的副产品。社会分层造成对刑法的挑战，刑法沿着权力限制运行的消极保护的立场，在现实生活中总是带来适用危机。西方国家正在逐步尝试建立起一种新的国家形态——福利国家。福利国家旨在实现普遍社会保障，福利作为一种权利被赋予每一位社会成员，并形成制度化、普遍化的福

---

〔1〕梁根林：《刑事法网：扩张与限缩》，法律出版社2005年版，第2页。

〔2〕参见［英］米尔恩：《人的权利与人的多样性：人权哲学》，夏勇、张志铭译，中国大百科全书出版社1995年版，中文版序第1页。

利供给，这是公民权演进的最高峰。福利国家理念注重国家对民生的保护，立法者会主动扮演社会安全维护者的角色，并通过作为保障法的刑法来实现既定的社会保护目标，在社会相当性的范围内实现社会强者与社会弱者之间的利益平衡。[1] 这一理念在刑法领域则体现为以人为本的民生刑法观。

法治国理论是统领我国法治建设的理论依据，构建民生刑法必须以法治国理论为依据。从理论层面分析，“权力应臣服于法律”可以被认为是法治国家的经典表述。法治的核心价值在于限制国家权力，保障公民权利。然而，随着人类文明的不断演进，政治国家和市民社会从彼此融合到相互分离，进而形成了国家与社会的二元治理体系，社会成为当代国家重要的力量。“现代的国家，不仅依法及警察以维持社会之安宁为已足，必更进一步。而以开发社会之文化，增进国民之福利，为一种重要的任务。”[2] 据此，在民生观的影响下，国家的职能由管制为主演进为以服务为主。而法律也逐渐担负起“创造合乎社会正义的社会秩序，为人民提供个人生活不可欠缺的‘生存照顾’的职责”[3]，进而强化对民众普遍关注的权益的保护。这种理念旨在突出民众权利，体现法律服务于社会和民众。它反映在刑法上，则集中表现为刑法逐步由传统的秩序刑法转变为新型的民生刑法。

民生刑法观是近几年提出的新概念，是随着党和国家政策转向更加重视民生问题而产生的。它是将民生观植入到刑法哲学中而形成的刑法理念，其实质在于运用刑事制裁手段来保障和救济民生利益。民生刑法观的基本目标是促使民生理念融入刑法运行的各个环

[1] 参见姜涛：《劳动刑法制度研究》，法律出版社2013年版，第189页。
[2] 白鹏飞：《行政法总论》，商务印书馆1927年版，第2页。
[3] 陈新民：《公法学札记》，中国政法大学出版社2001年版，第79页。

节，进而指导刑事立法、刑事司法以及刑事执行的完善、变革和创新。[1] 它提出的时间虽然不长，但由于在相当程度上与广大民众维护权益的需要相契合，加之具有牢固的刑事政策根基，社会影响不可小觑。从一定意义上说，在国家法律治理实践中，民生刑法观承担着部分刑事政策的功能，新增的不少罪名都是基于民生保护的考虑。通过比较我国的九个刑法修正案，可以发现，从单纯适应社会变化到积极回应和有力保障民生，是我国刑法修改实践中的一大发展。

另需厘清，提倡民生刑法观，不是一味强调刑法的人权保障机能，刑法体系仍然是平衡犯罪与民生保障关系的基本手段。刑法体系的社会保护机能和人权保障机能不应相互排斥，而应适当地协调与衔接。因为，法律秩序的存在是维持人类共同生活的基础，即使是在现代化的福利国家，保障人类的共同生活秩序依旧是国家的基本任务。刑法是所有法律秩序中不可或缺的重要部分。因此，刑法若片面强调人权保障而忽略社会保护，对于民生保障有害无益。[2] 正如有学者所言，“我国的社会结构正处在转型之中，基于法治国家的需要，刑法应倚重以人为本的精神理念，对人文关怀做出回应，借助其形式理性，将蕴涵在其中的平等、自由、人道、正义、谦抑等观念，注入刑法的血脉之中，将惩罚犯罪与保障人权在制度上整合为一个有机整体”。[3] 刑法的角色正在从传统的国家专政机器转变为法益保护工具，刑法的功能正在由单纯强调惩治犯罪转变为保护社会、保障人权。

---

〔1〕 参见姜瀛：“民生写入刑法之初探——以‘行贿罪量刑情节’为研究切入点”，载《南都学坛（人文社会科学学报）》2013 年第 4 期。

〔2〕 参见张训：“论民生刑法的出场——受达顿《中国的规制与惩罚：从父权社会到民权社会》的启迪”，载《安徽大学法律评论》2011 年第 2 期。

〔3〕 杜宝庆：“市民刑法的价值理念分析”，载《暨南学报（哲学社会科学版）》2007 年第 6 期。

二、民生刑法观的理论内涵

（一）人本主义理念

现代法治的基本精神是人本主义，它的价值蕴涵就是以人为本，肯定人的价值、尊重人的尊严。刑法关乎对人的生杀予夺，因其调整对象和调整方式的特殊性，尤其应该具备人文关怀的精神底蕴。在刑事法领域，保障民生所蕴涵的“以人为本”理念正在逐步成为我国刑事法治发展的价值取向。民生刑法观立足于人本主义，以尊重人性、弘扬人道、人权保障为价值内涵。〔1〕

1. 对人性的尊重。人性即人的本性。“人性是法治的基础，法治的实现脱离不了人性，法治应顺应人性。”〔2〕首先，人性尊严是基本权利的概括，也是法律权利的基准点。在刑事法领域，“以人为本”的理念要求刑法的目的与功能都必须贯彻人本精神；“以人为本”的理念也要求刑法的制定与适用都应当从人的本性出发，与人性的基本要求相符合。针对民生问题，刑法更应当通过对犯罪予以惩罚，间接地对受害者尤其是社会弱势群体给予充分的人性关怀。其次，从人本主义角度看，犯罪是人的异化，是人对社会或自然的反动，是人性弱点的体现。〔3〕有学者指出，人类实施犯罪的终极原因就是人性得不到满足。人性得到满足的程度越大，犯罪率将越低，而压制人性的刑罚将会引起更多的犯罪。〔4〕在以人为本的社会语境下，刑法应当以人性出发，充分尊重人性，尽量顺应人性，而不是一味地强制压抑人性；刑罚本身也是一种“恶”，司法

---

〔1〕参见张勇：“民生刑法的性格：兼评《刑法修正案（八）》”，载《河北法学》2011年第6期。

〔2〕刘斌：“法治的人性基础”，载《中国政法大学学报》2008年第2期。

〔3〕尹振国：“国家治理现代化与人本主义刑法观”，载《重庆理工大学学报（社会科学）》2015年第4期。

〔4〕李希慧、龙腾云：“法律的人性关怀与刑罚轻缓化”，载《河南省政法管理干部学院学报》2010年第3期。

机关应尽量回避刑罚的使用；或者将原本属于适用刑罚手段的行为用其他社会调整方式替代，以符合刑法的人性化发展方向。

2. 对人道的弘扬。每个人都有人格尊严，即便是罪犯。弘扬人道，对于刑法而言，体现在将刑罚的痛苦控制在人的尊严可接受的限度内，刑法的内容和实施应注意维护犯罪人作为人的人格尊严。在刑事追诉以及刑罚执行中，国家公权力机关相对来说比较强势，犯罪嫌疑人、被告人及罪犯必定处于弱势地位，极易遭受来自司法机关的不当甚至非人道的处遇。因此，从刑事法治的视角看，刑法的人道性也应当包含对犯罪人的人道待遇，因为，“刑法的人文关怀精神最终是向弱势群体倾斜”。[1] 这就要求立法者在刑事制度构建时，给予犯罪人更多的保护、尊重和宽容，保障他们的权利和自由，据以抗制国家的不当暴力。不过，人道是否客观、具体，取决于所处时代的普遍价值观念和社会物质生活水平。

3. 对人权的保障。民生保障的问题实质是基本人权保障的问题。在民生领域，公民的基本人权主要表现为社会权利。在刑事法领域，对社会权利同样缺乏保障和救济的力度。刑法是保障之法，面对日益严重的社会民生问题和日渐突出的人权保护需要，刑法必须承担起保障社会民生的历史使命。当民生权利遭到严重破坏，其他社会法不足以发挥规制作用时，刑法应发挥威慑作用或者直接严厉制裁。若刑法不能在社会权利保障方面发挥应有的作用，将是刑法的规范作用和社会作用的重大缺失。与此同时，对生态环境、劳动保障、社会保障等领域的社会权利给予保护，也会促进刑法的进一步完善，既能给传统刑法带来挑战，又能增强传统刑法制度自身的解释力。[2] 为此，刑法应积极回应社会民生的权利诉求，发挥

〔1〕 孙国祥：“WTO 语境下的刑法观念重构”，载《江海学刊》2002 年第 5 期。

〔2〕 参见姜涛：“劳动法治领域下劳动刑法制度创生的法理求证”，载《法制与社会发展》2011 年第 2 期。

其在人权保障方面的特有功能。

(二) 社会本位理念

民生刑法观中蕴含了社会本位理念，以社会为根本立足点和价值取向，体现了对人类社会的终极关怀，同时也契合了我国和谐社会的发展理念。

法律调整倾向与目的的不同，关涉到立法中国家权力与公民权利保障机制的具体设计。法律本位观中的“法的本位”，即法之重心，是对法律调整系统终极价值关怀的概括。刑法本位观中的“法的本位”，通常限定为刑法在两种或两种以上的价值目标中，以何为出发点和归宿，以何为立法标准及价值导向的问题。[1] 立法者基于不同的刑法本位观，在立法时会产生不同结果，在法律制度构建上差异也较大。随着社会的不断演进与发展，刑法本位观不断地得以完善。从刑法需求的视角，将主体的价值选择作为标准，可以将刑法本位分为国家本位、社会本位和个人本位。

1. 以国家为本位的刑法，将维护国家利益、社会利益作为目标，捍卫的是国家的权力和利益，忽视甚至否定个人的权利和利益。因此，国家本位理念下的刑法，具有随时基于国家利益保护的需要而任意扩张的风险。国家对社会的全方位控制以及对个人权利的极端限制，不仅会使社会缺乏发展活力，还会导致国家与个人之间的紧张对立状态。

2. 以个人为本位的刑法，将保障个人的权利和自由作为核心，严格限制刑法对个人自由的不当干涉。[2] 人权保障处于至高无上的地位，国家权力的行使是以维护个人权利为目的的，并受制于个人权利。同时，由于极力彰显个人权利，导致社会权利受到忽视，

---

〔1〕 参见魏昌东：“刑法立法的群体本位性与个体本位性”，载《刑法论丛》2008年第4期。

〔2〕 参见黄文艺：“谦抑、民主、责任与法治——对中国立法理念的重思”，载《政法论丛》2012年第2期。

社会和国家作为实现个人权利的手段，是个人自由的对立物。据此，国家、社会、个人之间的矛盾凸显。

3. 以社会为本位的刑法，将社会作为一种独立的存在加以认识，以人类利益和个体自由、以对社会的终极关怀为宗旨确立刑法的功能与价值。在尊重个人权利的同时，将维护社会的整体利益作为使命。社会本位既强调国家权力的行使必须有利于社会的整体利益，又强调个人权利的行使不得违背社会公共利益，由此，在国家权力和个人权利之间形成了双向制约的关系。同时，注重法律的重心应偏向于社会利益，使个人利益与社会利益和谐统一，从而促使法律逐渐成为促进人类共同发展的手段。

刑法本位观的形成是特定物质生活条件的反映，是与特定社会的发展阶段、发展形态相互适应的。国家和社会二元化的历史条件促成了法律观向社会本位的转变，社会本位理念开始得以被提倡。首先，从某种意义上说，社会本位理念的产生是基于对以往的本位观的纠偏需要。“刑法以社会为本位，避免了以往以国家或个人为本位而导致的价值和利益选择偏一的弊端，社会作为国家和个人之间的屏障，既能阻碍国家权力对个人权利的侵害，又能避免因个人权利的盲目扩张而造成的对国家权力的不当限制，有效缓解了国家、社会与个人之间的紧张关系，实现了三者的和谐统一。”[1] 因此，有学者认为，“民生刑法立足于社会本位，它的提倡有助于弥合国家本位与个人本位的距离”[2]。其次，伴随着市民社会逐渐成为社会发展的重要力量，社会利益成了法律关注的核心，这就要求刑法在强调保护个人利益的同时，应注重保护社会利益，以促进个体与社会的共同进步、全面发展。因此，在刑法立法中必须根据我

〔1〕 参见吴玉萍：“民生刑法视角下食品安全犯罪之刑法规制”，载《齐鲁学刊》2014 年第 4 期。

〔2〕 卢建平：“加强对民生的刑法保护——民生刑法之提倡”，载《法学杂志》2010 年第 12 期。

国目前的社会发展状况对刑法本位观作出及时的调整。再次，社会本位理念能够兼顾秩序与自由的和谐，反映二元社会的基本诉求。社会具有了独立于国家与个人的地位，三者的对立统一确保了社会发展有序状态的形成。然而，由于国家、社会与个人都具有独立的利益诉求，在一定时期内社会资源总量恒定的前提下，三者存在利益分配及控制上的紧张关系。于是，探寻三者之间矛盾的解决机制，使它们在一个利益共同体中协调发展，便成为法律的使命。从法律角度看，国家、社会、个人之间的矛盾，主要是通过自由与秩序两种价值关系对立的形式表现出来。个人的发展需要自由，而国家和社会的发展需要秩序，秩序的构建需要对个人进行必要的约束，秩序与自由之间存在着内在的冲突。不同立法本位观的形成，正是基于对秩序与自由关系的不同认识和不同处理机制而设计的。就刑法而言，由于社会发展需要良好的秩序，个人自由的实现也必须以秩序为基础。所以，秩序仍应作为刑法的价值追求。国家本位基于秩序对国家的重要性，必然限制个人较大程度、较大层次的自由；个人本位基于确保个人自由状态的需求，必然以牺牲秩序为代价。上述任何一种理念都可能导致自由与秩序之间关系的激化。而社会本位的要求较为中道，由于社会发展所须维系的秩序在程度上弱于国家，从而能够适当兼顾秩序与自由的和谐。[1]

以社会为本位的目的在于实现社会保护。在社会本位理念之下，如何实现社会保护，维护社会安全和稳定是社会发展的基本目标。但这一目标的实现，还须借助公权力，社会本位理念并不是要求国家不作为，而是要有所作为，只是在作为的方向上有所调整，以刑罚手段保护社会整体利益，以倾斜保护的方式矫正强弱失衡局面。在社会本位理念之下，国家立法机关制定的各项法律是所有社

〔1〕 魏昌东："刑法立法的群体本位性与个体本位性"，载《刑法论丛》2008 年第 4 期。

会公众意志的体现，它们是面向整个社会的，以社会利益为重，民生保护体系下的社会权利被优先考虑，其目的是维护社会公众的利益和社会秩序的有序化。[1]

第二节 民生刑法观的理念指导

在我国构建和谐社会、关注民生保障的时代背景下，刑法理应对民生权益给予最坚实、最有力的保障和救济。目前，我国刑法对民生的保障尚处于理念创新和制度构建阶段，民生意识在刑事法体系中的实现仍然任重道远。民生刑法观是具有中国特色的本土化刑法观念，它的提出是现代刑法观念演进的标志。刑法的发展，必须与刑法理念的转变相适应。如何在刑事立法、刑事司法、刑事执行中实现人本价值，促使刑法各运行环节都融入民生理念，需要进一步深入研究。

一、民生刑法观在刑事立法中的展开

在民生观的指导下，为了实现刑法的民生保障功能，刑事立法的理念创新也应加快步伐，及时作出相应调整。

（一）弱者倾斜保护

弱势群体原是一个社会学的概念，这里的“弱”特指某一主体的社会地位和生存状况，“群体”特指同类处于不利地位的社会成员的集合。尽管学界对“弱势群体”的概念界定略有差别，但对“弱势群体”有一个基本的认同，即弱势群体是指由于各种因素的影响，在社会地位、财富分配、政治权力行使、法律权利享有等方面处于相对不利地位以及在发展潜力方面相对匮乏的人群。[2] 在

---

〔1〕 参见姜涛：《劳动刑法制度研究》，法律出版社2013年版，第198页。
〔2〕 齐延平：《社会弱势群体的权利保护》，山东人民出版社2006年版，第2页。

现代国家理念之下，弱势不再被认为是个人能力微弱的问题，而是一个需要作为整体的社会共同努力来解决的问题。目前，社会各界对加强弱势群体的法律保护已经达成共识，刑法学界也不例外。刑法作为民生权利保障的最后救济手段，逐步实现从强调“刑法面前人人平等”向侧重“倾斜保护弱势群体”的转变。在刑法立法中对社会弱势群体进行特殊保护，能够更加有效地防止强势主体的侵害，加强社会福祉，保证社会公平正义的实现，同时也是实践人本刑法理念的必然选择。[1]

在当今世界，越来越多的国家对弱势群体给予了更多的关注，并在刑法和其他法律规范中加强了对弱势群体的保护。对弱势群体的刑法保护已经成为全球性的不可抗拒的必然潮流。有学者指出，我国传统的刑法理论对弱势群体的关注，主要集中在探索如何保障属于弱势群体的犯罪人的人权，而忽视了弱势被害人一方的人权保障。[2] 一般而言，刑法在实施“弱者倾斜保护”时可以通过“双面孔”的形式出现，把握正向的“强化”与反向的“弱化”。其中，“强化”的对象是侵犯弱势群体利益尤其是关乎重大民生利益的犯罪，把侵害利益严重的行为纳入犯罪圈；“弱化”的对象是弱势群体犯罪的刑事责任，强调刑法规制的应有理性，尤其是不轻易介入弱势群体集体性不当维护自身合法权益的行为。我国刑法也体现了对弱势群体的保护，主要体现在两方面：一种是正向保护，即针对以弱势群体为被害人的行为设置犯罪或者从重处罚。例如，交通肇事罪，生产、销售伪劣商品犯罪，教育设施重大安全事故罪，重大劳动安全事故罪等犯罪的设置；教唆不满 18 周岁的人犯罪的从重处罚、奸淫幼女的从重处罚等。另一种是反向保护，即弱势群

---

〔1〕 参见张勇：“民生刑法的性格：兼评《刑法修正案（八）》”，载《河北法学》2011 年第 6 期。

〔2〕 冯军、吴卫军：“刑事法律关系概念探析”，载《江海学刊》1997 年第 6 期。

体实行犯罪的从宽处罚。例如，未成年人、精神病人、聋哑人或者盲人犯罪的从宽处罚；审判时怀孕的妇女不适用死刑等。总体看来，随着社会文明程度和立法先进程度的提高，刑法对弱势群体的保护力度在不断地增强，保护范围在不断地扩大，保护方法在不断地完善。

然而，我国刑法对于弱势群体的保护依然任重道远。首先，要解决理论上的认识问题。鉴于弱势群体自身的生理、社会地位特点和刑法的功能与作用，对弱势群体进行倾斜保护不应只是权宜之计，而应成为我国刑法中具有普遍指导意义的一项原则。这一原则的确立，既不能依靠某种特殊法律文本对其他文本形态的强制或征服，更不能借助国家的权威来获取。从理论上分析，法律的核心价值是公平，且有“强势公平”与“弱势公平”之区分。“强势公平”强调形式上的平等，任何人不论强弱，平等适用同样的规则；“弱势公平”强调实质上的平等，根据强弱差异，针对不同类型的主体适用不同的规则。强势公平对法律平等的追求，是近代法律得以存续的基石，也是法律正当性的保障。但绝对贯彻强势公平理念，会导致每个人因机会、收入、财富等方面的差异，加剧强弱差距，引起社会不公，因此，法律需要引入弱势公平理念，向弱势群体进行利益倾斜保护，纠正强势公平的弊端。[1]“倾斜保护”是弱势公平理念的具体化和制度化，是建立在弱势公平之上的法律原则。只有在真正理解实质法治意义上的社会公平，实现了从“强势公平理念”到“强势公平与弱势公平兼顾理念”的转变，并获得社会公众认同的基础上，“倾斜保护”原则才能成为具有正当合理性和广泛可接受性的刑法原则。其次，要突出重点保障弱势群体利益。在民生领域，首先要解决的是社会弱势群体的生存权保障问

---

〔1〕 参见林嘉：“社会法在构建和谐社会中的使命”，载《法学家》2007 年第 2 期。

题。基于公平正义的价值理念，刑法应切实保障弱势群体生活及劳动的基本机会。对于弱势劳动者来说，尤其需要法律保护来维系他们生存的劳动利益。劳动的“公平”是劳动利益的核心，重视的是利益分配均衡，是与实质法治紧密相连的。因而，劳动利益的刑法保障，不仅要求刑法确保进入劳动力行列的劳动者受刑法保护的机会利益均等和保护力度上的均衡，也要求劳动者利益与经济组织利益、社会利益之间的均衡。[1] 鉴于现实中劳资关系的不平衡，刑法立法可以“通过差别原则把结果的不平等保持在合理的限度内”[2]，采用非对等的特别措施保障弱势劳动者的劳动权益，尽可能地缩小并消除形式平等下的实质不平等。具体而言，“弱者倾斜保护”反映在立法层面，就是重整刑法保护的利益，将部分个别利益提升为社会利益，并给予特别关注。必须指出，由于弱势群体在生理、政治、经济等方面的能力不足，才需要对他们予以倾斜保护，通过“抑强扶弱”完成弱者自身不能与强者达成的平衡或者平等十分必要。[3] 这并不会违背刑法平等原则，不区分特殊情况、一视同仁地进行保护反而会适得其反。正如日本学者桥本公亘所言：“法的平等，所以非为绝对的平等之意，而为相对的平等之意者，系由于现实生活中之具体的人类，具有事实上之差异，如忽视此种差异，而实现数学的平等，宁为不平等之强制。”[4]

民生刑法应当立足于维护社会正义的立场，倾斜保护社会弱势群体，一方面对处于社会关系的弱势方在为维护自己利益实施犯罪后采取宽宥的制裁措施，建立“区别对待”的罪刑结构，给予社会

---

〔1〕 参见姜涛：“论劳动刑法的建构及其法理”，载《中国刑事法杂志》2007年第5期。

〔2〕［美］约翰·罗尔斯：《正义论》，何怀宏等译，中国社会科学出版社1998年版，第171页。

〔3〕 参见姜涛：“论劳动刑法的建构及其法理”，载《中国刑事法杂志》2007年第5期。

〔4〕 转引自林纪东：《比较宪法》，五南图书出版社公司1980年版，第183页。

弱者一个充分保护自身合法权益的刑法空间；另一方面，针对在特定领域内社会关系双方利益失衡的实质不公平的现状，刑法应当在权利配置时对处于社会关系中的弱势一方采取倾斜保护，即在立法层面对法律保护的利益进行重整，将部分个人利益提升为社会利益并给予特别的关注，从而矫正失衡的利益关系。[1]

值得注意的是，尽管弱者倾斜保护是民生刑法保障的重点，但由于弱势群体并非民生保障的唯一主体，民生理念下刑法制度的建构绝不是单方面地追求弱势群体的权益保护，其最终目的是实现社会利益的均衡，追求实质意义上的平等。因此，刑法对利益关系双方的保护，要把握的平衡点，既不是中间点也不是完全偏向弱者，而只是向弱者适当倾斜。换言之，刑法对于弱者的倾斜保护应当保持在适当的水平上，防止其演变成过度保护。

（二）加大对社会权的保护

民生保护已经成为今后中国社会的发展目标，它并非一种纲领性的权利，而是一种具体权利的法律保障。民生保护若要在社会生活中得以真切体现，就必须落实为社会权，依赖法律加以保护，再由社会权延展出国家有关社会权保护的立法与司法。其中，最为重要的社会权内容部分，则应进入刑法的保护范围。民生保护不仅需要刑法的介入，还需要立法者及时改变当前刑法对社会权保护不力的现状，扩大社会权刑法保护的广度，增强社会权刑法保障的力度。

一方面，刑法立法应调整价值诉求、维护社会正义。“从道德意义上，刑法是实现社会正义的手段，因此，它是国家正义的体现。”[2] 然而，正统的刑法因青睐自由、忽略正义，而有陷入正义

---

〔1〕 参见姜涛：“为了社会正义：将倾斜保护原则植入刑法理论”，载《江淮论坛》2013 年第 2 期。

〔2〕 李海东：《刑法原理入门（犯罪论基础）》，法律出版社 1998 年版，第 10 页。

的困境之倾向。一般来说，自由与强势平等联系紧密，而正义则与弱势平等息息相关。若要强调刑法的自由保障功能，须更多地倚重强势平等。若强调社会正义，则须正视强势平等的局限，适当地考虑弱势平等的法律意义。由于我们处在价值多元化时代，自由和正义皆为我们的价值诉求，当自由被强调到了极致，刑法平等原则成为调整强弱主体之间利益关系的唯一原则，越发加剧了因各主体的起点不公所带来的社会不公，并由此产生社会正义危机时，对于平等的实质化的需求就应运而生。实质化的平等需要一个媒介，能够使弱势平等在法律规范中得以存在，而这个媒介就是社会权。社会权的根本目的是实现正义，它强调从社会分层出发，把社会主体区分为强势群体与弱势群体，并给予弱势群体以特殊的法律保护。这是一种从不同社会主体的权利实现的角度，为保障社会弱者的权利实现而进行的“二次法定化”，即在规定社会弱势群体与强势群体享有相同或对等权利的同时，为社会弱者提供更多的刑法保护。据此，为了实现强弱主体之间的利益均衡，有效维护社会正义，刑法保障的权利范围需要从具有强势平等意涵的自由权，扩张至具有弱势平等意涵的社会权。当然，在权利保障的格局中，自由权仍是现代刑法保障内容的主要方面，社会权乃是现代刑法保障内容的必要补充，它主要通过民生刑法来完成。社会权对于保障公民的基本自由和生存，保障社会安全，是一项不可或缺的权利开拓，需要刑法为之提供“庇护”。[1]

“由刑法所保护的人的生活利益，是刑法上的法益。”[2] 公民的社会权益无疑应该成为刑法保护的重要法益。当公平、正义、安全、秩序等社会诉求愈加受到关注时，反映在刑法立法中，应该尽

---

〔1〕 参见姜涛：“民生保护政策视域下的劳动刑法图景”，载《江淮论坛》2012 年第 1 期。

〔2〕 张明楷：《法益初论》，中国政法大学出版社 2000 年版，第 167 页。

快完善与民生权益密切相关的罪刑规范，社会权应当得到完整、独立的刑法保护。在我国现行的刑事立法观念中，只将侵犯社会权益的行为当作违反道德的行为，并未突出对社会权益的直接保护，刑法对社会权益的保护是间接的。因此，有必要将社会权益纳入刑法直接保护的范畴。〔1〕

另一方面，社会民生之所需迫切要求刑法保护社会权，实现刑法与社会法的功能互补。民生权益属于社会权，并依存于社会法。社会法是民生之法，它主导着对社会权的保护。它以维护社会整体利益为根本特征，并在此前提下平衡和维护特定当事人的合法权益，是在以社会公共利益为本位的基础上形成的公法与私法融合的相对独立法域。“社会法权利本应该属于私法权利的范围，所谓公、私法交错，是指对这类权利的保护，单靠私法规范不能达到目的，必须应用强制性的公法规范予以支持，才能实现权利的完全保障。”〔2〕换言之，我们不能完全将社会权放入私法领域去实施保护，还要靠国家和社会承担一部分责任来实现对社会权的保障，这就需要行政法、刑法等公法在其中扮演重要的角色。刑法是其他法律的保障法，在民事、行政法律手段都不能有效保障社会权的情况下，强调刑法公权力在民生保障方面的责任无疑具有重要的现实意义。可以说，社会权的保护迫切需要社会法与刑法实现功能上的互补。

目前，日益突出的社会民生问题和日趋严重的民生领域犯罪，引发了社会法与刑法功能互补的需求和趋势。当社会民生遭受严重破坏且突破社会法的承受限度时，刑法就应当承担起保障民生的社会责任，将性质恶劣、危害严重的民生侵权行为纳入犯罪圈，运用

〔1〕参见张勇：《民生刑法：刑法修正案中的民生权益保障解读》，上海人民出版社2012年版，第35页。

〔2〕史探径主编：《社会法论》，中国劳动社会保障出版社2007年版，第5页。

刑罚手段予以强力制裁。这是由民生权益的社会权性质本身所决定的，也是刑法充满人性关怀和实现社会正义的体现。社会法与刑法的功能互补，不是指社会法将淡出社会权利保护之历史舞台，而是指刑法对社会法功能的补救，社会法的惩戒机制很大程度上依赖于刑法的保障；也不是指刑法接替社会法成为社会权利保护之主流，而是指刑法因保障社会民生而日臻完善，既使民生领域的罪名体系逐渐完整和科学，又增强了传统刑法制度自身的解释力。在本质上，这就是社会法与刑法功能的衔接。[1]

二、民生刑法观在刑事司法中的实现

民生刑事保障不应仅停留在刑事立法层面，民生刑法观必须在刑法系统的动态运作中实现。刑法能否真正发挥民生保障功能，很大程度上依赖于刑法执行的效果。确立以人为本的理念保障民生，不仅是刑事立法的立法理念，也是刑事司法的价值取向。从目前的情况看，将民生保障的重点放在刑事司法领域更具现实性。与刑事立法一样，刑事司法要发挥民生保障的最优功能，应将民生刑法的人本价值理念与宽严相济的刑事司法政策有机结合，在刑法适用、刑罚裁量等司法运作各环节加以贯彻和实现，使民生的刑法保障真正落到实处。

（一）以民生保障为指引和导向，贯彻宽严相济的刑事司法政策

从本质上讲，刑事政策是政策的一种。更具体地讲，刑事政策是公共政策的一种，而公共政策的决策过程实际上是一个理性选择的过程。因此，刑事政策的实质也是一种理性选择的结果。法国著名刑法学家安塞尔认为："刑事政策是由社会，实际上也就是由立法者以及法官在认定法律所要惩罚的犯罪，保护'高尚公民'时所

〔1〕参见马金芳："社会法的未来发展特征"，载《政治与法律》2013年第10期。

作的选择。"[1] 从刑事政策的发展历史来看，它往往体现在一国的刑事立法和刑事司法两个方面；而现代意义上的刑事政策，虽然也强调其在指导刑事立法和刑事司法方面的双重功用，但通常更加注重其在司法上的能动性，认为它的核心功能在于合理而有效地组织对犯罪的反应。因此，在当代社会，刑事政策的指导作用尤其应该与一国的客观情况相适应，并体现在刑事司法的实践中。可以说，不受刑事政策指导的刑事司法势必是僵化机械的，无法应对现实，不能满足实际目的与需求。宽严相济刑事政策的提出，展现了我国刑事司法政策的新变化，并有着重要的理论和实践意义。

众所周知，司法及刑事政策与一国的政治有着不可分割的联系。从某种意义上甚至可以说，司法就是政治的组成部分，司法必然要为一国的政治服务。相应地，刑事政策以及司法政策也必然要随着一国的政治状况和大政方略的变化而变化。当前阶段，我们更加关注以人为本，关注民生，关注人民群众的权益保护问题。民生保障是党和政府治国理政的方略和基本政策，是刑事政策的上位概念。在民生领域，贯彻执行宽严相济的刑事政策，必须以民生保障为政策指引和导向。这就要求在刑事司法中，关注民生必须成为司法的重要价值目标。在司法的价值体系中融入关注民生的理念，可以使司法本身的价值得到升华。人民法院的司法活动，从本质上讲就是尊重人的诉求，保障人的权利，实现人的发展的过程。司法关注民生，是法治文明的重要标志，它体现了法律的人文关怀。

民生保障是刑事司法对民生保障政策理念的积极回应。司法关注民生，原本是政治语言，若将其转化为法律语言，则是对权利的保护和利益的救济。因此，我们应当把着力解决民众最关心、最直接、最现实的利益问题作为贯彻宽严相济刑事政策的优先考虑和价

---

[1] [法] 马克·安塞尔：《新刑法理论》，卢建平译，香港天地图书有限公司1989年版，第12页。

值追求，将关乎民众生存和发展的最基本的生活性利益，如生命权、财产权、自由权、人格尊严权、获得帮助权、环境权、公共安全权等都作为重点关注的对象，纳入司法裁判考量的视野。

宽严相济是刑事司法解决民生问题的重要手段和方式。刑事司法从保障民权、维护民利、排除民忧、化解矛盾的立足点出发，对严重的民生侵权犯罪依法从严打击，对社会弱势群体自救性质的轻微犯罪依法从宽处理。在处理涉及民生的刑事案件中，惩罚与预防有机结合、既宽且严、宽严适当，充分体现刑事司法的人权保障和人文关怀的价值目的。

保护民生是国之根本，司法公正是民之期待，两者在本质上是统一的，我们应该正确把握司法公正与民生改善的结合点，促进法律效果和社会效果的相互统一。据此，在司法保障民生权利的过程中，正确处理好与司法公平公正的冲突与衡平尤为重要。不言而喻，两者是存在冲突的，这必然涉及对社会弱势群体的特别保护与司法活动的公平公正之间如何平衡的问题。事实上，这就是在刑事司法中能否给予弱势群体特殊保护以及这种特殊保护怎样才能不损害司法的公正与公平根基的问题。笔者认为，司法保障民生不能放弃公正的底线，否则司法将失去立足的根基。刑事司法在贯彻执行宽严相济的刑事政策、保障民生权利时，应当严格坚守罪刑法定原则的底线，在法律范围内实行倾斜保护和适度宽容。正如有学者所言："目前，在宽严相济刑事司法政策的贯彻实施中，更应该注意越位现象的发生。要筑牢刑事政策的樊篱——刑法，坚守罪刑法定这一刑事政策的屏障。同时，要在宽严相济的刑事司法政策的指导下用好法律，用足法律。"[1] 因此，无论是对社会弱者适当从宽，还是对严重侵权者从严惩处，都不能超越刑法的规定，防止对刑事

---

〔1〕 严励："问题意识与立场方法中国刑事政策研究之反思"，载《中国法学》2010年第1期。

法律造成冲击。[1]

（二）刑法解释由规则主义向人本主义适度修正

在法律适用中，我国一直采用规则主义的法律解释观。“规则主义又称法条主义，是指以法律的确定性为法律适用的前提，力图排除法官在司法活动中的自由裁量权，强调法官严格依照条文的规定进行裁决的一种司法观念。”[2] 在我国刑法适用领域，受立法理性主义的影响，加之人们对“法治理念”的追求，规则主义的刑法解释观备受推崇。

规则主义的刑法解释观将刑法解释的视角限于规则自身，强调解释法律应当严格遵照法律条文的字面含义，忽视对解释目标与解释结果的考察，追求的是规则至上的抽象公平与正义理念，对规则存在的正当性根据即人类自身发展的需要却未加重视。笔者认为，一方面，必须承认规则主义刑法解释观的形成有其必然性和合理性，它是我国强化刑事法治理念的产物，也是实践刑事法治的必然步骤。然而，为了杜绝司法恣意，过度追求刑法的可预测性和确定性，过于偏重刑法解释的形式理性，僵化固守规则主义，试图以立法理性完全代替司法判断，限制法官的法律解释权，往往会物极必反，既会禁锢法官的司法能动性，又会迷失刑事司法的应有方向和价值追求。可以说，规则主义的刑法解释观是引发机械司法裁判的基础性因素。另一方面，严格遵守规则是保障人权的基本要求，从这一角度看，坚持规则主义的理念是正确的。然而，保障人权的理念在我国刑法中虽有所体现，但刑法并未直接规定人权本身。如果刑法解释单纯强调对抽象与空洞的权利的保障，而忽视现实中人权的具体要求和实现条件，人权保障就会落空，并有可能导致刑法解

---

〔1〕 参见张勇：《民生刑法：刑法修正案中的民生权益保障解读》，上海人民出版社 2012 年版，第 54 页。

〔2〕 袁林：“刑法解释观应从规则主义适度转向人本主义”，载《法商研究》2008 年第 6 期。

释逐渐偏离核心宗旨，失去甚至背离人性基础，导致刑法规制的非合理性。〔1〕

人本主义是刑法保障人权最基本的依据，也是保障民生的价值蕴涵。“人本主义包含着一种深刻的整体性要求，只有通过整体的改善，即社会的全面进步和全人类的发展，才能使每一个生活在这个整体——社会或国家中的个人得到更好的发展。”〔2〕其中，“以人为本”是人本主义倡导的基本价值取向。“以人为本”视人为价值的核心，把人的生存和发展当作最高价值目标，这种价值取向同样适用于刑法解释。因为，国家之所以制定刑法这一强制性规则，目的在于通过动用刑罚惩戒危及人类生存基础的危害行为，从而保障人类的生存和发展。鉴于刑罚的严厉性，“刑罚绝不能轻易适用于凡无公正之处，只能适用于维护社会利益必不可省之处”〔3〕，只有以剥夺个人最小利益的方式来实现对人类整体利益最大化的保护，才符合刑法的人本主义精神，才能真正发挥刑法对民生的保障功能。良善法律的实现取决于法律的有效执行，这就要求刑法的解释必须从人的个性需要和社会整体发展需要出发，将促进人的充分发展作为归宿，以有利于社会和谐为目的，体现人本主义精神。

在人本主义的解释观下，人是刑法解释的价值主体，刑法的适用和解释不再仅仅坚持规则至上的公平与正义理念，而是转向更为现实的发展理念，即坚持以人为出发点和归宿，促进人的全面发展。首先，人本主义刑法解释观以尊重人性为基本要求。这种解释观强调刑法解释必须充分认识人性、尊重人性。人是刑法解释的价

〔1〕 参见袁林：“公众认同与刑法解释范式的择向”，载《法学》2011年第5期；参见袁林：“刑法解释观应从规则主义适度转向人本主义”，载《法商研究》2008年第6期；参见李怀敏：“论刑事机械司法”，山东大学2011年硕士学位论文。

〔2〕 袁林：“刑法解释观应从规则主义适度转向人本主义”，载《法商研究》2008年第6期。

〔3〕［德］汉斯·海因里希·耶赛克、托马斯·魏根特：《德国刑法教科书（总论）》，徐久生译，中国法制出版社2001年版，第194页。

值主体，是解释和适用刑法公正与否的评价者。一方面，人是自然属性与社会属性的统一体，司法机关在解释适用刑法时，尤其是涉及罪与非罪的认定时，应当既关注犯罪行为的个体性，又关注犯罪行为的社会性，并在对两者结合考量的基础上理解犯罪的构成要件，确定刑罚的适用。另一方面，人是理性与非理性的结合体，我们应正视人的非理性，肯定刑法规范本身可能存在的模糊、不合理、矛盾之处，并允许司法机关在具体适用解释法律时坚持人文关怀的价值理念，由法官积极能动地对刑法规则进行人文化的个别修正，最终作出为社会认可的理性化解释。其次，人本主义刑法解释观以保障人权为价值目标。刑事立法与刑事司法是反映一国人权保障水平的标尺。随着社会的不断进步与发展，当代刑法的价值已经不再将抽象的公平正义作为价值目标，而是追求诸如实现人权保障和秩序维护的和谐统一等更为现实的目标。与规则主义刑法解释观不同，人本主义刑法解释观不再过于强调维护既有秩序而忽视保障个体人权，而是承认个体人权优先，强调全面保障包括生存权、发展权、安全权等人权在内的个体人权。司法机关在对刑法适用解释时，要在维护社会秩序和保障个体人权之间取得一个合理的平衡，通过最低程度地剥夺犯罪人的权利来实现最大程度地保障包括犯罪人在内的全体公民的人权，既能使刑法促进人的发展的功能得以实现，又能有效维护和谐的秩序。[1]

“无规则则无秩序，无秩序则无社会的和谐。”[2] 稳定的秩序是社会存在和发展的前提，规则源于人的需要，通过规则维持秩序，能够保障公民在不危及人类整体生存的前提下最大限度地满足自己的需要。但人类之所以制定并遵从规则，其最终目的在于通过维持社会秩序获得更加美好与安全的生活。因此，规则只是手段而

---

〔1〕 参见李怀敏：“论刑事机械司法”，山东大学2011年硕士学位论文。

〔2〕 李怀敏：“论刑事机械司法”，山东大学2011年硕士学位论文。

并非目的，应以人本为起点和归属。规则应当服从和满足人类社会的整体普遍性需要，强化对人的本性的关切。从更高的理念层面上看，规则至上的理念应当服从于"以人为本"的理念。刑法解释观应进行适度修正，改变目前刑法解释"僵化有余、能动不足"的现状，注重刑法解释的人本关怀，实现刑法解释的规则主义与人本主义的兼容和整合。笔者认为，应当将理解人本身作为刑法解释的视角，在人与规则的互动融合中阐明刑法规则的含义。

刑法解释的适度修正并不是否定对规则本身含义与意义的理解，只是将视角调整到更为广阔的人本身。在这个理解人本身的视角下，不论是探寻立法原意，还是阐明刑法规则的含义，都是建立在符合人性要求的基础之上的。人文关怀必须是刑法解释的重要目标。适用和解释刑法规则，既要分析规则的含义，又要探讨规则适用对人的影响。即使是按照规则的字面含义解释，也应探究蕴含在文字背后的人本精神。美国法学家博登海默认为，法律制度由价值、规则和事实三个要素构成，[1] 对法律现象的解释与分析一般都是从上述三个角度展开。人是规则的主体，规则的价值目标是为了满足人的需要，制定和遵守规则最终也是为了人的生存与发展。据此，刑法解释的视角不能仅仅关注规则本身，还须从人以及相关因素来理解和阐明刑法，而且应该把解释的视域扩大至包含价值、规则、事实等因素。对于刑法规则的解释，应当是解释者基于一定的价值标准，在规则与事实之间往返，综合考虑和权衡各种影响刑法功能和作用发挥的各种因素，最终得出合理的解释结论。惟此，才能更加准确地把握刑法规则的现实意义，保证刑法适用的社会效果，改善刑事机械司法的现状。[2]

---

〔1〕［美］E. 博登海默：《法理学——法哲学及其方法》，邓正来、姬敬武译，华夏出版社 1987 年版，第 485 页。

〔2〕参见袁林："人本主义刑法解释范式研究"，西南政法大学 2010 年博士学位论文。

（三）适用、裁量刑罚轻缓化，体现人本价值理念

从刑罚制度的发展进程来看，总体趋势是沿着轻缓化和人道化的方向发展。近代以来，人道主义思潮的兴起加速了刑罚的轻刑化，同时也促使人道主义内化成为轻刑化的价值。越来越多的学者逐渐认识到这一点，将轻刑化作为我国刑罚政策的应然选择。

刑罚趋轻是社会文明和进步的结果，社会的进步促使理性觉醒，改变了传统的犯罪反应方式在犯罪控制体系中的定位和作用。刑法不是应对犯罪的唯一、甚至主要的方法，犯罪控制方法日趋多样化。刑罚的整体趋轻，可以说是对犯罪行为的理性认识、政府的治理能力提高以及社会控制系统功能强化的结果。一个根据理性原则行动并对自己的能力有信心的政府应当尊重刑罚趋轻规律，并将其作为创制刑罚制度、投入刑罚资源、组织全社会反犯罪反应体系的基本刑罚政策。〔1〕刑法趋轻具体表现为三个方面：犯罪圈紧缩、刑罚适用轻刑化、刑罚执行社会化。然而，刑罚的轻重并非一成不变，而是以时间与地点为转移，刑罚的规模和强度很大程度上取决于犯罪的态势。据此，刑罚的规模和强度必须根据犯罪态势和社会环境的变动而及时进行调整。〔2〕若罔顾我国当前面临的前所未有的犯罪高压态势以及具体的法治语境，一味强调刑法的轻缓宽和，这会是一种脱离现实、理想化的政策主张。轻刑化只是刑罚基准趋轻态势的体现，并不代表能够违背刑罚的适度性原则，仍然应当坚持依照犯罪的严重程度适度分配刑罚，从而实现罪刑均衡原则。

结合我国的具体国情和现实犯罪态势，我国应选择宽严相济的刑罚政策。宽严相济政策强调为了实现惩罚犯罪与预防控制的最佳效益，在遵循犯罪规律的基础上，对于犯罪的处置须区别对待与宽

---

〔1〕参见梁根林：《刑事制裁：方式与选择》，法律出版社2006年版，第37页。

〔2〕参见陈兴良："刑事政策视野中的刑罚结构调整"，载《法学研究》1998年第6期。

严相济。区别对待，是基于刑罚经济和刑罚效率的考量，国家应当针对犯罪现象的不同性质和状况差别对待。一方面，对严重犯罪适用严厉的刑罚和严格的处遇，以维护整体法秩序、伸张社会正义；另一方面，对轻微犯罪给予从宽处遇，尽量适用轻缓的刑罚，能够采用刑罚替代措施予以反应的则应当尽量避免适用刑罚，促进轻微罪犯更生保护和社会复归。宽严相济，是在罪刑处置时根据不同的犯罪情节，做到有宽有严、宽严并举、相互救济。宽严相济并不是宽与严的两极分化，而是两者有机结合，是宽缓与严厉的互补、互济。事实上，侧重运用宽严相济的“宽”的一面，更有利于充分发挥人权保障机能，从而营造理性、祥和的社会氛围。通过宽严相济的刑罚政策选择，根据作为刑罚对象的犯罪本身的性质与状况合理配置司法资源特别是刑罚资源，不仅能够节省资源的投入，解决我国司法实践已经面临的刑事司法机构超负荷运转、刑罚资源投入过量、刑罚结构整体偏重等突出问题，而且可以缓解刑事司法资源的供需矛盾，最优化地配置有限的资源，避免犯罪量和刑罚量螺旋式恶性交替上升的刑法基础性危机局面的出现。[1]

当市民社会与政治国家分立从而形成二元社会结构时，社会本位理念得以提倡，我国刑法开始以社会为本位，并逐渐从国家刑法转型至民生刑法。民生刑法将公民权利的保障放在重要位置，刑法不再是维护国家统治秩序的工具，而是保护法益的手段。其理念核心在于限制国家权力，维护社会的整体利益和国民的基本权利。储槐植教授认为，把保护社会和保护个人协调起来是最佳的刑事政策，刑事政策进行调整的基准线便是平衡两个保护。[2] 也就是说，刑罚的轻与重是基于刑法保护的社会利益或个人利益的选择而有所

---

〔1〕 参见梁根林：《刑事制裁：方式与选择》，法律出版社2006年版，第55页。

〔2〕 储槐植：《刑事一体化与关系刑法论》，北京大学出版社1997年版，第224页。

侧重的。在刑罚的配置上，民生刑法着力于实现社会保护机能和人权保障机能两者之间的平衡和协调统一：既不过于强调刑法的社会保护机能、忽视人权保障机能，无限扩张刑罚权，导致重刑主义；也不过于重视刑法的人权保障机能、冷落社会保护机能，严格限制刑罚权，导致不合理的轻刑化。从民生权益保障观念出发，刑法的社会保护机能体现为对侵害重大民生利益和个人重大法益的严重犯罪配以重刑制裁，刑法的人权保障机能则体现为对轻微和中等程度的犯罪配置轻刑，甚至予以非犯罪化和非刑罚化。可见，民生刑法的社会本位观和“整体趋轻”“宽严相济”的刑罚发展趋势是相适应的。因此，有学者认为，“刑法谦抑精神和罪刑均衡原则是民生刑法的当然蕴涵，刑罚轻缓化是民生刑法的当然逻辑。”[1]

刑事立法应当引导实行刑罚“整体宽缓、宽严相济”的政策。在此方面，《刑法修正案（八）》进行了相当大的完善，注重从宽与严两个方面全面贯彻了宽严相济刑事政策，并积极强化了对民生的刑法保护。从废除经济性非暴力犯罪的死刑、矜老恤幼、对怀孕的妇女适用缓刑从宽、增设坦白从宽等方面加强了宽严相济刑事政策的“宽”的要求；从提高强迫职工劳动罪、部分食品安全犯罪的法定刑等方面体现了宽严相济刑事政策的“严”的要求，并凸显了强化民生保护的思想。

相对而言，从司法渠道践行刑罚的轻缓宽和，比通过刑事立法进行轻刑化立法有更大的空间。首先，法官应当正确使用刑事裁量权，尽量在量刑过程中体现人本价值理念。基于人本刑法观，法官在量刑时，要摈弃重刑主义的错误观念，公正量刑，实现刑罚谦抑和刑罚轻缓化，依法保护犯罪人的应有权利。要少杀、慎杀、不杀，从而限制与切实减少死刑实际适用的范围和规模；少判实刑、

---

〔1〕吴玉萍：“食品安全犯罪之刑罚配置——以民生刑法为视角”，载《政法论丛》2014 年第 4 期。

多用虚刑。其次，法官行使刑事裁量权，应充分考虑案件的具体情况，全面考察犯罪人的人格因素和可改造程度等具体情况，使案件裁量符合刑罚适用的目的和价值，在实现公平性的同时，体现对犯罪人的人文关怀。最后，法官应当充分适用管制刑与财产刑，顺应行刑社会化的潮流。管制刑和财产刑皆属于非监禁化的刑罚种类，都无需剥夺犯罪人的自由，既能有效克服短期自由刑的弊端、避免交叉感染，又有利于节约司法资源，符合刑罚轻缓化和行刑社会化之需要。因而，量刑时应少用自由刑、多用财产刑，注意扩大非监禁刑的适用。针对在刑罚适用中管制刑的适用率低与财产刑的空判率高等问题，司法机关应当通过刑事司法改革完善管制刑与财产刑，加大非监禁刑的适用和执行制度，以实现刑罚轻缓化，从而切实体现宽严相济刑事政策的要求。

三、民生刑法观在刑罚执行中的贯彻

制度的创设不能脱离对人性的理解和关照，否则制度追求的价值将难以实现。没有对人性平等和尊严关怀的制度设计（包括刑罚执行制度）都是对法治和民主的背反，善待人性是实现行刑效果的重要条件。《刑法修正案（八）》对社区矫正明确加以规定，确立了行刑社会化理念，从而也体现和贯彻了人本理念。

刑罚的执行由野蛮走向文明、由感性走向理性、由单纯的惩罚性走向教育性、由封闭走向开放、由非社会化走向社会化，已经成为世界范围内刑罚执行制度发展的总趋势。面对传统监禁刑在执行中所形成的“监狱人格”“交叉感染”等固有缺陷，人们不断反省并开始从人性化视野分析探讨刑罚的执行模式。通过刑罚教育改造罪犯，促使他们回归社会，重新成为社会的善良公民是刑罚执行的应有之义。刑罚的社会化执行模式，试图淡化刑罚的惩罚功能，突出刑罚对于罪犯再社会化的改造功能，围绕罪犯的重新融入社会开展行刑活动。行刑社会化是现代刑罚执行的重要趋势之一，是以人

为本、人性关怀的价值理念在行刑制度上的体现。惩罚罪犯的人性化，是一个国家人权得以保障的重要标志，也是国家刑罚文明进步的重要体现。

（一）行刑社会化体现了对罪犯的人文关怀

行刑模式由监禁到非监禁的转变，是人文关怀在罪犯矫正中的现实表现，也是对人的基本人性诉求的回应。把尊重、关爱罪犯的价值理念融入刑罚执行工作中，将会大力推进行刑社会效益的实现。刑罚执行的核心就是对罪犯的教育改造，罪犯是公民中的个体，他们在被称为罪犯之前，首先是人，他们即使被剥夺自由，也没有被剥夺人格。从某种意义上讲，面对强大的公权力，罪犯是社会的弱势群体，应当给予人文关怀。正如有的学者提出的："对罪犯深刻的人文关怀直接指向服刑罪犯，但同时也是对社会整体利益的关心，罪犯得到切实改造，不再危害社会，犯罪人口才能逐渐减少，整个社会才能不断净化。"[1]

（二）行刑人性化体现于建立有效的刑罚沟通机制

亚里士多德认为，对于每个人来说，能够按照其本性所固有的东西，对他来说就是最好的和最甜蜜的东西。……人天然是一种政治性的动物，人必须过着一种城邦式的生活才是幸福完满的。[2]国家刑罚执行的理性在于努力实现人的社会化。修复或者重建友善和谐的社会关系是刑罚执行人性化变革的重要任务和目的。传统的监禁刑偏向尊重社会秩序，通过隔离罪犯来实现社会稳定的目标要求。具体而言，监禁刑将罪犯"驱赶"出社会共同体，使其丧失社会公众的认同甚至自我认同；通过执法者严格监督和管束罪犯，让罪犯在隔离中感受到痛苦和孤单，重塑被破坏的社会关系。这种

〔1〕 辛国恩：《毛泽东改造罪犯理论研究》，人民出版社2006年版，第368页。

〔2〕［古希腊］亚里士多德：《亚里士多德选集 伦理学卷》，苗力田编，中国人民大学出版社1999年版，第15页。

"隔离—重建"的监管改造机制能够有效控制罪犯在监禁期间犯罪，但无法遏制罪犯在释放后的重新犯罪，改造效果存在变数。那么，如何更好地实现刑罚执行的人性化?

刑罚正当与否很大程度上取决于能否为社会所认同。"人们对于刑罚的服从来源于内心的服膺、顺从、赞同和支持"[1]，而从本质上来说，对刑罚的赞同或支持是在对犯罪所影响的各种社会关系主体之间的沟通与认可的基础上予以重建的。我们应当认识到，刑罚的制度价值在于承认社会关系的修复需要通过建立有效的刑罚沟通机制，其中涉及刑罚执行和刑罚适用中的各类主体之间的沟通。非监禁刑的执行，将使刑罚执行的空间更加广泛，社会力量参与的形式更加多样。与监禁刑相比，非监禁刑执行空间状态迥异，受刑人接受矫正的空间不同会导致自由要求和权利保护的差异。非监禁状态下罪犯所能接触的人和事通常都是开放的，刑罚执行的空间内往往更加社会化和民主化。罪犯在社会空间内通过改造实现社会自由、通过被宽恕后的帮扶实现社会资本增益进而实现社会繁荣，罪犯与社会之间合作互惠。这种刑罚模式下，公民权利的满足、各方主体的有效沟通比国家权力的惩戒更加有利于罪犯的再社会化，更能降低重新犯罪率。

(三) 对罪犯社会身份的平等承认与对待是人性化执行刑罚的重要条件

在现代法治国家，实现罪犯再社会化的重要途径是允许各种社会力量与国家分享部分行刑权，并且参与对犯罪的治理。目前，公益团体、社区组织、专业协会、工会等社会主体在犯罪治理中的主体地位日益提升，由此改变了我国长期存在的刑罚执行主体一元化的局面。罪犯矫正是一项复杂的社会系统工程，囿于稀缺的司法资

---

〔1〕 参见翟中东：《刑罚问题的社会学思考：方法与运用》，法律出版社2010年版，第165页。

源，司法机关无法单独胜任对罪犯的再社会化重任，司法机关威严、强硬的外在特征通常会招致罪犯的心理排斥。而社会组织没有任何权力色彩和强制因素，其以平等身份介入对罪犯的矫正，对社会矫正人员予以尊重和平等对待，配合司法机关给予罪犯人性化服务与关怀，可以有效弥补司法机关的不足，同时也形成了国家政府与公民社会之间平等交流与共同合作的伙伴关系。[1] 此外，社会化行刑在空间上与社会的隔离程度较低，不仅能够减少国家执行刑罚的成本，还有利于罪犯复归社会。

第三节　民生刑法观的规范实现

“法律规范应该实现政治的秩序观和价值判断，这反映在所有生活领域中。法律的创建目的反复地转化为形式主义极强的程序规则，并以此作为外部的掩饰。”[2] 立法者对民生的刑法保障日益重视，不再满足于仅在宏观层面践行民生刑法观即实现“民生融入刑法”，还要将其引入规范领域以图达到更深次的目标即实现“民生写入刑法”[3]。因此，民生刑法观作为一种价值判断，最终将进入规范层面被写入刑法之中。民生刑法也将不只是一种刑法观念，而是在刑法的规范层面确立“民生”内容，从而成为对具体的民生法益予以保障和救济的刑法规范。

“民生刑法观的理念指导”与“民生刑法观的规范实现”不同，前者是将民生观念融入刑事法治各环节，主要是观念层面的指

〔1〕 参见张勇：《民生刑法：刑法修正案中的民生权益保障解读》，上海人民出版社2012年版，第51~52页。

〔2〕［德］伯恩·魏德士：《法理学》，吴越、丁小春译，法律出版社2003年版，第41页。

〔3〕 参见姜瀛：“民生写入刑法之初探——以‘行贿罪量刑情节’为研究切入点”，载《南都学坛》2013年第4期。

导；而后者是将民生刑法观制度化、规范化，在刑法规范中确立民生保护的具体样态，是规范层面的体现。概括来说，从“融入”到“写入”的转变，实际上是“民生”从形而上的观念发展到实定化的法益，再转化为刑法条文的法律规范化过程，反映了民生刑法的发展历程。没有民生刑法观的理论指引，民生难以出现在刑法规范之中。没有具体刑法规范的调整和完善、没有将作为基本诉求的民生利益上升为法益，就无法真正实现刑法对民生的完善和保障。因此，刑法对民生的保护，归根结底，就是在民生观的思想指导下，将民生利益上升为民生法益，将具有严重危害性的民生侵权行为纳入犯罪圈，运用刑罚惩治民生犯罪。

一、民生刑法的品格属性

长期以来，主流观点都认为刑法是公法，是规制国家和犯罪人之间关系的法律，强调国家秩序的保障，体现了国家与犯罪人的对立关系。进入民生刑法时代，越来越多的学者开始反思刑法应当具备怎样的品格属性？刑法在法律体系中应当处于何种地位？学者们开始在更为广阔的视野中对刑法进行定位。储槐植教授认为，在社会结构发生了根本性转变的历史条件下，国家与国民之间在宏观上不具有对抗关系。涉及改善人类生存环境、事关民生的根本大计的各项事务，国民都需要仰仗于国家。据此，国家的管制职能也由过往的管制控制为主演进为以服务（为民众服务）为主。刑事立法则转变成了国家与国民在刑事领域依法订立的有关权利义务的协议，即刑法契约。刑法契约化是现代刑法的本性，由此决定了刑法具有惩罚犯罪和保障自由的双重功能与价值。[1]

在规范层面实现民生刑法，对于立法者而言，首要任务是弄清民生刑法应该是何种形象，应该给予它怎样的角色定位。只有认清

〔1〕 参见储槐植：“刑法契约化”，载《中外法学》2009年第6期。

了民生刑法的品格属性，立法者才能正确地设置制度、确定罪名、规定刑罚，也才能对不符合刑法品性的条款进行适时修正，以便更好地发挥刑法的作用和功能。笔者认为，民生刑法应当实现以下几方面的转变以体现其独特的品格属性：

1. 重视树立刑法的人文形象。“刑法长着一张父亲般的脸，威严而慈祥”，这是日本刑法学家西原春夫教授对刑法的感悟，它形象地展现了刑法的两面性：刑法不仅要有威严的一面，还要有慈祥的一面。尤其是在民生理念的渗透下，刑法应当兼具惩恶扬善和人文关怀的双重形象。“罪责弥补、预防、行为人的重新社会化、赎罪和对已实施不法的报应，都将作为适当的刑事惩罚的各个方面来表示。”〔1〕刑法不能纯粹被作为惩罚的工具，在惩恶的同时，更要保障犯罪人应有的尊严，重视对犯罪人的预防、教育和引导，恢复已被破坏的社会秩序。刑法要落实人权保障理念，以人为本，尊重人性。但长久以来，我国的刑法过分重视惩恶扬善，过于强调对社会秩序的维护，而忽视了对人权的保障。正如有学者所言，“在关爱人性、生命价值、注重个人利益方面，刑法的态度比较暧昧。相比而言，刑法却明显表现出对经济秩序、有形利益、分配秩序等方面的高度重视。”〔2〕笔者认为，人性中有恶的存在，它表现为欲望。恶是人性中偏本能的一面，它的与生俱来性决定了人约束这种恶的能力有限。刑法作为调整世俗世界的社会规范，既不能否定也不能一味压抑人性中恶的存在，而应利用人的本性去引导人们的行为。贝卡利亚曾深刻揭示了刑法与人性之间的关系，主张人具有趋利避害的本能，刑法不可能改变而只能利用这种本性，因势利导、

〔1〕［德］克劳斯·罗克辛：《德国刑法学总论　第1卷　犯罪原理的基础构造》，王世洲译，法律出版社2005年版，第45页。

〔2〕陈兴良、周光权主编：《刑法总论精释》，人民法院出版社2011年版，第65～66页。

阻止犯罪的发生。[1] 因此，刑事立法应以人性为基础，注重对人性宽容精神的关照。“一种合宜的刑法文本所蕴涵和传达的刑法观念，能够赋予充满刚性的刑事法治以丰富的情感底蕴和强烈的人文关怀。”[2] 法律的终极目标是指向于人的，应以增进民众福祉为价值导向。纯粹惩罚犯罪而缺乏人文理念的刑法是冷酷僵硬的，会引起道德化危机，势必导致刑法在理论研究、制度安排、法律适用当中形成误区。因此，民生刑法要贯彻落实人本价值理念，立法要注重人性。那么，如何在以人文本的价值理念指引下，使刑法既能维护社会秩序又能保障公民人权，是值得立法者思考的重大问题。2011 年 5 月 1 日《刑法修正案（八）》开始施行，其亮点在于对民意呼声和民生的最大关注与保障[3]。此次修正，高度关注了民生，更加重视了公民的合法权益，其中关注民生的规定占有相当比例。具体而言，修正案增设了危险驾驶罪、拒不支付劳动报酬罪、非法买卖人体器官罪等罪名，体现了对社会秩序维护的关注；修正案加大了对社会弱势群体的保护，完善了强迫劳动罪、协助组织卖淫罪，弥补了原有刑法规定在保护劳动者等群体合法权益方面的不足；修正案加强了对人民群众生命健康的刑法保护。为了应对当前社会各界普遍关注的食品安全、药品、环境污染等问题，修改了生产、销售不符合卫生标准的食品罪，生产、销售假药罪，重大环境污染事故罪等罪的法律规定，增强了刑法规范的可操作性。[4]

---

〔1〕 参见陈兴良：“刑法的人性基础”，载《法学研究》1994 年第 4 期；参见龙兴盛、周宇华：“人性观与刑法的介入范围——基于中西方人性观之比较研究”，载《法律适用》2012 年第 7 期。

〔2〕 韩瑞丽：“刑法与美学”，载《河南师范大学学报（哲学社会科学版）》2009 年第 1 期。

〔3〕 参见李明罡等：“将‘醉驾’等行为入罪是对民生的最大保障”，载《城市晚报》2011 年 3 月 12 日，第 A04 版。

〔4〕 参见李永升：“《刑法修正案（八）》内容解析”，载《刑法论丛》2011 年第 2 卷。

2015年11月1日《刑法修正案（九）》正式生效实施，此次修正增设了代替考试罪，侵犯公民个人信息罪，虐待被监护、看护人罪等与民生相关的犯罪，加重了对严重危害民生的行为的打击力度。可以说，《刑法修正案（九）》标志着我国步入了“民生刑法”时代。然而应该认识到，虽然民生刑法已成为我国刑法发展的总体趋向，民生观念已经在刑事立法过程中有所体现，但在人本价值理念的贯彻上仍有完善空间，仍需强化对民生的刑法规制，发挥刑法应有的法律效果。

2. 合理把握民生刑法的规制限度。一方面，启蒙思想家们认为，人性本无善恶之分，受到环境和教育的影响，可以在不同的人身上转化为罪过或者美德。[1] 所以，为了促使人性向善，要对人的本性进行合理的引导和限制。除了理性和道德之外，法律也能担当导引人性的重任。然而，法律希冀通过控制彻底消除人性中的恶劣天性以增进人类的公共福利，皆是徒劳的。只要是符合人的本性的行为，不论是利他主义的情感还是利己主义的冲动，只要没有超出社会容忍的限度，就应当为法律所宽容，尤其是被最具严厉惩罚性的刑法所容忍。刑法应当宽容地看待人性，切实地肯定人的自然本性，保障人的自然本性和社会属性的平衡，由此人才能得以自由而充分的发展。这就是现代刑法所应具备的伦理精神。从这一角度来看，刑法制度的设计应当考虑和尊重人性要求，注重与人性的兼容性，刑法不必也不能根除人性弱点，所以基于人性弱点而实施的行为，只要没有超出社会的容忍限度，刑法就无需将其纳入规制范围。[2]

---

〔1〕 参见北京大学哲学系外国哲学史教研室编译：《西方古典哲学原著选辑：十八世纪法国哲学》商务印书馆1963年版，第452、468页；参见单中惠、杨汉麟主编：《西方教育名著提要》，江西人民出版社2004年版，第142、144页。

〔2〕 参见田宏杰：“宽容与平衡：中国刑法现代化的伦理思考”，载《政法论坛》2006年第2期。

另一方面，现代法治理念要求国家权力不过分干预公民的自由，必须限缩在合法的法定行为上，在保障社会秩序稳定的同时，给予公民最大限度的自由。刑事制裁作为抗治犯罪的必要手段，对其适用应当更加审慎。刑法的最终目的是保护法益，其所保护的是人在社会生活中最基本的利益。[1] 换言之，我们应该对刑罚规制设置边界，刑罚这一规范手段必须为严重的利益侵害行为所设。立法者不能随意将行为纳入刑法规制范围，否则将严重干扰民众的正常生活。

在民生领域，刑法并不具备保护所有的社会权益的功能。民生问题需要各个部门法的立体规制，发挥各自的特殊作用。大部分的民生侵权行为仍然需要民事、行政法律等非刑事法律规范予以调整，有的甚至需要道德规范进行调整。民生刑法只能作为对其他民生法治的保障和补充，并与其他法律规范合力组成打击民生侵权的法律网络。首先，在民生侵权行为的犯罪化问题上，应当严格遵循谦抑性精神，坚持民生刑法保障的有限性。刑法介入民生领域，必须贯彻目的正当、手段必要的原则。因此，民生刑法只能将严重侵犯民生利益的行为纳入犯罪圈。其次，民生刑法应当考虑我国法律体系相互协调的要求，准确定位刑法在法律体系中的角色，寻求刑法与其他法律之间的协调平衡。总之，对有关危害民生的行为予以犯罪化时，如何考虑民生法益的范畴、如何确定民生犯罪的范围、如何设定刑罚、如何协调与其他法律的关系等都是值得立法者结合民生刑法的基本立意加以深思的问题。

3. 对民意作出理性的立法回应。人本主义主张“人”是法律实践活动的主体，即法的主体性。法的主体性，从本质上彰显和尊重了人的主体性，同时体现了法的正当性。这种主体性通过人是法律的形成者、人是法律的适用者、人是法律的评价者、人是法律的

---

〔1〕 参见黄荣坚:《基础刑法学》，中国人民大学出版社2009年版，第26~27页。

服从者四种形式予以体现。其中，人是法律的形成者和适用者决定了法律的形成和适用必须体现人的意志，要以维护人的权利和尊严为目的。[1] 法律的价值最终指向人，法律应当关注人的需求。“真正健全的法治只有以国家方面的认知性和人民方面的合意性为两轮方能畅通无阻。”[2] 但从目前的立法理念和立法实践来看，我国很大程度上仍然是站在政治精英和学术专家的立场思考和制定刑法，不能完全反映民众的需求，导致民众对刑法的认识及情感日渐淡化。广大民众是刑法的守法者，“守法者对法律的信仰不完全来自于形式上的法律条文及其夹带的法律强制，更在于法律内在的民主性、合法性及正当性。”[3] 因此，在刑事立法过程中，应当改变精英主义立法模式，尊重民众的情感需要，形成符合民众情感的刑法规定。惟此，刑法才能为民众接受、被民众信仰。

此外，民生的主体是“民”，何为民生问题应由广大民众来决定。“民生”与“民声”在价值和手段意义上具有一致性，要实现“民生”必须倾听“民声”。民生权利主要表现为社会权，它是一种需要国家积极保障的受益权。作为权利主体的民众，可以就民生权利与国家之间形成请求关系，要求国家直接供给并采取适当措施加以保障。虽然国家在民生保障中起主导作用，可民生保障的内容必须结合民众的意愿予以确定。从刑法的角度来看，民生刑法所要保障的内容应该是对民意回应的结果。例如，《刑法修正案（八）》对民众所提出的食品安全、药品安全、环境安全、出行安全等诉求进行了回应；《刑法修正案（九）》对民众的信息安全、网络安全、考试公平等诉求给予了回应。可以说，正是对民意的积极回应使刑法具有了民生刑法的特性。

---

〔1〕 参见张飞飞：“论刑法的公众认同”，西南政法大学2014年博士学位论文。

〔2〕 季卫东：《法治秩序的建构》，中国政法大学出版社1999年版，第153页。

〔3〕 孙道萃：“刑法信仰的建构”，载《河南科技大学学报（社会科学版）》2012年第4期。

然而，不可否认，民意之于刑法除了具有正面价值以外，其所具有的负面价值也是客观存在的。“以刑治国”和重刑主义传统在我国有深厚的历史积淀，“当下中国刑法不间断的犯罪化并不仅仅是立法者自身的观念问题，它在很大程度上也是国人对刑法的高度期盼之反映和体现。……在刑法理论和实务中，‘增设新罪’向来是一个不乏人关注的话题，只是这个新罪的罪名每天都在变换而已；通过建议刑法增设新罪，以发挥国人臆想中的‘万能刑法’之‘万能’作用，试图将所有社会问题通过刑法一以定之”。〔1〕诚然，立法必须尊重和体现民意，但罔顾社会公共意志的刑事立法同样难以取得良好的社会效果。我们必须正视，虽然有必要将人的欲求“置于促使刑法制定的各种要素的基础之上”，但是“在构成国民的欲求之基础的国民个人的欲求中也沉淀着一些并非正确的成分，其中，最具有特色的是片面的观点乃至情绪的反应”。〔2〕正是从这个意义上讲，对民意的积极引导和合理回应是非常必要的，一味地迁就不理性的民意，难免会深化严刑峻法思想，以致加深民众的“设罪情结”。近年来，社会民众针对很多行为提出了犯罪化建议，诸如“吸毒罪”“卖淫罪”“收取公路通行费罪”“债务人拒不申报财产罪”“虐待儿童罪”等。笔者认为，既然民意不可避免地具有两面性，也不是终极意义上理性的公共意志，立法在尊重与反映民意的同时，必须与其保持必要的距离，科学地认识犯罪规律和客观事实，并依据公正、谦抑的原则对民意所反映的集体意识进行“过滤”，对危害行为作出理性的立法反应。〔3〕

---

〔1〕刘艳红：“我国应该停止犯罪化的刑事立法”，载《法学》2011年第11期。

〔2〕［日］西原春夫：《刑法的根基与哲学》，顾肖荣等译，法律出版社2004年版，第100页。

〔3〕参见康均心、蒋晗华：“刑法修正案的合理性分析”，载《武汉公安干部学院学报》2015年第4期。

二、对现行民生刑法的审视与反思

民生刑法从根本上来说就是保护广大民众的基本生活需要。这种基本需要在社会发展水平提高、生活条件变化的前提下也会发生相应的改变。随着我国现代化进程的不断深入，人们所面临的“风险”也不断升级。安全是人类的基本需求，在社会风险因素剧增，潜在危害巨大的背景下，追求安全成为公众普遍的心态。刑事立法只有及时回应这种主流需求，随着社会变迁不断修正自己的方向，使刑法的发展能够满足社会发展的需要，才能真正成为保护民生的刑法。事实上，近年来出台的刑法修正案，充分体现了我国刑事立法对民生利益保障、社会公共安全维护的强化。例如，《刑法修正案（八）》的出台，被认为是一次积极保护民生社会安全感的刑法修正。我国刑法对民生的保护刚刚进入理性阶段，随着民生理念的不断融入，这种立法趋势将会在更多的民生犯罪领域展开。然而，我国现行刑法仍然存在诸多与民生保障趋势不相适应的问题，需要对立法进行理性审视，并在反思中加以改进完善。

1. 优先保护民生，建立合理的民生犯罪入罪机制，弥补部分民生权益刑法保护的缺位。从目前的现实情况来看，各类危害民生的问题依然突出，在我国刑法中适当扩大民生犯罪的犯罪圈已然是一项必要而紧迫的任务。具体而言，主要应从两个方面着手完善：一是适当扩大民生犯罪的犯罪圈。现行刑法对民生权益的保障，仍存在保护范围不全面的弊端。在部分民生领域，囿于传统刑事立法理念，某些关系到民众基本生存状态和基本发展机会的基本权益的侵害行为未能及时得以犯罪化。以资源环境犯罪为例。我国传统的环境刑事立法理念是传统人本主义，其核心理念是人类系价值判断的唯一主体，其他的存在物仅具有工具价值。在设计和选择某一制度和原则时，只以能否满足和实现人的需要和利益作为价值判断的标准。基于这种立法理念，现行刑法在环境犯罪罪名中过分注重人身损害后果和财产危害后果，未能直接关注环境危害后果本身，导致大量严重危害环境的行为无法得到有效规制，刑法保护环境的功能难以充分体现。因此，出于生态环境保护的需要，甚至可以说是人类发展的需要，我们有必要反思环境犯罪的立法理念，增加、修改危害环境法益的罪名，严密环境犯罪的刑事法网。[1] 总之，刑事立法应当将危害民生的行为作为犯罪化的首要考虑对象，有意识地对危害民生的现象进行研究，尽可能全面掌握危害民生的行为，并将其中具有严重危害性的行为及时地犯罪化，适当扩大民生领域刑事归责的范围。二是适时提前处罚民生犯罪。在传统刑法中，刑法立法坚持结果本位的立场，强调实害结果，要求犯罪给他人的利益造成某种程度的实际损害才可入罪。但在科技发展、风险日增的背景下，食品、药品、交通等多个领域都充满了大量不安全因素，刑事立法不能固守传统的结果本位的立场，片面强调实害结果发生再实施对犯罪的事后惩罚，否则必然不利于保护社会公共安全。因此，民生刑法应当充分考虑行为对民生的危害程度，以及对民生权益保护的需要，使部分民生犯罪处罚早期化，将其从结果犯调整为危险犯或者行为犯。

即便如此，在进行刑法扩展性保护的同时，我们仍须秉持谦抑性原则，坚持理性立法，做到人权保障和法益保护相协调。安全与自由并不冲突，为了保障安全，适当限制个人自由是必要的，因为社会利益的实现与对个人自由的保护，都需要对自由加以限制。但对个人自由的限制也是有限度的，保护个人权利和自由仍是刑法的核心价值，绝不能以追求安全、保障民生的名义随意发动刑罚权，侵害个人权利和自由。因此，建立合理的民生犯罪定罪机制至关重要，它的设定应该符合理性的标准。在民生刑法立法时，针对不同

---

〔1〕 参见穆丽霞："论我国环境刑法的立法价值取向及其实现"，载《法学杂志》2015 年第 1 期。

情况判断民生利益保护的轻重缓急，并严守“严重危害民生”的标准，以寻求自由与安全平衡基础上的效益最大化。

2. 适时调整民生保护范围，科学控制民生犯罪圈，防止民生刑法的越位。法律是相对确定的，而社会生活却总是处在变化之中。社会的变化，在潜移默化地改变着人们的生活需求，同时影响着人们的规范意识。这种变化必然对法律提出相应的变化期待和要求，要适应社会生活的需要，法律必须根据社会变化的状况不断地做出调整。法律与社会的互动已经成为法律存在的一种基本状态了。民生需求的不断扩展，使刑法不可能以一种凝固的形式而永久地取得预期的法律效果，需要立法者作出动态反应，通过刑法的修正更加有力地保障民生。近几年来由刑法修改而表现出来的犯罪圈扩张与限缩、特定行为的入罪与出罪以及罪刑结构的调整，无不与民生保护密切相关。对民生的关注和保障，已经成为刑法修改的一个基本价值追求。从历次的刑法修正来看，民生保护主要呈现出“增”的态势，其结果是我国民生刑法的犯罪圈不断地膨胀，由此引发了部分学者对这种高热犯罪化趋势的担忧，认为必须重提并推动刑法谦抑性原则的实现，并提出了“停止进一步的犯罪化”的主张。〔1〕

与传统刑法不同，民生刑法的重心放在社会权益的保护，势必会扩大社会安全和公共安全的犯罪圈。但是，民生利益的保障并不是只有不断扩大刑法适用的单一路径，法益保护也并不会仅仅通过刑法得以实现，而是要通过全部法律手段的协调互补才能发挥作用。因此，刑法介入民生的保护，必须建立合理的民生犯罪圈，防止刑法在民生利益的保障方面越位。

---

〔1〕 参见刘艳红：“我国应该停止犯罪化的刑事立法”，载《法学》2011 年第 11 期；参见刘艳红：“当下中国刑事立法应当如何谦抑？——以恶意欠薪行为入罪为例之批判性分析”，载《环球法律评论》2012 年第 2 期。

现代刑事政策主张，犯罪具有相对性。林山田教授也曾指出："由于时空因素的差异，而在不同的政治制度、社会形态与经济结构之下，自然有不同的价值观、伦理道德标准与社会的需求，这将足以影响社会损害性或应刑罚性的判断。"〔1〕 换言之，同样内涵的不法行为，在不同的时空，可能具有不同的法律评价，或者是犯罪，或者是非罪，或者为轻罪，或者为重罪。因此，犯罪的内涵并不是一成不变的。犯罪内涵的相对性，需要立法者根据社会的变化，通过刑事立法的完善，将一些行为和社会现象纳入刑法的视野。同时，也需要将失去了刑法规制价值的行为，通过刑法的修正，排除于犯罪圈之外。〔2〕 "犯罪化与去犯罪化乃是刑事立法的左右手，两者必须兼行并用，始足以发生抗制犯罪与预防犯罪的功能。"〔3〕 因此，民生刑法应在现行规范体系的基础上，构建民生刑法的适应性机制，根据社会生活和法律观念的变化，适时地通过犯罪化和非犯罪化双向并举的动态过程对刑法加以修改完善，将民生犯罪圈保持在一个健康高效的状态，以适应动态发展的民生需求。

3. 全面保护民生，严守刑法的角色定位，实现民生刑法的退位和补位。犯罪化是刑法修正的主要模式，其中包括将一般违法行为入罪化，《刑法修正案（八）》中的"恶意欠薪入刑"和"醉驾入刑"即为适例。刑事立法将行政、民事违法行为纳入犯罪圈，其前提是相关部门法对所涉违法行为的治理不足，其结果则是相关部门法规制范围的限缩和刑法规制范围的扩大。大量原本以民事手段或行政手段处理的违法行为上升为由刑罚处罚，引起了学者们对犯罪圈扩张趋势的忧虑，并引发了刑法学界对刑法在整个法律体系中

〔1〕 林山田：《刑法通论》（上册），台大法律学院图书部2008年版，第179页。

〔2〕 参见康均心、蒋晗华："刑法修正案的合理性分析"，载《武汉公安干部学院学报》2015年第4期。

〔3〕 林山田：《刑法的革新》，学林文化事业有限公司2001年版，第154页。

的角色定位的重申以及与其他部门法关系模式的反思。

刑法修正案把“醉酒驾驶”“恶意欠薪”“考试作弊”等违法行为纳入刑法的调整范围，体现了刑法保障民生的价值理念。然而，不论是“醉驾入刑”还是“恶意欠薪入刑”都在入罪正当性方面受到广泛争议，从部门法互动的视角审视民生保障背景下的刑法由此展开。民生刑法的提出，是为了回应我国特定社会背景下对民生保护的社会诉求，要求刑法对转型时期我国的民生难题做出自己的贡献。但是用刑法来保障民生，不能够简单地等同于这种逻辑：凡是侵害民生利益的违法行为都需要刑法介入，凡是广大民众痛恨的违法现象都要用刑罚予以严惩。民生刑法虽然冠以“民生”这一界定词，但其本质上仍是刑法。刑法必须具有自己的角色定位，不能为了追求某一目标，突破自己的角色定位与其他部门法相争，功利地使用刑法。任何立法都是有成本的，一个新罪名的增设也许动机是出于“保障民生”，但在违法行为入罪的社会条件不足的情况下，实际效果有可能背道而驰。只有达到一定严重程度的民生问题才能纳入刑法的范畴，以保证公民可以在刑法之外享受更多的自由。

杨兴培教授认为，“出乎礼而入于刑；礼防止于未然，刑惩治于已然”的礼教观念对中国古代行为入刑标准的确定起了巨大的约束作用。道德、刑法、民法、行政法、经济法以及其他法律构成了整个社会的规范体系。在整个法律体系中，刑法居于特殊地位，它是其他法律的保障法、保护法，真正起到法治社会的奠基作用的并非刑法，而是作为刑法基础的包括民法、行政法等在内的前置法。一个社会的管理，前置法是法治的基础，是治国的先锋，而刑法则是保障法，是断后的预备力量，即“断后法”，两者关系不能颠倒。因此，“出礼入刑”原则演变至今，可以解释为危害社会的行为，出于他法而入于刑法；他法防止于未然，刑法惩治于已然。所以，一个危害社会的行为是否可以构成犯罪，就看它是否已经超越前置法设定的边界范围。[1] 民生利益涉及面极广，需要各部门法在发挥其个体作用的基础上互补协调，通过各种法律手段给予“民之生计”以全方位的保障。相对于刑法而言，民法、行政法等非刑事法律制度的灵活、严密、健全对于预防和处理各种危害民生行为的综合机制的建立更加具有重要意义。民生刑法应当严守自己的定位，担任补充和保障其他民生法律的角色，与其他法律共同构建保护民生的协调统一的法律网络。

在保障民生的过程中，如何构建刑法与民事、行政法律法规协调机制，形成基于整体民生利益之保护需要的互补衔接至关重要。这种协调机制，体现于静态衔接和动态调适两个方面：在静态方面，刑法与相关部门法规范在法律规则、法律制裁等方面互补衔接，合理确立各自的调整范围；在动态方面，基于政策和环境的变化，刑法及时调整自己的角色定位，准确把握入罪与出罪的时机，适时调适相互的平衡关系。

总而言之，刑法对民生权益应当有合理的干预度，民生刑法的调控范围必须在合理的限度内，使之在规制民生犯罪时既不缺位也不越位，并与民生权益的其他法律保护手段清晰界分、合理衔接。下文拟从民生犯罪的入罪机制入手初步确立民生刑法的调控广度，再从部门法互动的视角构建民生刑法的调控深度，以确保民生保护的法律体系的协调衔接。

---

〔1〕 参见金园园：“风险社会刑法作用的边界在哪里——访华东政法大学教授杨兴培”，载《人民检察》2012年第19期；参见杨兴培：“索取非法‘债务’拘押他人的刑法定性”，载《华东政法大学学报》2013年第2期。

第三章　民生刑法的调控广度
——入罪机制的确立

民生刑法的调控广度，指的是刑法介入、干预民生领域的合理的空间领域，即刑法可以对哪些民生侵权行为进行调整且具有适应性。笔者拟着眼于民生犯罪的入罪机制来探讨民生刑法的调控广度。

严格来说，“民生犯罪”并不是一个法律术语，其在很大程度上还是一个学理上的概念，尽管“民生犯罪”的提法在学术研究和新闻报道中频繁出现，却很少有学者对其进行概念界定，均认为“危害民生的犯罪就是民生犯罪”。但也有学者作了进一步的解释，即“民生犯罪就是严重危害民生的行为，无论其危害性表现为‘造成实际危害’还是‘造成现实威胁’都是民生面临的人为风险，都是刑法要规制的对象”。[1] 笔者认为，对某种犯罪概念进行界定，应当以其所侵犯的同类性质的客体为依据。在当今中国，之所以提倡民生刑法观，本质上是提倡法律对民生利益的保护，而强调刑法保护民生，就是要将严重危害民生的行为纳入犯罪圈，使其成为民生法益而给予保护。所以，民生犯罪共同侵犯的法益应当是民生利益，民生利益源自于个人利益但又在个人利益之上，属于公共利益。在客体性质上，我们应将针对公共利益的民生犯罪与针对个人利益的犯罪区别开来，将民生犯罪限定为社会法益的犯罪行为。因此，笔者认为，民生犯罪是指在民生领域中，损害或威胁关系到

〔1〕 夏勇：“民生风险的刑法应对”，载《法商研究》2011 年第4 期。

广大民众的生存与发展的公共性利益的犯罪。那么，究竟应该有哪些民生犯罪所涉及的是危害民生行为的犯罪化？换言之，就是如何确立民生犯罪的入罪机制。

第一节　刑法的谦抑性与犯罪化

近年来，学者们针对刑事立法中的犯罪化与非犯罪化问题展开了激烈的讨论，其本质是对我国犯罪圈应缩小抑或扩大的思辨。随着我国宽严相济刑事政策的深入贯彻，学者们不断重申刑法的谦抑性原则，主张“停止刑法调控范围的扩张，拒绝进一步的犯罪化，并适当实行一些犯罪行为的非犯罪化”〔1〕。然而，在我国民生问题异常突出的今天，对民生利益的法律保障仍然处于相对滞后的状态，尤其是对严重危害民生的行为无法运用刑法加以惩治，非常不利于对民生的保护。在此社会背景下，回应民生的刑法保障需求、适当扩大民生犯罪的犯罪圈已经成为一项必要而紧迫的任务。尽管世界的刑罚制度趋于谦抑和轻缓，但是从我国的国情出发，这并不应当影响我国在民生领域的犯罪圈扩大的进程。立法者应当结合现实情况，对刑法加以保护的民生利益作出适当的选择，理性把握侵犯民生利益行为的入罪门槛。

一、刑法谦抑性的辩证分析

大谷实教授主张，谦抑主义是犯罪化即刑事立法的原理，该原则由刑法的不完全性、宽容性、补充性构成。它强调刑法不能介入市民生活的各个角落；从维持社会秩序的角度而言，刑法是保护法益的最后手段；在实施犯罪化之际，应充分认清其保护法益、只有在作为保护该种法益的方法，除了创制刑事法规、诉诸刑罚手段之

〔1〕 刘艳红：“我国应该停止犯罪化的刑事立法”，载《法学》2011年第11期。

外，别无选择的情况下，才能进行犯罪化。谦抑原则反对过剩犯罪化，即使社会关系复杂化，也不可将刑法作为社会控制手段而随意创设犯罪。[1] 可见，刑法谦抑强调立法上保持克制，限制刑罚权的发动。刑法的谦抑性是国内学者探讨犯罪化与非犯罪化的基本逻辑，也是就能否设立新罪反对方所持的最有力的论据。以拒不支付劳动报酬罪的增设为例。赞成方认为，拒不支付劳动报酬的行为，严重破坏了诚实信用的市场原则，是造成社会不稳定因素之一，若不对其进行有效惩治，则法律的权威和社会生活的稳定必将受到巨大影响。增设该罪，对规范劳资关系、稳定社会秩序能够发挥举足轻重的作用，具有法理上的必要性和可能性。[2] 而反对方则站在刑法谦抑性的角度，主张“刑法不应成为替代政府管理职能的‘社会管理法’、防范和治理严重社会危害行为的‘危害防治法’。而现有的刑法规定缺乏公众认同也未穷尽其他社会干预措施，因此将恶意欠薪的行为认定为犯罪不具有合理性”[3]。事实上，谦抑性受到过度追捧的趋势比较明显，谦抑性逐渐成为犯罪化的唯一考量条件，通常只要提出将某一行为犯罪化，总会出现以入罪违反了刑法谦抑性为由的反对之声。笔者认为，在当前提倡刑事法治理念、构建和谐社会的背景下，刑法应当谦抑，但不能过度强调谦抑，而最终造成对刑法的压制。面对现实的刑法立法需求时，我们应当辩证看待刑法的谦抑性，既要避免不当的犯罪化，也不应阻止必要的犯罪化。

（一）刑法必须“谦抑”

刑法的谦抑性是刑事法治的必然选择。刑事法治的要旨在于有

---

〔1〕 参见［日］大谷实：《刑事政策学》，黎宏译，法律出版社2000年版，第86页。

〔2〕 参见方成应：“恶意欠薪入罪的意义与实施展望”，载《检察日报》2011年3月14日，第3版。

〔3〕 刘艳红：“当下中国刑事法律应当如何谦抑？——以恶意欠薪行为入罪为例之批判性分析”，载《环球法律评论》2012年第2期。

效制约国家刑罚权，通过防止刑罚权的扩张、滥用来保障个人的权利和自由。刑事法治的核心是“以人为本”，运用刑罚惩治犯罪不是目的而是手段，其终极目标是充分保障人权，并使每个人都享有最大限度的自由、安宁。[1] 刑法谦抑的确立是基于对刑法和刑罚的理性认识。刑法是社会规制的一种方法，作为其强制手段的刑罚具有极为重大的反作用力，所以刑法是最后的手段，当其他社会规制手段无法达到所要追求的目的时，刑法才能补充介入，从而使刑法只能片段规制部分的行为，由此强调刑罚权不可任意扩张、必须受到限制和约束，意在破除刑法万能的观念以及消除重刑主义的思想。这一观念符合刑事法治的要求，也关系到刑事法治能否实现以及实现的程度。刑法的谦抑原则体现和深化了刑事法治。刑法的谦抑思想是与人权保障思想紧密相联的，“从价值目标上看，刑法谦抑体现为多元价值的均衡，其终极目标是保障人权。刑法之所以限缩调控范围、降低调控强度，采取谦卑退让的立场，根本原因就在于对人权的崇尚，基于最大限度的保障人的自由与权利的考虑，力求实现自由与秩序、公正与效率等多元价值的均衡。这与刑事法治‘以人为本’的终极目标是一致的”[2]。

刑法的谦抑原则促进了和谐社会的发展。和谐社会是刑事立法的价值追求。和谐社会注重各社会组成因素配合得适当、协调，在有效遏制犯罪的前提下保持社会的活力与经济的繁荣，最大限度地实现个人、社会、国家以及世界规范而自由地发展，达到秩序和自由的动态平衡。而刑法的谦抑所隐含的逻辑前提是，基于刑法有限的功能和较高的运行成本，必须承认其作为社会控制手段并非是完美的。虽然刑法在犯罪控制中发挥了不可或缺的作用，但它仅仅是社会控制的手段之一，过量的刑罚投入无法达到遏制犯罪的效果，

〔1〕 参见屈学武：“刑事法治理念的更新”，载《法学研究》2007年第4期。
〔2〕 吴富丽：“刑事法治与刑法谦抑”，载《人民检察》2008年第17期。

反而会在某种程度上给社会制造负担。因此，从和谐社会的视角分析，刑法谦抑具有特殊意义，它是和谐社会的基本要求。[1]

（二）刑法不应“抑制”

在刑法立法时必须运用谦抑原则以合理确定犯罪圈，这是符合刑事法治精神的。然而，立法需要“谦抑”而不是“抑制”。即便刑法应该谦抑，也并非刑法规定的犯罪越少越好，犯罪的门槛越高越好。如果为了控制犯罪圈而不顾刑法保障民生利益之需求，抑制刑法的“扩张”，不仅是对刑法的法益保护机能的背离，也是对人权保障机能的违反。

如何合理界定犯罪圈，其范围应当是宽泛的还是狭隘的，反映了一个国家刑事立法的价值追求，同时也直接影响着刑法机能的有效发挥。张明楷教授将刑法的机能归纳为法益保护机能与人权保障机能。他认为，“刑罚的适用，与保护法益成正比，与人权保障成反比。如何既最大限度地保护法益，又最大限度地保障自由，就成为难题。结局是，刑法必须在法益保护机能与人权保障机能之间进行调和。但这种调和没有明确的标准，只能根据适用刑法时的客观背景与具体情况，在充分权衡利弊的基础上，使两个机能得到充分发挥。”[2] 以刑事法治理念为指导，从法益保护机能的层面来看：一方面，法治社会离不开刑法的有效介入。如果应当发动刑法而不发动，产生过分限缩的犯罪圈，可能会造成犯罪行为的猖獗，不利于法益的保护；另一方面，刑法的介入又必须适当，过分扩大的犯罪圈可能因为对社会生活的干涉过度，而造成泛刑法化，产生侵害公民自由的弊病。从人权保障机能的层面分析：人权保障机能主要体现在对被告人的人权保障，主要保障其享有公正审判权。犯罪圈

---

〔1〕 参见徐卫东等：“刑法谦抑在中国——四校刑法学高层论坛”，载《当代法学》2007 年第 1 期。

〔2〕 张明楷：《刑法学》，法律出版社 2011 年版，第 26 页。

过小，应当犯罪化的行为排除在刑法的调整范围之外，通过行政手段剥夺公民人身自由，导致行为人无法享有刑事法律程序中确立的程序保障权利。则有可能出现“刑法虽然谦抑了，但是没有达到刑法谦抑所需要追求的目标，即对人权的更周延的保障和保护”[1]。合理的犯罪圈，应该是把犯罪的数量控制在维持基本的社会秩序所必需的范围之内的大小适度的犯罪圈。过分强调刑法的人权保障机能，一味追求犯罪圈的紧缩，认为“犯罪圈越小，刑法理念越先进”，是机械地理解刑法谦抑性原则所产生的认识误区。以人权保障优先的刑法只是说在确定犯罪圈时，要尽量地发挥刑法限制国家刑罚权发动的功能，而片面地强调人权保障，过分限缩犯罪圈是不合适的。[2]

谦抑不是犯罪化的内在根据和唯一条件，某一行为是否应予犯罪化，首要考虑的是法益保护的需要。当某一类型的行为持续侵害法益时，犯罪化即具有了可能性。此后，再将谦抑和预防效果、司法成本、手段选择等要素综合，考虑是否存在犯罪化的必要。只要某类行为不被社会认可且严重侵害法益，启动刑罚权是迫不得已的情况下，就应当将其纳入刑法的规制范围。不能以刑法的谦抑为借口，人为地缩小刑法的调控范围。“刑罚是一种害恶，而且还是一种必要的害恶，对于刑罚作为一种必要的害恶的这种认识就是刑罚谦抑的前提”。[3] 我们不能因为刑法需要谦抑而否定刑罚的正当性。“‘刑罚’的诞生和存续也是人类文明的成果，‘刑罚’是法律和法治不可缺少的要素，没有‘刑罚’的法律和法治是根本不存在的。在应当运用‘刑罚’的时候就必须运用‘刑罚’，在应该多用

---

〔1〕 徐卫东等：“刑法谦抑在中国——四校刑法学高层论坛”，载《当代法学》2007 年第 1 期。

〔2〕 参见蒋晗华：“法治理念下轻罪制度探析”，载《河北法学》2015 年第 6 期。

〔3〕 徐卫东等：“刑法谦抑在中国——四校刑法学高层论坛”，载《当代法学》2007 年第 1 期。

‘刑罚’的时候也必须多用‘刑罚’，否则，不可能真正建设‘和谐社会’。”[1]

刑法是最具严厉性的法律，在立法或司法上都应当非常慎重。刑法的谦抑，从立法的层面来看，包括设罪的谦抑和制刑的谦抑；从司法的层面上看，包括定罪的谦抑、量刑的谦抑以及行刑的谦抑。尤其在犯罪化问题上，应当相对保守一些，严格把握入罪的条件。但是，坚持刑法的谦抑性，不代表无视社会条件的变化而拒绝一切新设罪名，也不意味着刑法规定罪名越少越好、刑罚越轻越妙。刑法的处罚范围不应是限定的，而是妥当的、合理的。刑法的谦抑实为主张刑法的宽容，但是宽容并非毫无底线。具体到民生领域，当某种行为危及重要的民生利益，且达到其他手段不足以惩治的程度时，国家就会产生动用刑罚加以遏制的冲动，犯罪化便成为必然选择，这也是国家积极履行社会管理职责的具体表现。正因为如此，我国刑法中出现了民生领域刑事归责范围不断扩大的趋势应是无可厚非的，不仅无损刑法谦抑性的要求，反而是对刑法的完善，是法治不断进步的表现。

二、犯罪化的立法思考

“任何违反社会秩序的行为，不论严重程度如何，并不一定都会使行为人受到刑事处罚。要对行为给予制裁，必须要由法律规定该行为是犯罪行为。”[2] 民生犯罪是危害民生利益的犯罪，在刑法中究竟应规定哪些民生犯罪，涉及刑事立法应如何设定民生犯罪的犯罪圈。犯罪圈表明了刑法干预社会生活的深度与广度，也宣告了公民个人行为自由的范围。对于犯罪圈的设立，学界通常从两方面

---

〔1〕 冯军：“和谐社会与刑事立法”，载《南昌大学学报（人文社会科学版）》2007年第2期。

〔2〕［法］卡斯东·斯特法尼等：《法国刑法总论精义》，罗结珍译，中国政法大学出版社1998年版，第131~132页。

加以界定：一是犯罪圈的范围边界，即什么性质的行为可以犯罪化；二是犯罪圈的程度边界，即达到什么程度的行为可以犯罪化。[1] 任何犯罪都有其规范的质与量，犯罪化的基本入罪标准应从危害行为的性质与程度两个方面进行建构。因此，犯罪可被认为是侵犯了有必要保护的法益，并且达到具备刑罚必要性的危害行为。

（一）犯罪圈的范围边界——法益侵害

法益保护是刑法运作的目的，也是刑法介入的首要判断标准。一个社会之所以要制止犯罪，是因为犯罪行为具有对人（包括个体、群体和人类全体）的生活利益造成侵害的相当程度的社会危害性。为了保护人的重要的生活利益，立法者通过刑事立法程序将具有可罚性的严重不法和有责行为赋予刑罚效果将其犯罪化。在某种意义上说，立法者在划定犯罪圈的同时，实际上也是在将值得由刑法加以保护的人类生活利益确定为刑法上的法益。德国学者认为，所有的法益，无论是个人的利益，还是集体的利益，都是生活利益，这些利益的存在并非法制的产物，而是社会本身的产物。法律的保护将生活利益上升为法益。生活的需要产生了法律保护，由于生活利益的不断变化，法益的数量和种类也随之发生变化。刑法以保护法益为己任，所有的刑法规范均是以对重要法益的积极评价为基础的，他们是人类社会在共同生活中必不可少的，要通过国家强制力，借助刑罚来加以保护。因此，刑法均是以保护一个或数个法益为基础的。[2] 日本学者曾在界定犯罪概念时提出了法益危害理

---

〔1〕参见熊永明："犯罪圈的界定及其关系处理"，载《河南省政法管理干部学院学报》2007 年第 5 期。

〔2〕参见［德］弗兰茨·冯·李斯特著，埃贝哈德·施密特修订：《德国刑法教科书》，徐久生译，法律出版社 2000 年版，第 4 页；［德］汉斯·海因里希·耶赛克、托马斯·魏根特：《德国刑法教科书》，徐久生译，中国法制出版社 2001 年版，第 10 页。

论，“所谓犯罪是对于重要的生活利益（作为个人的人格受到尊重，对于维持能够期待个人人格发展的生活环境而必需的个人利益，以及支持这些利益的社会的、国家的利益）事实上予以侵害或使其危害化的行为。由于刑法规范对其给予无价值的评价，因此对于其实体及本质应当理解为侵害或危害生活利益的行为”〔1〕。可见，在西方刑法学者看来，保护法益是刑法的目的，也是刑法规制的正当化理由，是前置于刑法规制的概念。益是人的生活利益，刑法保护的法益是立法者欲透过刑法所保护的人的生活利益，此生活利益是既有的，不是刑法规制创设的。总之，“保护法益是刑法规范存在及赋予其强制制裁权力的正当根据，法益具有决定刑法存立和发展方向的重要作用”〔2〕。

我国的犯罪论体系是以社会危害性为中心构建的，犯罪的实质通过社会危害性来揭示。而大陆法系国家的犯罪论体系是以法益为中心来构建的，犯罪的实质通过实质的违法性来体现。尽管二者在各自的犯罪论体系中地位不相同，但张明楷教授认为，大陆法系国家刑法理论中的“这种实质违法性与我国刑法理论上的社会危害性概念具有密切关系。从相同点来说，根据李斯特倡导的观点，实质的违法性就是反社会性或社会危害性，而社会危害性的内容就是对法益的侵害或者威胁。在此意义上说，所谓社会危害性的内容就是对法益的侵害或者威胁”〔3〕。由此可知，根据社会危害性来判断行为是否构成犯罪，同时也意味着这是在根据体现危害行为社会危害性的法益侵害来认定犯罪的。张明楷教授进一步认为，从实质上说，《刑法》第 13 条的规定说明了犯罪的法律本质是对法益的侵

---

〔1〕［日］野村稔：《刑法总论》，全理其、何力译，法律出版社 2001 年版，第 80 页。

〔2〕参见杨春洗、苗生明：“论刑法法益”，载《北京大学学报（哲学社会科学版）》1996 年第 6 期。

〔3〕张明楷：《法益初论》，中国政法大学出版社 2003 年版，第 208 页。

犯，刑法是法益保护法的实质，那些与公民个人、社会以及国家有关的权利和利益，就是法益。[1] 因此，在犯罪的定性问题上，法益侵害是一切犯罪行为应当具备的首要条件，无法益侵害则无犯罪。

法益的基本概念是利益，不过刑法理论在用词上一直使用保护“法益”的字眼，一直解释为刑法所保护的生活利益。此处使用“法益”而不是“利益”，意在强调刑法不多不少就是在保护刑法所承认的利益。据此，刑事立法的功能不仅在于界定什么是犯罪，而且也在于界定什么是刑法所要保护的利益。

利益具有客观性，某种现象是否是利益，取决于它能否满足人们生存与发展的需要。人类的社会关系是以利益为纽带建立起来的，利益是一切法律的出发点（立法动机）和终结点（有助于法的实现）。刑事立法只有以保护利益为目的，才使其具有正当性。立法者可以根据行为是否侵犯了值得动用刑法保护的利益来确定处罚范围。那么，社会上林林总总的利益，哪些有必要为刑法所保护？这就涉及刑法上的利益选择问题。总体来说，刑法将对重要的生活利益的保护作为创制刑法规范的基础，立法者首先需要对人的各种生活利益加以评估、比较，将其他法律难以有效保护并且需要和值得由刑法加以保护的利益筛选出来，然后对这些利益进行平衡和协调，最终确定刑法保护的对象。保护利益的选择关系到刑法干预范围的广狭。因此，法益的认定就显得非常关键。

一项生活利益是否应受刑法保护，能否应上升为刑法法益，需要具备一定的条件与标准。张明楷教授主张，法益必须具有利益关联性，利益是人类追求的最直接最基本的目标，法益是社会上存在的利益或价值，与利益无关的不能成为法益；法益必须与可侵害性关联，不能够被侵害的没有保护的必要；法益必须具有人关联性，

---

〔1〕 参见张明楷：《刑法学》，法律出版社2003年版，第108页。

刑法的目的是保护人的利益，国家法益和社会法益作为法益的主体并没有否认法益保护在最终的目的上需要回归于人；法益必须具有宪法关联性，宪法要求刑法保护的利益应成为刑法法益。〔1〕上述观点关于法益界定原则的阐述非常翔实具体，对于认定法益具有指导作用，值得我们借鉴。

事实上，任何法律都在保护利益，刑法也不例外。但正如黄荣坚教授所言，从刑法以法益保护为基本目的出发，逻辑上自然可以形成的结论是“犯罪规定必须有其保护的法益”，然而只要是人经过选择所做出来的行为，没有不是把追求利益作为目的的。比如穿衣吃饭、学习工作等，都是为了获得能使其愉悦的某种生活利益。刑法的制定，终究是人为的产物，即使所谓的恶法也有得到其利益的人。严格地讲，世界上没有欠缺利益保护的刑事立法，但却可能有欠缺合理利益保护的刑事立法。〔2〕在黄教授看来，合理利益本身是一个高度价值判断的概念，换句话说，是一个高度受到人际利益情绪关系所左右的概念。“合理”的意义在于理念的宣示：在不同群体之间的利益折冲中，理解和坚持最大利益的立场，注重协调与衡平。笔者认为，法益应该与时俱进地演进发展，并注重保障利益的合理衡平。法益是现代刑法的核心，我们对法益的理解不能脱离所依存的时代背景，随着社会的多样化和复杂化，法益概念也应有新的发展。法益的发展趋向可从以下几方面予以把握：

1. 法益的基础是公众的利益保护需求。関哲夫教授认为，法益概念是由“利益的要素”和“法的要保护性要素”结合而成的。利益要素是法益概念的中心要素，指存在于社会现实中的生活利益。法的要保护性要素是法益概念的属性要素，是立法者基于政策

〔1〕参见张明楷：《法益初论》，中国政法大学出版社2000年版，第162~167页。

〔2〕参见黄荣坚：《基础刑法学》（上），中国人民大学出版社2009年版，第13页。

衡量而作出的价值判断，意指利益取得了值得刑罚法规保护的积极评价。一般而言，利益要素要被赋予价值属性而生成为法益概念，必须先后经历三道关即“个人的承认”“社会的承认”“法的承认”，得到三个条件即“个人的要保护性”“社会的要保护性”“法的要保护性”，最后才能由社会利益升格至刑法法益。[1] 西原春夫教授也从“欲求”角度进行理论推演，最终得出“国民的欲求”是刑法根基的结论，间接对法益的生成进行了阐述。首先，当存在损害利益的行为时，利益持有人会对自己的利益继续存在感到不安，就会有希望国家来保护自己利益的欲求。也即是，作为社会成员的个人要求刑法来保护其某种社会利益，该利益由此取得了“个人的要保护性”。其次，国民中间存在着具有各种不同欲求的人，每个个人的欲求并非直接与制定刑法相联系。个人的欲求中沉淀着非正确的成分，其中包含着片面的观点乃至情绪的反应。将个人欲求中非理性的成分剔除并加以修正，在对各种个人欲求进行比较衡量的基础上，社会的多数成员给予某种社会利益以认可，则使其成为国民的欲求。也就是说，这种社会利益得到社会的承认，获得了“社会的要保护性”。最后，某种社会利益要成为刑法法益，仅仅获得“个人的要保护性”和“社会的要保护性”是不够的，还须得到“法的承认”。国民的欲求是一种抽象化的观念，是立法者站在平均的国民立场上来推测的。当国民的欲求达到一定规模，且与国家的欲求重合，作为立法者而言，就有必要保护该利益，也就有了制定刑法的动机。当社会利益作为值得刑法保护的存在而得以承认，该社会利益就被赋予了“法的要保护性”，从而成为法益。[2]

“刑法的根基在于国民欲求”和“某种生活利益要成为法益必

〔1〕 参见［日］关哲夫：“法益概念与多元的保护法益论”，王充译，载《吉林大学社会科学学报》2006年第3期。

〔2〕 参见［日］西原春夫：《刑法的根基与哲学》，顾肖荣等译，法律出版社2004年版，第93～107页。

须通过三重承认”的观点是可以推而广之的。刑法作为调整人们行为的规范，必须考虑国民的欲求。可以说，国民欲求的满足与法律信仰的建立是彼此契合的。“法律之为主体的信仰对象，必须反映主体的情感寄托和内心需求，有其法律调整对象的普遍性决定了法律要从整体上记载、反映并保障主体需求，任何有悖整体需求的个别需求，一旦表现为行为，不但不为法律所维护，相反，还要被法律加以制裁。”〔1〕因此，法益必须满足公众利益保护需求，惟此，刑法才能获得公众认同、才能被信仰。

2. 法益损害应具有普遍性。“法律是具有普遍性和确定性的行为规范。法律的普遍性要求法律对纷繁复杂的社会关系进行高度抽象，舍弃个别社会关系的特殊性，而变现同类社会关系的共性，并且可以对不特定的一般人多次重复适用。”〔2〕刑法是具有普遍性本质特征的法律，若将由个别或例外的危害行为侵害的利益上升为法益，会使刑法沦为具体的惩罚命令。一方面，应当被犯罪化的法益侵害行为必须具有普遍性或具有发展为普遍现象的可能性。“刑法不应把偶尔会发生，但预防成本又极昂贵，付出的代价又巨大的危害行为作为自己的威慑对象。”〔3〕个别的危害行为也会造成利益的侵害，但其能够为其他法律所调整，不足以引起刑法的关注。刑法所关注的危害行为必须具有普遍的社会危害，这是由刑法的自身品性所决定的。刑罚是最严厉的制裁措施，作为与之相对应的危害行为，必须是其他制裁措施无法平衡其恶害的严重危害行为。这类危害行为不是社会上偶然出现的零星的、个别的现象，而应具有公认的普遍性。当然，就危害性来说，个别的危害行为并不一定比普遍的危害行为小。但是，从对社会民众所造成的心理影响来看，具有

〔1〕谢晖：《法律信仰的理念与基础》，山东人民出版社1997年版，第8页。

〔2〕梁根林：“论犯罪化及其限制”，载《中外法学》1998年第3期。

〔3〕参见［美］理查德·A. 波斯纳：《法律的经济分析》，蒋兆康译，中国大百科全书出版社1997年版，第294页。

普遍性的危害行为的影响相对较大。另一方面，应当将不具有稳定性和非常态性的利益侵害行为排除在入罪行为之外。通常来说，这类行为往往是在某个短暂时期由于特殊社会原因而激发，危害行为会随着特定原因的消失而消失。针对该类行为的发生，首要任务是消除引发利益侵害行为的特定社会因素，综合运用其他法律手段予以调控，而不是匆忙将受损利益上升为法益由刑法加以保护，否则刑法的稳定性和权威性可能由于规范的朝令夕改而遭到破坏。

3. 法益的内涵应适度由物质扩张至精神。德国刑法学者伯恩鲍姆（Johann Michael Franz Birnbaum）主张犯罪的本质是侵害或威胁了应当由国家保护的“财”。鲍姆没有给“财”下定义，但他的财的概念具有有形的、具体的色彩，但财又不限于有形的对象。之后，受到新康德学派的价值哲学方法论的影响，李斯特提出的法益论将法益概念视作“抽象化的法律伦理的界限概念”，并严格区分了保护客体与行为客体，由此导致了法益的精神化。自李斯特的理论开始，法益逐渐从具体的事物转变为价值的载体，朝着法益精神化的方向展开。将法益作精神化的理解是德国刑法学界的主流观点，如德国刑法学者麦兹格对法益的理解强调精神化，他认为“如果没有精神化，就不可能利用法益概念；精神化是法益概念自身的本质，因为法益是由客观的法所认可的利益存在的状态，即法所承认的、刑法所保护的客观价值”〔1〕。我国台湾学者陈朴生先生也主张将法益概念精神化，“法益概念之内容，从其发展过程而言，始由物质化，进而精神化。法益，是保障法律理论固有领域与受因果法则支配之自然科学的实在之内的关联性，具有抽象化之法律论理之界限观念之性格”〔2〕。随着社会生活的不断变迁与日渐复杂化，

〔1〕［日］伊东研祐：《法益概念史研究》，成文堂1984年版，第155页。转引自陈家林：“德国的不能犯理论及对我国的启示”，载《刑事法评论》2007年第1期。

〔2〕陈朴生：《刑法专题研究》，三民书局1983年版，第63页。

法律调整的范围日趋扩大，如果坚持将法益限制在物质上，如何解释层出不穷的非物质化的保护客体将成为一个难题。事实上，伴随着风险社会的来临，尽管遭到各方的指责与质疑，我国的刑事立法和司法解释早已不再固守法益的物质化限制，法益概念已经呈现出精神化、抽象化的趋向。

有学者认为，对法益作精神化的理解，其结果是"国民对于法秩序的信赖感也就成为了法益的内容。一个行为即使不能造成实际的损害，但只要这种行为能够动摇国民的安全感，那么就存在法益的侵害，就应当作为犯罪加以处理"〔1〕。那么，安全感或信赖感果真能够成为法益吗？有论者主张，"安全感就是人们基于特定时期的社会治安状况，对公共安全、公共秩序即自身的人身、财产安全产生的信心、安全和自由。"〔2〕日本学者伊东研祐将安全感与法益进行结合分析，他认为，一般的安全感或信赖感是指社会成员感受到应该相互遵守的社会生活上的规范或规则被遵守，这实际上是把事态发展的预测可能性或所依赖之社会系统发挥正当机能以一般的信赖利益之形式进行了法益化。安全感只是规范正当状态的心理反映，因此将其作为法益是存在问题的。〔3〕然而，目前多数国家一方面在提高物理的或身体的安全性的同时，在所谓象征性事件中谋求心理上的或精神上的安全感的立法压力也在不断增大。以日本为例，为了防止现代科学技术的发展同时带来的对心理的或精神上的平和或安定实施侵害的危险，日本使用了法益保护前置化的手段，对"安全感"和"制度信赖感"进行保护。如《不正当操作禁止

---

〔1〕陈家林："德国的不能犯理论及对我国的启示"，载《刑事法评论》2007年第1期。

〔2〕罗文进、王小锋："安全感概念界定、形成过程和改善途径"，载《江苏警官学院学报》2004年第5期。

〔3〕参见［日］伊东研祐："现代社会中危险犯的新类型"，郑军男译，载何鹏、李洁主编：《危险犯与危险概念》，吉林大学出版社2006年版，第190页。

法》（1999年8月13日法128号）对部分不正当操作的行为进行处罚，不是针对电子计算机储存的具体情报内容或电子计算机运转利益等的侵害之危险进行处罚，处罚的是其前阶段的行为，是行为人破坏操作安全系统，形成能够利用电子计算机的状态自身或进入电子计算机的行为本身。换言之，该罪的法益并不是个别具体的情报、秘密或业务等利益，而是具有操作安全系统的电子计算机之持有人的秘密，意味着他人不得擅自使用这种针对系统的信赖感或安全感。[1] 再如，《克隆技术规制法》（2000年12月6日法146号）明确规定处罚所谓克隆人罪，其保护的法益是“保持人的尊严等”。[2]

为了顺应日益高涨的安全呼声，我国刑法学界也开始对国民的安全感能否作为法益、国民普遍的不安感是否值得刑法保护等问题进行研讨。不少学者赞同法益精神化，倡导“安全感法益化”。例如，有的学者主张在不侵犯个人自由的前提下，有必要适当设立抽象危险犯以保护国民的安全感、信赖感[3]；也有学者认为，风险社会下刑法的任务已经由保护法益转变为保护国民的安全感。[4] 但也不乏学者明确反对将“安全感”作为法益予以保护，并对“安全感法益化”观点进行了全面批判。[5]

安全感能否上升为法益，可从法益的机能入手进行判断，特别

---

〔1〕参见［日］伊东研祐：“现代社会中危险犯的新类型”，郑军男译，载何鹏、李洁主编：《危险犯与危险概念》，吉林大学出版社2006年版，第182页。

〔2〕参见［日］加藤久雄：“后基因社会‘医事刑法’规定新‘保护法益’的必要性及其课题”，王晓民译，载林亚刚主编：《武大刑事法论坛》第3卷，中国人民公安大学出版社2006年版，第312页。

〔3〕参见吕英杰：“风险刑法下的法益保护”，载《吉林大学社会科学学报》2013年第4期。

〔4〕参见齐文远：“刑法应对社会风险之有所为与有所不为”，载《法商研究》2011年第4期。

〔5〕参见刘炯：“法益过度精神化的批判与反思——以安全感法益化为中心”，载《政治与法律》2015年第6期。

是法益的刑事政策机能对于“安全感法益化”观点的评析尤为重要。笔者认为，从法益概念的刑事政策机能分析，“安全感法益化”的观点有待商榷，理由有三：一是“安全感法益化”无法体现立法目的的正当性。法益有使刑事立法具有正当目的性的机能。立法者制定罪刑规范，是出于保护一定利益的考虑。尽管利益具有物质利益和精神利益之区分，但若将所有的利益纳入法益范畴显然使刑事立法无法具备正当的目的性，特别是针对精神利益的刑事立法更应慎重。因为，“对法益概念进行抽象化、精神化理解，即使不存在现实、客观的法益侵害或威胁，也可以动用刑罚。这就意味着法益概念已经淡化了其限制刑罚、保护自由的机能，而且所谓侵害‘法和平’‘法观念’等只能是司法者的主观理由而已。如果不将这些概念排除在法益概念之外，就使得法益概念失去其本来的意义，而蜕变成为法目的或规范的代用品”[1]。因此，必须在明确、客观的意义上理解法益概念，唯此才能彰显法律保障广大民众外部秩序以及共同生活的根本使命。二是“安全感法益化”不能保证刑法处罚范围的合理性。法益有使刑法的处罚范围具有合理性的机能。犯罪的基本法律后果是刑罚，刑罚的内容是剥夺人的利益，是具有重大痛苦性的惩罚措施，所以刑法的处罚范围必须具有合理性。哪些行为应当纳入刑法的规制范围，不能凭感觉而定，需要具体的标准。刑法所保护的法益，应该是实际存在的要素，具有客体性特征，不是存在于主观之中。而安全感是集体情绪状态的体现，通常表现为无形的畏惧感、恐惧感等个人情感，其具有浓厚的主观性，不具备法益所必需的客观性与定型性。三是“安全感法益化”不符合刑法明确性要求。法益有使刑法的处罚界限具有明确性的机能。处罚界限的明确性是国民预测可能性的要求，法益必须具有清晰的内涵与外延，才能符合尊重人权主义的要求。也就是说，“法益是一种客

---

〔1〕 王安异：“法益侵害还是规范违反”，载《刑法论丛》2007 年第 1 期。

观存在，是生活利益，而不是价值观或其他纯观念现象或纯思维现象，所以法益是否受到侵害或威胁，可以根据客观因果法则进行认定"[1]。而在风险社会中，社会舆论的传播与大众媒体的渲染，极易使民众的安全感受到外界因素的影响而失真或夸大，安全感呈现出模糊性、易变性的特点，导致无法明确界定其内涵与外延。更何况，"公众的主观感受具有相当程度的敏感性，很容易受到周边环境以及集体相互渲染的影响，同一事实因素，在不同社会环境条件之下未必会引起相同程度的感受。亦即，这种套上'公共和平'法益的理性外衣，而实际上以不安全感为内涵的负面情绪是一种非理性的群体情绪反应，其发生与否、强度以及在群体中扩散的范围在经验上不能确定，也无法事先预见"[2]。"在此情况下，倘若认定安全感为法益并据此划定刑法处罚界限，势必突破刑事归责中因果关系的科学界定与责任原则的合理范围，行为主体完全可能脱离行为本身而为他人的不安与恐惧'买单'。"[3] 总之，安全感的难以把握，往往导致以此为依据的刑事制度缺乏理性，可能为了舒缓社会公众暂时的集体心理情绪、迎合公众的期待而偏向应急性或象征性立法。因此，不宜将安全感上升为法益。

随着社会的快速发展和思想文化的多元化，风险正日益成为现代社会的特征，安全随之变成了刑法的基本价值取向。从规范层面来看，我国刑法条文中存在不少涉及公众安全感的社会恐慌类犯罪中，集中体现在恐怖活动类犯罪中。近年来，暴恐事件在全球范围内频发，暴恐分子所实施的反人类、反社会的"无差别杀戮"方式在社会上制造了社会恐慌，引起了社会公众强烈、持续的犯罪恐惧

---

〔1〕 张明楷：《法益初论》，中国政法大学出版社2003年版，第203页。

〔2〕 周漾沂："论'煽惑他人犯罪或违背法令'之处罚理由"，载《台大法学论丛》2008年第4期。

〔3〕 刘炯："法益过度精神化的批判与反思——以安全感法益化为中心"，载《政治与法律》2015年第6期。

感和社会恐怖心理。随着我国反恐局势的日益严峻，刑法对涉恐行为的干预度也逐步加强。《刑法修正案（九）》的颁行，更是体现出加大对恐怖主义、极端主义犯罪惩治力度的立法精神，将为实施恐怖活动进行策划或准备的行为规定为犯罪，从而在刑事立法领域贯彻了“法益保护前置”的理念。笔者认为，既然法益保护前置、法益精神化趋势在所难免，问题的关键则是如何正确认识和把握“被精神化”的法益。在恐怖活动类罪中，究竟何为具体的法益，值得深入研究。“恐怖活动犯罪企图制造的‘社会恐慌’从本质意义上来讲就是因恐怖活动犯罪而产生的‘犯罪恐惧感’。”〔1〕制造社会恐慌是恐怖活动犯罪的主观目的的外化体现，仅是危害行为的表层结果，其最终目的在于使社会秩序陷入混乱。社会秩序混乱指的是公众生活平稳与安宁的状态遭受破坏，其表现之一就是公众基于恐惧或其他心理，丧失社会安全感，从而无法再进行正常的生活劳动。〔2〕比较而言，社会恐慌过于主观与无形，是一种难以名状且难以客观测量的观念产物，社会秩序遭受侵害的社会感知，仍须通过“人员伤亡、财产损失、公共秩序混乱”等物质法益的受损情况来确认其存在和程度。而“秩序使人们具有预测可能性，给人们带来了安全感。在此意义上说，秩序也是一种生活利益”〔3〕。相对于生命、健康、财产等现实利益，社会秩序是一种精神利益。当社会秩序的平和状态遭受犯罪行为的破坏，将直接引起社会公众产生对社会秩序的不稳定印象。因此，模糊且主观的社会恐慌或社会恐惧感无法具象表现行为的客观危害从而不能成为犯罪的法益，而社会秩序才是社会恐惧感背后深层次的结果，才应是法益的保护

〔1〕刘炯：“法益过度精神化的批判与反思——以安全感法益化为中心”，载《政治与法律》2015年第6期。

〔2〕参见孙万怀、卢恒飞：“刑法应当理性应对网络谣言——对网络造谣司法解释的实证评估”，载《法学》2013年第11期。

〔3〕张明楷：《法益初论》，中国政法大学出版社2003年版，第172页。

对象。

刑事立法应当利用刑法干预的手段保障社会秩序的平稳与安宁，减少公众的社会恐惧感，避免社会失序现象的发生。社会安全秩序的维护，注重的是事先预防的理念，在立法上体现为法益保护的前置化和刑罚处罚的提前性，从而导致刑事责任范围的扩大化。然而，在应对风险社会时，即使“自由给安全让路”的理念已经深入现代刑法，法益精神化也不能过度，刑法应当坚守各部门法的保障地位，为社会秩序的安宁和广大公众的安全建筑起牢固的防线。正如日本宪法学者大沢秀介所言，“为了取得微不足道的安心和安全利益，没有合理的依据而过度强调危险的恐惧和不安，莽撞地构建安全、安心体系，可能会导致牺牲迄今为止所取得的人权保障成果。”[1]

4. 法益的范围应适当延伸至超个人法益。有学者认为，刑法是法益保护法，其最终目的在于个人利益的保护，国家、社会都是由个体组成的，个人的利益应当得到尊重和维护。如果没有个人利益，不仅众多的个人不可能生存和发展，而且社会的生存与发展也同样不可能，社会利益也变成了空中楼阁。[2] 这一观点明确指出了个人利益的独立价值和重要意义。同样，社会成员的生存、发展依赖于社会、国家，即社会、国家为社会成员的生存、发展服务，正是在此意义上说，社会利益、国家利益是满足社会成员生存、发展需要的利益。因此，在一定的层面上，法在保护个人利益的同时，也保护国家利益、社会利益，使它们可以作为法益的保有者而

〔1〕［日］石塚迅：“安全、安心与人权：日本的情况”，额尔敦毕力格译，载周永坤主编：《东吴法学》（总第26卷），中国法制出版社2013年版，第52页。

〔2〕张国钧：《邓小平的利益观》，北京出版社1998年版，第9页。

进入刑法领域，从而作为超个人法益[1]而存在。

对于超个人法益是否有必要独立存在，学界历来有法益一元论与法益二元论之争。法益一元论主张，超个人法益没有独立存在的必要，它与个人法益仅有量的差别。具体而言，“‘超个人法益’和‘个人法益’概念并不是质的不同，而仅是数量的差别；‘国家’和‘公众’，不可能脱离于‘个人’而单独为法益的持有者。”[2] 该观点的核心在于将“个人”置于法益概念的中心点，个人是保护法益的主体，刑法应优先保护以人性尊严作为基础的生命、身体、自由、财产等生活利益，也就是个人法益。国家法益、社会法益是保护个人生活利益必要不可缺的外部前提条件，是个人于国家、社会的生活利益，因而所有的法益都能还原回个人法益。法益二元论则主张，个人法益与超个人法益有质的差别，超个人法益不是依附于个人法益上的非独立的概念，而是基于“社会本位”的思考模式，其内涵是由社会来决定超个人法益。[3] 该观点的核心在于不主张个人法益与超个人法益具有还原、推导关系，认为现代社会由国家、社会构成的公民生活中的法律规则，不单只是就个人的自由而制定的，还存在社会化比重极高的法秩序、经济秩序等，而这些较为抽象的法益不容易用个人概念来把握。

随着社会价值的变化和刑事立法的扩展，个人法益与超个人法益的关系不断发生着改变。笔者不同意“只有‘人’的利益才值得刑法保护，超个人法益应当是可以还原为个人利益的法益”[4]以及“社会法益能还原成保护国民乃至居民的利益，只有它才应受

---

〔1〕 相对于个人法益的利益，在用语上应该叫作超个人法益，或是应该叫作国家法益或者社会法益，实质上争执的不是形式上的问题，而是上述法益的正当性问题。参见黄荣坚：《基础刑法学（上）》，中国人民大学出版社2009年版，第16页。

〔2〕 陈志龙：“刑法的法益概念（中）”，载《台湾大学法学论丛》1988年第2期。

〔3〕 参见舒洪水、张晶：“法益在现代刑法中的困境与发展——以德、日刑法的立法动态为视角”，载《政治与法律》2009年第7期。

〔4〕 张明楷：《法益初论》，中国政法大学出版社2003年版，第166页。

到刑罚法规的保护”[1] 等否认超个人法益具有独立价值的观点。在理念层面上，对于超个人法益的承认是否应该限于可以“还原为个人法益”的问题，我们必须先厘清“还原为个人法益”的意思是什么？如果是指还原为刑法对于个人法益的保护内容，如生命、身体、自由、名誉等，那么现实情况是，超个人法益犯罪的法益内容并非都可以回归到刑法对于个人法益保护的范围。现代社会的价值结构非常复杂，值得纳入刑法保护范围的利益未必直接以个人为本。有的利益需要经过诠释、推导后才能与个人联结，与个人不具有直接关联。具体而言，社会利益实际上是个人利益的集合，是过滤了个体利益中的个性部分，并在协调了个体与全体、个体与组织机构、个体与个体的不同利益需求的基础上形成的全社会的共同利益。国家利益也不同于个体利益或社会利益，它的存在、完善、发展及职能发挥等都能体现出其自身的利益价值。因此，社会利益与国家利益并不都归属于个体，它们均蕴含了其自身的利益，应当肯定它们独立存在的价值。总之，现代刑法是以保护个人的利益为本，以个人作为中心推导法益概念的方向是正确的。但是如果过度延伸个人概念强硬解释非人本价值，则可能使法益沦为释义美学的自我满足，更有可能会使其丧失本来意蕴。

此外，笔者认为，前述法益保护一元论和二元论的分歧不在于是否将超个人利益纳入刑法的保护范围内，因为现代各国在刑事立法中对个人法益（如人身、财产等）和超个人法益（如国家安全、公共安全、经济秩序等）都给予了保护，分歧主要是在刑事立法中个人法益和超个人法益的地位。一元论坚持将超个人法益作为个人法益的下位概念、量的集合，而二元论则主张超个人法益独立于个人法益，二者不仅仅是量的差异。笔者认为，刑法上的确存在部分

---

〔1〕［日］西原春夫：《刑法的根基与哲学》，顾肖荣等译，法律出版社 2004 年版，第 59 页。

超个人法益，它们无法直接还原为个人法益，却对社会的存在与发展具有相当的重要性。尤其是在风险社会的背景下，生态安全、信息安全、食品安全等风险因素的出现，使超个人法益的重要性愈加凸显，在各国刑法中呈现出对社会法益进行扩大保护的趋势。例如，近年来，我国食品安全频繁发生，2007 年龙凤、思念速冻食品检出致病菌、2008 年三鹿奶粉事件、2009 年广州瘦肉精中毒事件等相继发生，食品犯罪案件也日益增多。此类案件反映出来的食品安全问题，推动了我国在这方面保护社会法益的刑事立法。因此，在这样的社会背景下，对超个人法益的保护必要性或独立性的否认都是不利于对社会利益的保护的。

为了实现刑法对超个人法益充分且正当的保护，立法者必须对超个人法益尤其是社会法益的保护设定限制性门槛，以便恰当界定法益保护范围。只有重大的社会利益才能纳入刑法的保护范围，只有须动用刑法才能有效保护的社会利益才有必要上升为刑法上的法益，只有能够体现个人参与社会生活体系可能性的利益才能在刑法法益中加以具体体现。[1] 总而言之，个人法益是刑法最优先保护的，对于超个人法益的保护，其制定不得侵犯个人所保有的私领域利益，并且必须符合比例原则，不能侵害人性尊严。

5. 法益的思维基点应适时拓展至非人本论。刑法理论界对人本法益论的思考源自于环境法学领域对生态哲学的研究。面对日益深重的生态危机，人类不断进行反思，终究认识到人只是生态族群中的一员，人无法离开自然界而独立存在。在对法益的认识观念中，非人本思维是相对于人本思维而言的。在非人本法益论看来，人类不再是唯一的利益归属主体，人类利益也不再是唯一的直接保护对象，侵害非人类的利益在一定条件下也有可能被犯罪化。

---

〔1〕 参见王永茜："论集体法益的刑法保护"，载《环球法律评论》2013 年第 4 期。

长期以来，在法益理论的发展进程中，法益向来是以人本思维为考量模式，一直是以人的利益作为考察犯罪侵害对象的基点。应该说，在大部分的犯罪类型中，以人本思想解释法益的内容是不存在问题的。然而伴随着环境保护意识逐渐深入人心，人类开始重新反思自身在世界生态范围的定位。正如德国学者艾瑟尔教授所指出的，“长期以来，环境保护是以一种人类为中心的自私的短浅目光并且只以为人类服务或保障自然资源为目的的。”〔1〕为了加强对环境的保护，各国开始重视使用刑法手段来惩治危害环境的行为，保护环境的刑事立法成为法益观念发生改变的突破口，非人本思维开始潜移默化地颠覆着原有的法益观。

在人本思维的法益观看来，刑法所保护的法益，无论如何，最终仍是人类的利益。保护人类以外的生物和环境媒介，目的仍在于保护人类的利益。环境不是利益的归属主体，对环境的保护只是一种规范手段，用以保障人本身的利益。而环境只受到规范间接的保护，对于环境的利益，只有反映在人的利益上才具有刑法上的意义。“在人本思维的法益思想之下，没有处罚破坏环境媒介，如水、空气、土壤等行为的规定，只有在透过对环境媒介的破坏，而侵害到人本身的生命、身体、财产等等利益的时候，才有刑事制裁的规定。”〔2〕现在，人类已经深刻认识到，人类与自然是不可分割的整体，人文世界也不应再是刑法解释的唯一理由，刑法思维应对新社会背景下引发的新问题做全面的反思。非人本法益的思想，虽然也承认人类的利益是最终被保护的利益，但认为人类的利益可以透过间接的保护客体而受到保护，例如财产、公共利益，皆可以成为独立的保护对象，而因此水、空气、土壤，甚至安宁都可以是和人类

〔1〕王世洲：《德国经济犯罪与经济刑法研究》，北京大学出版社 1999 年版，第 400 页。

〔2〕许玉秀：“台湾地区‘环境刑法’规范的过去、现在与未来”，载《主观与客观之间：主观理论与客观归责》，法律出版社 2008 年版，第 340 ~ 341 页。

利益并列的独立法益，也就是承认所谓独立的“环境利益”。[1]

法律人格的不断扩展是近现代法律的发展规律之一，同时也为赋予非人类生命体以权利提供了正当性根据。环境运动、生态运动的勃兴，使法律人格从人类拓展至非人类生命体成为历史发展的必然。《刑法修正案（八）》第46条将重大环境污染罪修改为污染环境罪，将刑法保护的法益从人的生命、健康和公私财产转向生活环境和自然环境。换言之，本罪的客体将更广阔的人类的环境权涵括在内，其中包括生态环境利益本身，彰显了生态主义法益理念，意味着我国刑法对环境的保护由传统的人本主义法益观向非人本主义法益观转变。“当然，到目前为止，刑法的法益概念仍然限于人本法益，非人本法益仅有立法技术上的形式意义而已，本身并不是创设新的法益概念类型。但是不可否认这种非人本主义法益观会对法益理论未来的发展产生潜移默化的影响。”[2]

（二）犯罪圈的程度边界——应受刑罚处罚

在现代法治社会中，国家的规范制裁是由性质有别、严厉程度各异的惩治手段构成的制裁体系整体，刑罚制裁仅仅是法律制裁的方式之一，并且因其独特的严厉性而成为最后的制裁手段，刑罚不可能处罚所有损害利益的行为。正如宾丁所言，“刑法具有残缺不全的特征”[3]。也就是说，刑法不具有广泛的法益保护体系，只是局限于特定的依据“应受处罚性”范畴而选定的重点。所以，刑法不能过多介入社会生活，只能保护部分利益，只能处罚少数严重的危害行为。由此看来，“应受刑罚处罚”无疑是考虑入罪标准的核

---

〔1〕参见许玉秀：“台湾地区‘环境刑法’规范的过去、现在与未来”，载《主观与客观之间：主观理论与客观归责》，法律出版社2008年版，第340~341页。

〔2〕舒洪水、张晶：“法益在现代刑法中的困境与发展——以德、日刑法的立法动态为视角”，载《政治与法律》2009年第7期。

〔3〕［德］宾丁：《刑法教科书》，分论部分第20页。转引自［德］汉斯·海因里希·耶赛克、托马斯·魏根特：《德国刑法教科书》，徐久生译，中国法制出版社2001年版，第68页。

心指标。陈兴良教授从刑罚是否可能避免动用的角度，提出了不能入罪的三个条件，即“刑罚无效果、刑罚可替代、刑罚太昂贵”[1]，可被认为是从“是否具有刑罚的不可避免性”的角度来研究入罪标准。这种思路找准了问题的关键，对于我们进一步把握犯罪化的标准具有重要的借鉴意义。刑法只能处罚值得科处刑罚的危害行为，因此，在犯罪化立法中，法益侵害原则不应当是唯一起作用的准则，还必须运用应受刑罚处罚性原则对犯罪圈进行实质性的限缩。

是否必须动用刑罚需要综合权衡诸多因素，诸如，法益的类型、法益的损害程度，入罪的有效性，罪名适用的可行性、行为人自身因素、被害人因素，道德、政治、文化、经济等因素。张绍谦教授将其概括为三方面[2]：动用刑罚的必要性、动用刑罚的可能性、动用刑罚的效益性。本书加以借鉴，从上述三方面进行分析论证。

1. 动用刑罚的必要性。德国刑法学家耶赛克认为，应受处罚性取决于三个因素：法益的价值、行为的危险性、行为人思想的可责性。[3] 以此为参考，笔者认为，对于某一行为是否必须动用刑罚，取决于以下几个方面的因素：

（1）取决于所需保护的法益的价值，是否具有刑法保护的必要性。行为必须侵犯了重要的法益，而非一般性法益。重要的法益才会引起立法者的重视，从而得到刑法的保护。对于重要性程度不够，通过其他法律足以加以保护的法益，刑法就没有介入的必要。如果刑法不加区别地对所有的法益予以保护，不仅会影响刑法对重

---

〔1〕 参见陈兴良：《刑法哲学》，中国政法大学出版社1992年版，第7页。

〔2〕 参见张绍谦：“从刑罚特性看犯罪圈的界限”，载《河南省政法管理干部学院学报》2007年第5期。

〔3〕 参见［德］汉斯·海因里希·耶赛克、托马斯·魏根特：《德国刑法教科书》，徐久生译，中国法制出版社2001年版，第67页。

要法益的保护，还会限制其他法律手段对法益的保护效果，从而不利于国家制裁体系整体功能的有效发挥。

法益是否具有重要性，其程度的判断需要综合一国的国情，并以占据主导和支配地位的社会价值观念为标准来进行评价。通过这个标准的审视，来确定某种法益是否具有刑法保护的重要性。需要注意的是，某些法益过去虽然不具有重要性，可能现在已经具备了刑法保护的重要性。相反，过去具有刑法保护重要性的法益，现在可能已经不具备这种刑法保护的重要性了。因此，关于法益重要性程度的判断需要结合国家当前的现实情况来考虑，不能盲目确定。

（2）取决于危害行为的性质，是否具有造成侵害发生的危险性。行为是造成客观危害的原因与作用力所在，这一标准来源于行为无价值判断的要求，考察的是行为本身对于法益的侵害是否确实足以形成社会上普遍的不可容忍性。行为必需的危险性可以从多方面来考察，即可以从行为所指向的对象的重要性或所使用的手段的危险性、发生的时间、地点的特殊性来考察，也可以从行为是否已超出其他法律规范所能调整的范围而不得已进入刑法调整的视野来判定其应受刑罚处罚性。总之，只有性质严重的危害行为才能犯罪化。但如果某种行为虽然具有一定的危险性，却对社会进步的益处更大，对于公众而言，属于期待社会发展、进步的同时能够容忍的“副作用”，则无将其犯罪化的必要，否则刑法会成为限制社会进步的阻碍。蔡墩铭教授曾经主张，“刑法将社会上之某种行为视为犯罪而科以刑罚时，应将在国民意识上不认为破坏社会秩序之行为，排除于刑法犯罪规定之外，俾使刑法之犯罪规定符合社会趋势，方得成为现代化之刑法”[1]。

有学者根据行为本身所具有的危险性与实害结果之间的因果关系的疏密程度，作出了入罪时犯罪类型的构建设想：行为与危害结

---

〔1〕 蔡墩铭：《现代刑法思潮与刑事立法》，汉林出版社1976年版，第64～65页。

果之间具有紧密的因果关系，行为一旦实施法益侵害随之产生，则应注重的是结果无价值的判断，犯罪化时应当采用实害犯或者具体危险犯的犯罪构成类型即能对法益进行有效的保护；行为与危害结果之间具有疏远的因果关系，则应注重的是行为无价值的判断，单纯的行为实施就已经构成对于法益的一般危险，则刑罚往往前置，犯罪化时应采用抽象危险犯、行为犯、举动犯的犯罪构成类型方能对法益实现有效的保护。[1]

（3）取决于行为的危害结果的严重性，是否具有造成法益损害的可能性。这一标准考察的内容是行为对受刑法保护的法益造成实际侵害或者具体危险的危险性是否已经达到需要刑法惩治的程度。这里对行为的考察，不是对行为本身的考察，而是将行为与行为结果作为一体进行判断评价，因而属于结果无价值判断的内容。行为的实害是客观危害的体现，那么，即使行为所侵害的法益不是特别重要、行为的性质不是特别严重，如果行为对法益的实际损害程度或侵害危险程度严重，也可以认为其客观危害严重，就应该予以犯罪化。反之，如果行为对实际侵害或具体危险的发生不具有危险性时，就不应犯罪化或者应非犯罪化。

（4）取决于行为人主观恶性的严重性。犯罪是具有严重法益侵害的行为，它不仅是指行为具有严重的客观危害，还包括行为人具有严重的主观恶性。也就是说，应当设定为罪的行为必须是具有严重客观危害的行为，同时行为人须具有严重的主观恶性。严重的主观恶性是指行为人主观恶性应达到以刑罚来表达社会道德谴责的程度。主观恶性有轻重之别，所应受的社会谴责的程度也应不同。对于主观恶性不大、只有轻微过错的行为，只需以普通谴责或制裁，即可表示对其的谴责，就没必要再动用刑罚来表达严厉的谴责。因此，只有严重主观恶性的行为才能设定为犯罪。

---

〔1〕参见贾学胜：《非犯罪化研究》，法律出版社2011年版，第109～110页。

某一行为是否具有刑罚可罚性，立法者应当在整体把握上述各方面因素的基础上进行综合评价。究竟应当怎样综合衡量以合理设定入罪的程度界限？笔者认为，某种行为能否入罪，其基准须是一个相对合理的危害度起点，但起点并非统一设定，而应视法益价值、客观危害以及主观恶性的不同而不同。

2. 动用刑罚的可能性。在所有国家干涉公民权利的方式中，刑法是最为严厉的一种。由于刑事制裁伴有对身体进行强制的残酷性，要对某种行为进行犯罪化处理，仅有动用刑罚的必要性是不够的，它只是行为“入罪”的前提条件，还需要具备动用刑罚的可能性，它是对行为“入罪”的客观制约。国家动用刑罚不能随心所欲，通常需要受到多方面条件的制约，主要考虑如下几方面：

（1）必要的刑罚适用资源是否具备。法律是控制社会不当行为的必要手段，在整个法律体系中，与其他部门法相比较，刑法的立法成本和司法成本是最大的。古人云：“徒法不足以自行”。要实现有效规制犯罪的目的，单纯依靠静态的刑事立法是不够的，还必须由相应的国家机关即司法机关、执法机关通过动态的职能活动使法律规定得以贯彻落实，从而控制和减少犯罪。立法机关将某种危害行为入罪，也就决定了司法机关必须将符合犯罪构成的行为依法定罪量刑，同时也决定了执行机关必须把法院判处的刑罚依法付诸执行。所以，行为入罪势必导致犯罪嫌疑人数量、诉讼程序保障资源、监禁人数等的增加，也就意味可能大大提高刑罚适用成本。然而，我国的司法资源十分有限，目前刑事司法系统各环节都面临着不同程度的资源过载问题，有限的刑事司法资源投入决定了国家职能机关处理刑事案件的能力与数量也是有限的。“国家刑罚资源投入的规模决定着国家能够认定处理的犯罪规模，这是刑罚对犯罪的一种反作用。"[1] 也就是说，犯罪化如果缺乏司法资源的支撑，其防控犯罪的效果是差强人意的。

"行为入罪必定提高刑罚成本"的观念未必是完全正确的。因为，现代刑罚及刑事诉讼的观念已经发生了巨大的转变，很多发达国家所采用的诉讼制度和刑罚措施，对于提高诉讼效率、降低司法资源投入具有非常明显的效果，值得我们学习和借鉴。例如，辩诉交易制度、简易程序的运用大大削减了刑事诉讼的资源投入，缓刑、社区矫正、罚金、限制和剥夺资格刑等非监禁刑的适用大大降低了刑罚的成本。但笔者坚持认为，在现有司法资源有限投入的客观条件下，行为入罪仍然必须与现实的司法资源和办案能力相结合，方能取得预期效果。

（2）必要的刑事技术手段是否具备。从微观上考虑，某种具体的行为要入罪必须具有实践中的可操作性。美国著名法学家哈伯特L. 帕克为刑事制裁的最佳使用设立了一套全面、具体且实用的基准点，其中选择标准之第4项表述为"须通过公平且不歧视的执行来处理"[2]。可见，帕克比较注重刑事程序对行为入罪与否的影响。笔者认为，尽管刑事程序的公平性原本无关于刑事立法，而是刑事诉讼法所需考虑的事项。但是，某一行为被纳入刑法规制范围后，在司法实践中受到侦查、取证、检测等技术手段不成熟的影响，无法稳定地追诉犯罪，导致对该类行为的定罪量刑取决于偶然因素，甚至出现部分行为被查获处罚，而部分行为无法被追诉的情形，造成刑法适用的不确定性，既有悖于平等适用刑法的原则，又会使刑法的严肃性和权威性受到损害。故作为刑法运行的起始环节，刑事立法的好坏必将对之后的刑事诉讼各环节产生连锁效应。

---

〔1〕张绍谦："从刑罚特性看犯罪圈的界限"，载《河南省政法管理干部学院学报》2007年第5期。

〔2〕Herbert L. Packet: *The Limits of the Criminal Sanction*, Stanford University Press, 1968, p. 50.

因此，在对某行为进行入罪考量时，需要仔细考察该立法对刑法执行可能造成的消极影响，评估是否具有刑事程序的现实可操作性，是否能够公平地执行法律。如果立法的消极影响受制于客观条件而不能通过制度设计加以消除，则对该行为的入罪处理应当慎之又慎、不宜轻易立法。[1]

总之，针对某行为的犯罪化必须考虑到立法在刑事执行上落实的可能性，考虑实体规范与程序规范的衔接、配套。如果在司法实践中追诉该犯罪行为将耗费相当可观的司法资源，或者不具备稳定的技术条件难以做到公平追诉，就需要考量对该行为进行犯罪化的必要性。因此，立法者不能迷信于刑法规范的预防机能，而忽视对刑法规范现实执行性的思考。

3. 动用刑罚的效益性。在立法者进行考量和选择某一行为是否应当入罪化处理时，“效益”因素也应当被吸收到参考范畴之内。效益是效益与成本之比，用最小的刑法成本投入来获取最大的刑法社会效益，当是刑法的最佳目标。因此，“衡量犯罪的应受刑罚性，要考虑刑罚适用后所可能产生的效益。这种效益分析一方面要考虑国家投入刑罚资源的总量有多少，同时还要考虑这种投入所能够产生的效益有多大”[2]。帕克的入罪标准理论体系中第 5 项选择标准即是，“通过刑事程序来控制该行为，不会使该程序面临严重的定性或定量的负担”[3]，也就是说某种行为只有在值得动用刑事诉讼程序进行处理时才能考虑犯罪化。帕克之所以强调刑事诉讼程序这一问题，源自于他对犯罪化立法的效益评价的关注，尤其重视刑罚

---

〔1〕 参见李琳：“新型危害行为入罪标准之确定——以质疑‘毒驾入刑’为视角之分析”，载《法学评论》2014 年第 2 期。

〔2〕 张绍谦：“从刑罚特性看犯罪圈的界限”，载《河南省政法管理干部学院学报》2007 年第 5 期。

〔3〕 Herbert L. Packet: *The Limits of the Criminal Sanction*, Stanford University Press, 1968, p. 50.

自身的效益以及刑罚对公民自由可能造成的干涉。对犯罪化立法进行效益评价，其理论核心在于在社会资源稀缺的前提下，如何最优化地配置人力、物力等社会资源，从而最大限度地发挥规制危害行为的效果。在帕克看来，通过刑事诉讼程序来控制某种危害行为，一定会增加道义和实利成本。如果动用刑罚规制犯罪所带来的社会效益超过因此而付出的道义与实利成本，那么国家以制度约束限制人们的行动自由是可行的。反之，将该行为予以犯罪化则是不正当的。此外，即便犯罪化的收益超出了道义与实利成本，但如果将其非犯罪化而用行政手段、民事手段等其他处置方法也不能产生更大的净收益，也就没有对此行为实施任何的社会控制手段的必要〔1〕。应该说，帕克的效益评价原则为犯罪化立法提出了效益评估的思路，在立法中应当给予重视。然而，在实际操作过程中，要有效地比较以及具体地评价某一行为犯罪化的成本总量和效益量是非常困难的。行为犯罪化的成本，一方面体现为司法资源的投入，另一方面体现为对公民自由的限制，如何用可计量的方式将两者求和得出成本总量尚缺乏具体的操作标准，由此大大降低了该入罪评价标准的实用性。有学者对帕克的效益评价理论进行了分析，“究其根本，效益评价理论尽管从功利主义的立场出发，但其试图通过社会财富和资源的衡量来回避犯罪化的合法性范围的伦理基础问题，因而当纯粹的经济学计算无法对犯罪化的正当性范围给出一个充分的回答时，会因其伦理根基的不足而无法对自身理论进行有效的修正。”〔2〕

笔者认为，从犯罪黑数的角度切入对行为入罪的实效进行评价更具可操作性。一直以来，犯罪黑数是作为犯罪学中的概念进行研

〔1〕 参见蔡一军：“犯罪化范围的法理分析与展开”，载《法制与社会发展》2010年第1期。

〔2〕 蔡一军：“犯罪化范围的法理分析与展开”，载《法制与社会发展》2010年第1期。

究的，犯罪黑数甚至可以说是整个犯罪学研究的出发点[1]。但在笔者看来，犯罪黑数的研究意义并不止于犯罪学，它也是对刑事立法效益考量的重要参考因素，犯罪黑数的高低是行为入罪的效益性的实践反映。

犯罪黑数，是对潜伏犯罪的总量指标的估计值，是确实已经发生却由于各种原因未被计算到官方正式的司法犯罪统计中的犯罪。犯罪黑数表明的是，实际犯罪的总量指标往往大于已知犯罪的总量指标。通常来说，其中一类犯罪黑数，其产生是由于罪行不能侦破、作案人不能查明或者已发现的嫌疑人未被审判或者未被判罪[2]，从某种意义上说，涉及执法机关和犯罪被害人对犯罪行为的具体态度，可以间接反映刑事司法机关在犯罪后的追诉与审判状况，进而映衬出刑事执法机关的执法态度和执法效率。在犯罪化立法之初，对于可能产生的犯罪黑数预先加以分析，可以对立法的贯彻程度与概率进行预判。如果司法机关可能不愿意或不能够追诉某种犯罪行为，社会公众也会将刑法规范中的具体犯罪规定视为徒具形式的空文，由此造成司法实务层面出现较高的犯罪黑数，此时就应该引发对该具体犯罪规定存在价值的重新思考。

在我国司法实践中，刑事法律存在条文“虚置”现象。有学者对条文虚置的类型进行了分析总结，一是事实上虚置的情形，即司法实践中案件较少，法条适用机会小。如劫持航空器罪，传授犯罪方法罪，盗窃、侮辱尸体罪等；二是主观上虚置的情形，即实践中案件数量较多，但有效追诉的数量很少。如背信损害上市公司利益罪，操纵证券、期货市场罪，生产、销售伪劣产品罪等。第一种虚置情形中，虽然条文的适用机会少，但可以起到一定的宣示性作

---

〔1〕 参见周东平：“论犯罪暗数及其调查方法”，载《厦门大学法律评论》2001年第1期。

〔2〕 参见刘广三：《犯罪现象论》，北京大学出版社1996年版，第145~146页。

用，其在潜移默化之中规范了人们的行为、发挥了威慑犯罪的效果。因此，刑法作出相应规定也未尝不可。而第二种条文虚置的性质截然不同，因为它是在法条本应得到适用的情况下，由于执行机关无力或不欲适用而没有适用，属于有法不能行的不正常虚置。[1]以操纵证券、期货市场罪为例。在股票、证券领域，内幕交易、操纵证券交易价格的现象非常严重，但在公开的司法文书和媒体报道中，仅能找到十多个相关的刑事判决案例。而从1996年至今近二十年里，中国证监会官网公布的55起股票市场操纵行政处罚案件，也仅有个别案件进入司法程序。[2] 操纵股市的行为之所以难入罪，与股市具体操纵行为的细节取证困难以及入罪标准模糊等因素不无关系。这种“有法不能行”的法条非正常虚置人为地导致了我国大量的犯罪黑数的产生。尽管在任何国家、任何时期，犯罪黑数都是客观存在的。但是大量因为刑法条文的非正常虚置而形成的犯罪黑数却有着深层次的意味，不仅意味着该种行为的犯罪化处置可能是失败的，还意味着社会对刑法体系的信任可能正在动摇。这样的后果是影响深远的，也是正常的法治社会所不能容忍的。

如何分析动用刑罚的社会效益，具体可行的方法很多，绝不仅仅限于上述犯罪黑数的视角，还可以从定罪判刑所产生的“标签效应”、对犯罪人再社会化的影响等多方面入手进行行为入罪的效益评价。无论是哪一种方法，都致力于比较权衡入罪可能带来的有利后果与不利影响。只有在比较权衡后，最终认定动用刑罚有必要、有可能且有效益时，才能认为某一行为真正具备了应受刑罚处罚性，才可以将其规定为犯罪并设定刑罚。

综上所述，对动刑的必要性、动刑的可能性、动刑的效益性的

---

〔1〕 参见张绍谦：“从刑罚特性看犯罪圈的界限”，载《河南省政法管理干部学院学报》2007年第5期。

〔2〕 参见刁宜豪、郑丽娇、单文晴：“操纵股市为何难入罪”，载《南方周末》2015年7月23日。

综合权衡，可以为立法者科学设定犯罪圈提供重要参考。必要性的考量划定了犯罪圈的最大范围，可能性的斟酌使犯罪圈限定在合理的边界内，而效益性的估量则有助于犯罪圈的必要修正。换句话说，前两个标准可以担任犯罪化时的界限职能，而第三个标准则可担负在刑法修正和刑事司法活动中的出罪功能。[1]

第二节　民生犯罪的法益确定

现代法治的逻辑起点是人们的现实生活，将民生纳入法治价值，使民生成为法治的应有之义，就必须将民生利益上升为法益。法益是一种利益，且是在社会共同主观下认为值得以刑法保护的利益。刑法的根本目的在于保护法益，所期待的是由刑法的实践来保护社会生活中的一定利益。[2] 民生刑法的规范实现，要通过调整和完善具体的刑法规范，将民生利益制度化为刑法所保护的法益，从而实现刑法对民生的保障。

一、民生法益的内涵

民生可以被理解为民众诉求的一种利益，其能否成为法益关系到立法选择的问题。利益本身并不是立法者创造的，立法者总是选择性地保护某些利益，并在法律中加以确认和保护，进而使之成为或上升为法益。可见，法益的内容本身是前实定性的，但这种内容要上升为法益还须依靠实定法。[3] 在前实定的利益中，可能只有一部分才能上升为法益，并由法律予以保护。因此，由民生利益到

---

〔1〕 参见张绍谦："从刑罚特性看犯罪圈的界限"，载《河南省政法管理干部学院学报》2007年第5期。

〔2〕 参见［日］大塚仁：《刑法概说（总论）》，冯军译，中国人民大学出版社2003年版，第23页。

〔3〕 张明楷：《法益初论》，中国政法大学出版社2003年版，第158～163页。

民生法益，必定要经历一个前实定法阶段到刑事实定化阶段的过程。

在笔者看来，应当从以下三方面理解法益语境下的民生利益的内涵：

1. 民生利益指向广大民众最基本的生活利益。利益是现代刑法与社会生活的联系方式，刑法所保护的社会生活利益即为法益，它不是思想层面的价值理念，而是一种现实的、具体的存在，表达了人们生存与生活的基本要求。正如日本刑法学家西田典之所说："刑法的首要任务是保护现实社会中重要的并且是最基本的价值与法益。刑法保护的法益是维持我们共同的社会生活安全所必要的，刑法通过保护法益来维护社会秩序。"〔1〕 而民生正是人们最基本的生活性利益的直接表达，它涵盖了公民的生存与发展两大方面，是能够满足公民基本的并具有社会性的利益需求，通常涉及教育、住房、医疗、就业、收入、社保、食品、环境、治安等与民众生活息息相关的方方面面。

2. 民生法益主要指代的是社会法益。法益的实质正当性建立在人类社会最质朴的共同认知上。人类社会生活共同认知的利益状态会随着时代背景的变化而有所变动。随着社会的发展，传统刑法所要保护的法益，除了诸如生命、身体、自由、名誉、财产等由自然人所拥有的重要生活利益的个人法益以外，还包括整体利益。整体利益一般指的是不特定范围之社会多数人的利益，包括国家法益和社会法益。〔2〕 前者如国家生存法益、国家财产法益、国家职能法益等，后者如社会共同生活的安宁及安全的法益、公共信用与交

〔1〕 参见［日］西田典之：《日本刑法总论》，刘明祥、王昭武译，中国人民大学出版社2007年版，第22页。

〔2〕 参见黄荣坚：《基础刑法学（上）》，中国人民大学出版社2009年版，第15页。

易安全的法益、公共卫生健康的法益、社会环境资源保护的法益等。[1] 从法益的基本分类来看，民生法益既不是个人法益，也不是国家法益，而是社会法益的一部分，体现了利益的整体性和公共性之特点。有学者提出："从法律作为保护人的利益的出发点而言，任何脱离人之保护的基本意义者，都欠缺法规的正当性基础。"[2] 那么，当刑法超越所保护的个人法益范畴之外，要指称某一整体法益之存在，并据以作为立法之依据的时候，必须具备怎样的基本意义？

社会法益是个人法益的集合，是以个人法益为其标准所推论出来的，也是为了个人利益而存在的。社会利益体现了个人与社会生活体系的互动关系：个人可以参与到社会生活体系中，同时社会生活体系可以被人所利用。这种个人参与社会体系的互动关系，蕴含了社会公平、正义等价值理念需求，值得刑法将之作为法益加以保护并在刑法规范中具体体现，从而使之具有正当化的基础。就社会法益的类型而言，有一部分社会法益与个人法益具有同质的关系，其内容可以不改变其样态而被还原为刑法所保护的个人利益的集合，是个人法益的量的聚集。例如，公共安全法益。而还有一部分社会法益的内容并非刑法所保护的个人利益的量的聚集，而是有独立的法益内容。这种利益无论在事实上、还是在法律上都不能将其机械分割或者将其中的份额分配给个人。例如，环境法益、生态法益等。无论怎样，从刑法的基本正当性的角度来说，社会法益永远都是个人利益的集合，虽然不限于刑法所保护之个人利益的集合，但必须是使多数社会人可以感觉得到的利益关系。换言之，社会法益虽然不能整体地或者部分地与社会的特定个体发生直接联系，但是社会上的每个个体都可以完整地、同等程度地享有该社会法益。

---

〔1〕 参见张明楷：《法益初论》，中国政法大学出版社2003年版，第239页。
〔2〕 黄荣坚：《基础刑法学（上）》，中国人民大学出版社2009年版，第16页。

例如，2011年《刑法修正案（八）》将《刑法》第338条修改为污染环境罪，其所保护的是环境法益。环境法益此处可被理解为是跨越个人产权界限的环境资源要素所形成的生态价值所带来的，属于非特定产权人所有的生态环境利益。每个人都生活在社会的环境之中，生态环境的价值具有多元化、根本性，涉及人们社会生活的各个方面。据此，环境法益可涵盖全体个人的公共环境利益，它超越了个体环境利益的层面，不再限于具有人身和财产性质的个体环境利益，而是与人类的生存及其相关范畴联系紧密、在整体利益格局中具有基础性地位的重大社会利益。总之，民生法益是源于个人法益又在个人法益之上的公共性法益。有关民生的立法主要是赋权性立法，属于社会法的范畴。据此，民生刑法要求刑事立法的重心向社会法益倾斜，对于民生法益的构建与提倡，归根结底还是要通过社会公共利益的维护来实现个人权利的保障。[1]

3. 民生利益转化为刑法保护的法益需要进行价值衡量。一方面，法益具有使刑法的处罚范围合理性的机能[2]，法益对刑法处罚范围的合理化作用集中表现为刑法的谦抑性。谦抑原则限制了刑法将所有的侵害利益的行为都作为其对象，而要求将不得已才使用刑罚的场合作为其确定对象的原则。另一方面，在刑事法治模式下，面对现代社会所呈现出的对规范的巨大需求，立法者只能选择理性的制度供给。[3] 刑事制裁只应针对具有严重社会危害性的行为适用，在将利益上升为法益的过程中必须理性把握入罪门槛，作出适当的选择，这也是现代国家构建刑事法治的基本要求。因而，刑法并非对所有的民生利益都予以保护。只有对重大民生利益的侵

〔1〕 参见姜瀛："民生写入刑法之初探——以'行贿罪量刑情节'为研究切入点"，载《南都学坛》2013年第4期。

〔2〕 参见张明楷：《法益初论》，中国政法大学出版社2000年版，第199页。

〔3〕 参见［德］霍恩：《法律科学与法哲学导论》，罗莉译，法律出版社2005年版，第82页。

犯，刑法才能将其犯罪化。而一项民生利益是否具有重大性，是价值衡量的问题。立法者需要在刑事政策的指引下，基于法益保护的必要性，理性应对当前的民生问题，合理确定纳入刑法保护范围的民生利益，并使之实定化为民生法益。

4. 民生法益通过若干罪名予以多元化体现。民生利益并非一个犯罪所侵害的具体法益所能概括的，其本身是若干犯罪所侵犯的共性利益的整体表达。而这些受到刑法保护的共性利益与人们的基本生活紧密相关。例如，在我国《刑法》中，对于危害公共安全犯罪和妨害社会管理秩序犯罪的规定，体现了对社会安全权益的整体保护。再如，以环境法益为保护目标构建的环境犯罪体系，是将各种导致生态利益受到严重侵害或有严重侵害危险的环境违法行为升格为犯罪加以惩治，其中包括污染环境罪、非法处置进口的固体废物罪等破坏环境的犯罪，还包括非法捕捞水产品罪、非法占用农用地罪、破坏性采矿罪、滥伐林木罪等破坏水资源、森林资源、动植物资源和矿产资源的犯罪，从而形成了以生态环境利益为导向的环境刑法的罪刑体系。

二、民生法益的外延

如前所述，民生的核心是社会生活领域的“社会民生”，当前我国面临的民生问题集中于社会民生和公共安全两大方面，因而，民生权益主要涉及社会生活中的教育领域、劳动就业领域、医疗卫生领域、社会保障领域等社会民生权益、还包括食品安全领域、公共安全领域、环境安全领域等公共安全权益。保障民生是法治蕴含的根本价值之一，其实现途径在于保障民生权益。刑法则通过将符合条件的民生权益制度化为法益，对侵犯民生权益行为进行刑事规制来实现这一价值目标。概括而言，民生法益主要包括如下民生权益：

（一）教育领域

在教育领域，公民的基本权利是受教育权。公民的受教育权与公民的生存与发展密切相关，是一项国际公认的基本人权。受教育机会权、受教育条件权、受教育评价权有机结合，组成了完整的受教育权的权利体系。受教育权的基本价值是平等。“尽管在经济特权和社会地位方面的巨大不平等不可避免，但学校提供的教育能给予每个人公开竞争这些特权的可能。教育为每一个人提供了公平竞争、向上流动的机会，缩小成功者和失败者之间的经济差距，帮助弱势群体摆脱他出身的那个社会集团的局限。这就是教育在追求机会均等或追求平等本身的作用，可以被看作是教育的‘平等化’职能。”〔1〕从平等的价值层面来讲，对受教育权保护的最低层次就是要体现社会的公平与公正。

考试、招录制度是人类文明社会演变的必然产物，自古以来就是国家选拔、衡量、鉴定、培养人才的主要途径。对个人而言，它能促进个人发展，即考试能够使人获得受教育的机会、获得受到相对公正评价的可能性，进而享受到一定的社会资源；对于政府与社会而言，它能维持政府与社会的良好运行，是社会资源公平、有效分配的主要依据。在当今社会中，日趋严重的招生舞弊、考试作弊的行为严重侵害了公民平等地接受教育与公平地参加考试的权利，并且极大地损害了社会评价体系的公信力，亦是损害公民切实利益的民生问题。

考试制度、招录制度是社会生活的组成部分，从刑法规范上分析，它是具有法益的。考试、招录制度所代表的法益具体表现为两方面：一是平等的受教育权。如前所述，受教育权是一项基本的人权。在竞争激烈的当今社会，人们生活于信息社会和知识经济时

〔1〕参见［美］S. 鲍尔斯、H. 金蒂斯：《美国：经济生活与教育改革》，王佩雄等译，上海教育出版社1990年版，第28～29页。

代，如果不受教育或者“受教育权”被剥夺，他们要想生存和发展是非常困难的，甚至面临着被社会淘汰或者抛弃的危险。因此，可以说受教育权关系到公民的生存与发展，是人人都应该享有的基本权益。二是社会评价体系的公信力。考试制度（包括招录制度）“作为当代中国评价和选拔人才最具有公平价值的机制，迄今尚没有任何一种制度可以取而代之”[1]，具有绝对的权威性。考试制度程序上的公平性保证了其结果的公正性，由此决定了其成为国家大规模选拔人才的主要途径，并具有极强的社会公信力。近些年，考试作弊行为多发、招考舞弊现象愈演愈烈，足以说明道德说教和行政规制已经难以承担起保护这一法益的重任。目前，动用刑法以规制严重的招考舞弊、考试作弊等各种侵害公民受教育权的行为，已经到了刻不容缓的境地。

为了保障公民的受教育权，我国现行《刑法》已经设立了教育设施重大安全事故罪、招收公务员、学生徇私舞弊罪的罪名，对受教育的条件权和机会权加以刑法保护。《刑法修正案（九）》增加了组织考试作弊罪，非法出售、提供试题、答案罪，代替考试罪等3种考试作弊的犯罪，针对当前教育招考领域诚信缺失、欺诈等背信行为严密了刑事法网，从而可以有效发挥刑法在维护社会诚信、引领社会价值取向中的积极作用。笔者认为，《刑法》设置上述各罪，直接目的是打击破坏国家公务员、学生招录制度、国家考试制度的行为，根本目的是保障公民的公平就业权和受教育权，其中也蕴含了保护民生的实质属性。

（二）劳动就业领域

劳动者的权利本质上是生存权，是一项基本人权。社会经济的不断进步和人权意识的普遍增强，促使各国加强了对劳动者权益的

[1] 王海、丁俊丽、李光泉：“从考试制度现状论国家考试立法的迫切性”，载《天津大学学报（社会科学版）》2003年第4期。

保护，劳动者权益的保护逐渐成为重要的法律问题，劳动权利内容亦日趋丰富。劳动权利通常被认为是一种社会经济权利，随着社会变革及社会变迁，劳动权的内容日益丰富，其范围也不断扩展，劳动权成为一国公民的发展权。

就侵犯劳动权益的犯罪和刑法规制而言，国外对此的研究和制度发展较我国的情况显示出一定的先进性，日本、法国和美国都有相应的立法例。例如，美国通过 1963 年《同工同酬法》和 1964 年《公民权利法》，法国通过 1973 年《劳动法典》，日本通过 1946 年《工会法》、1947 年《劳动标准法》和 1976 年《劳动关系调整法》等附属刑法，分别对侵犯劳动法益或者劳动者的犯罪作了规定，其中涉及违反劳动者劳动过程中的安全保护规则、克扣工资、阻止工会活动和镇压工会抗议等诸多方面的内容，都规定了相应的法定刑。[1]

顺应加强劳动者权益保护的国际潮流，近年来我国的劳动立法也取得了迅猛的发展，劳动者权益保护范围也得到了扩充与完善。但在新的社会形势下，劳动者权益遭受侵害的情况并没有随着劳动立法的逐渐完善而有明显改观。日益增多的罢工等集体争议以及日趋严重的劳资冲突引发的劳动犯罪，不断凸显增强刑法对劳资关系管制的必要性。有学者明确指出，“在劳资契约之下，虽然劳动者的合法权益有劳动法律的保护，但这只是对公民基本劳动权行使与实现的一种保障，并不能消除资本者天然强大这一现实。强大的资本者为了追逐自己的利益，仍会利用各种手段侵害劳动者权益，因此需要运用劳动刑法来处理资本扩张和劳动保护之间的冲突，促进劳资关系和谐”[2]。民生保护不仅关系调整劳资关系的劳动法，而

---

〔1〕 参见车明珠：《民生刑法观导论》，知识产权出版社 2015 年版，第 113 页。

〔2〕 姜涛：“问题与出路：对我国劳动刑法出场形态的慎思”，载《西南政法大学学报》2010 年第 5 期。

且也关系刑事法律。当劳动法构筑的劳动权益保护的防线崩溃时，则需要刑法将严重侵害劳动权益的行为犯罪化，运用刑罚处罚强化对劳动权益的保护，纠正劳资关系在市场经济发展中的失衡现象，这是民生保护不可或缺的核心部分。

劳动法益的内容与劳动权的内容具有对应性，劳动法益在法律规定中以劳动权的形式体现出来。对于公民而言，劳动不仅是维持基本生存的必要手段，还是实现个人价值和社会价值的重要渠道。因此，劳动权是一项综合性权利，兼具生存权和发展权之特点，涉及人权的所有层次，是物质财产权、人身权、人格权的有机统一，其权益内容十分丰富。

究竟“何种劳动能进入刑法调整的视野，既取决于某种劳动权利可能被侵害的程度，也取决于社会成员对侵害劳动权利行为的社会危害性的认知程度”[1]。劳动权益是与现代劳动关系的发展休戚相关的利益，在众多保障劳动权益的手段中，刑法仅仅发挥辅助保护的作用，并不具备保障所有劳动权益的功能。所以，立法者应当慎重选择值得刑法保护并应上升为法益的劳动权益：①实现的责任主体是国家或者社会的劳动权益不便纳入法益范畴。如工作就业权，在劳动权体系中具有基础性、宣示性意义，是国家应当积极作为、予以保障的权利，对于侵害这些权利的行为刑法不便介入。②具有发展权内容的劳动权益不宜纳入法益范畴。如职业培训权、民主管理权、劳动争议处理权等权利，其实现主要倚赖于民法、劳动法、行政法等部门法的规制，且上述法律规范能够对该类劳动权益予以救济，刑法无需介入。③具有生存权内容的劳动权益应当纳入法益范畴。刑法原则上应当将侵犯劳动者人身利益、物质利益的

---

〔1〕 孙燕山、寇占奎：“适时扩大刑法调整劳动关系的范围——兼论刑法在构建和谐劳动关系中应有所为”，载赵秉志主编：《和谐社会的刑事法治》（上卷），中国人民公安大学出版社2006年版。

严重侵权行为划入犯罪圈，即将自由择业权、职业安全权、劳动报酬权、社会保障权等劳动权制度化为法益加以刑法保护。从我国劳动权刑法保护现状来看，劳动权刑法保护所涉及的 7 个罪名，包括重大责任事故罪，强令违章冒险作业罪，重大劳动安全事故罪，不报、谎报安全事故罪，强迫劳动罪，雇佣童工从事危重劳动罪，拒不支付劳动报酬罪，均是对劳动者的人身利益、物质利益的保护。然而，对劳动权益的刑法保护不是一劳永逸的，应顺应国外的立法趋势，根据侵犯劳动权益的客观现实不断地调整与完善，逐步有条件地将平等就业权、休息休假权、组织参与工会权、罢工权、劳动争议处理权等诸多劳动权益纳入刑法保护的范围，充分发挥刑法的劳动权益保障法的机能。

（三）社会保障领域

人类从以血缘为纽带的家庭保障走向以法律形式确定的、以社会共同力量为物质后盾的社会保障，体现了文明社会对每个生命的关注和人类对自身生存权利的重新认识。维持生存与安全是个人的首要、固有权利，社会保障是通过各种形式对社会成员的基本生活给予物质保障。作为社会政策制度化的一种，社会保障在根本上是为了满足人们的基本生活需要，改善生存环境，提升生活质量，保障公民基本的权利。各国政府根据本国社会经济发展水平、风俗习惯、民族传统、文化背景等确定各自适宜的社会保障体系。例如，美国的社会保障体系包括：社会保险（老年保险、遗属保险、伤残保险、医疗保险、失业保险及铁路行业社会保险）、公众援助、社会服务、老年和伤残健康保险（医疗照顾方案）、代贫民交付医药费（医疗补助方案）以及对孕妇、残疾儿童的健康服务等内容；德国的社会保障体系则主要包括：养老保险、失业保险和失业津贴、医疗保险、疾病津贴、护理保险、遗属抚育金、事故保险等；我国的社会保障体系主要包括社会救助、社会保险（养老保险、医疗保险、失业保险、生育保险、工伤保险和遗属保险等）、社会福利、优抚安置等。

社会保障制度功能之一，是调节社会各阶层和群体之间的利益关系，缓和社会矛盾，发挥“减震器”的作用。在我国社会实践中，骗取社会福利、损害社会保障制度的行为大量存在，导致无法满足广大民众的医疗、卫生、住房等基本需求，严重影响了社会保障功能的有效发挥。如果不对其进行有效规制，则会在根本上损害国家的社会保障制度，将无法改善广大民众的生存状况，既不利于社会的稳定，还会阻滞社会的进步。当前，我国的社会保障体系仍然存在漏洞，在社会保障立法缺失的情况下，只有用刑罚手段严厉惩治严重损害社会保障权的行为，才能确保弱势群体获得充分的救济，为增进社会和谐提供坚强的支撑。

在我国现行《刑法》中，危害社会保障利益的犯罪可能涉及的罪名主要有：使用虚假身份证件罪、违法运用资金罪、诈骗罪、挪用特定款物罪。从涉及的罪名可见，损害社会保障利益的行为侵害的多是双重法益。除了国家的公私财产利益之外，还侵害了社会保障资金的管理秩序或特定款物专款专用的财经管理制度。总体而言，上述行为从整体上侵害了国家、政府和社会公众的社会利益。

此外，近年来骗取社会福利的民生问题日益突出，主要体现在骗取医疗保障金、骗取最低生活保障金、骗取经济适用房或廉租房、冒用社会保障卡等骗取社会福利的行为逐渐增多，这些行为不仅严重破坏了国家的保障制度，还侵犯了他人的福利资格权益，特别是急需救助人员的权益，危害了公民的基本生存和发展权利。我国《刑法》在应对骗取社会福利的行为时并非无罪可定，司法实践中大多将其认定为诈骗罪[1]。然而笔者认为，诈骗罪侵害的法益

---

〔1〕 朱琪：“浙江一对母女‘代刷’家人社保卡被指诈骗 拘仨月罚两千”，载央广网，http：//china. cnr. cn/xwwgf/20151221/t20151221_ 520869660. shtml，访问时间：2016年1月9日。

比较单一，即侵害的只是公私财物的所有权。我国经济发展的现状决定了我国尚未实现惠及全民的高水平的社会福利制度，社会福利的稀缺性与获利性使国家对福利的获得设置了门槛条件，仅有一部分公民能够获得相关的福利。因此，骗取社会福利的行为侵害的是多重法益，除了对国家的公私财产权造成损害之外，还侵害了公共资源及对公共资源的合理分配制度。行为人对国家福利资源的肆意侵占，侵犯了广大公民平等的社会福利权，扰乱了国家的社会福利管理制度。[1] 由此可见，骗取福利的行为侵害的法益具有自身独特性，将骗取福利的行为认定为诈骗罪值得商榷。有学者建议，我国应借鉴国外某些高福利国家的做法[2]，将骗取社会福利的行为另设为“骗取社会福利罪”，并根据骗取对象的不同分别设罪。[3] 笔者认为，增设新罪需要进行利弊权衡、保持慎重，并与社会发展的客观要求相一致。新罪设立是否必要与可行，仍需进一步斟酌。但鉴于社会福利制度的重要意义，加大对国家社会福利管理制度和公民所享有的平等福利权的保护应成为民生语境下刑事立法的重点发展方向。

（四）医疗卫生领域

医学承载了保障广大公民生命和健康的重任，关系到基本民生。医疗权是公民生命、健康权的自然延伸和重要保障，也是民生

---

〔1〕 参见何姣：“略论对骗取社会福利行为的刑法规制”，华东政法大学2013硕士学位论文。

〔2〕 一些发达国家多为高福利社会，部分国家设有“骗取社会福利罪”“骗取国家财政罪”或者其他类似罪名。区别在于各国对骗取社会福利的具体内容规定不一。如德国仅针对补助金、芬兰仅针对补贴，而西班牙则包括国家补助、免税或者资助。但也有部分国家将骗取社会福利的行为认定为“诈骗罪”。如意大利将诈骗公共捐赠、欺诈赞助、欺诈资助等均认定为诈骗罪。参见游涛：《普通诈骗罪研究》，中国人民公安大学出版社2012年版，第33～34页。

〔3〕 参见张伯晋：“骗取社会福利行为：新问题当有新对策”，载《检察日报》2011年3月30日，第3版。

权益的重要组成部分。医疗卫生领域的民生，包括药品安全[1]和医疗安全两个方面。以刑法为工具惩治侵害药品、医疗安全的犯罪，并对医疗活动中各方的权利和社会利益等提供保障和保护，是人们对医疗利益的需求和对民生刑法的诉求。

1. 药品安全。药品是维持人类生存必不可少的基本需要。药品安全是民生的重要内容，直接关系公众的身体健康和生命安全。随着现代科技的迅猛发展，医疗器械也被广泛应用于疾病的预防、诊断、治疗、监护、康复等医疗卫生技术领域。医疗器械的安全有效性，与公众健康和生命安全息息相关。它是医生或患者能力的延伸，是保证生命安全、生命质量的必要手段。但在现实生活中，生产、销售不符合标准的医疗器械、医用卫生材料的案件比比皆是，具有致人死亡、造成恶性传染病传播的高度危险性，严重威胁着公众的健康安全。[2] 因此，国家必须将上述侵害药品安全的行为纳入刑法的规制范围并加以严厉惩治。保障药品和医疗器械的安全性已经成为刑法保障民生的重中之重。

在我国现行《刑法》中，保障药品安全主要涉及以下罪名：生产、销售假药罪，生产、销售劣药罪，生产、销售不符合标准的医用器材罪。2002 年出台的《刑法修正案（四）》第 1 条将生产、销售不符合标准的医用器材罪由原来的结果犯修改为危险犯，对危险状态提前予以打击，表明了立法者对该类犯罪严惩的决心。2011 年出台的《刑法修正案（八）》第 23 条修改了生产、销售假药罪的构成要件，取消了“足以危害人体健康”和“销售金额”的规

---

〔1〕 本书的“药品安全”，是从广义上理解，既包括通常意义上的药品的安全，还包括医疗器械和医用卫生材料等医用器材的安全。参见金永熙：《药品医疗器械监管相对人违法责任》，中国医药科技出版社 2006 年版，第 191 页。

〔2〕 参见国家食品药品监督管理局医疗器械监管司：“改革开放 30 年医疗器械监管成就”，载《中国医疗器械信息》2009 年第 4 期；参见国家医药管理局综合经济司：“国内外医疗器械行业纵横谈”，载《中国药业》1996 年第 10 期；参见崔立美：“医疗器械犯罪研究”，中国政法大学 2010 年硕士学位论文。

定，降低了入罪门槛，扩大了入罪范围，为进一步打击制售假药的行为提供了法律保障。

刑法规制危害药品安全犯罪，旨在保护多重法益，即国家对药品正常的监督、管理秩序和不特定多数人的身体健康、生命安全。[1] 但法益保护有主次之别，究竟该类犯罪主要侵犯的是哪一种法益？从其在我国刑法体系所处位置的实然角度分析，该类犯罪均既可归入刑法分则第三章“破坏社会主义市场经济秩序罪”中，又可放入分则第二章“危害公共安全罪”中，而立法者将其归于前者而非后者，从立法意图上可以确定，该类犯罪所侵犯的主要法益是国家对药品的监督、管理秩序。[2] 但从应然角度看，危害药品安全犯罪保护的主要法益应当是什么，有必要从法益价值的角度进行权衡分析，因为在我国当前的社会现实背景下，这不仅直接影响到危害药品安全不法行为的入罪门槛的确立，还关系到当秩序安全与人身安全两种法益发生冲突时，何者为先、如何定罪的问题。

秩序是法的价值之一，除此之外，人权、安全、公平、正义、平等、自由、民主、文明等也是法所追求的价值。在法的诸多价值中，秩序是法律的基础价值。法律一旦设立，首要追求的是秩序，并在一定的秩序中发挥自己的作用，追求自己的其他价值。“与法律永相伴随的基本价值，便是社会秩序。”[3] 法的其他价值无不以秩序价值为基础。因为没有秩序，人的生命、安全和社会效益都会受到威胁并缺乏保障，公平、正义、自由、平等、文明都只能是奢望。然而，秩序并非法律的唯一价值。仅以秩序价值的实现为目标

---

〔1〕 参见张军主编：《刑法（分则）及配套规定新释新解（上）》，人民法院出版社2013年版，第261页。

〔2〕 参见马克昌主编：《百罪通论（上卷）》，北京大学出版社2014年版，第185页。

〔3〕［英］波得·斯坦、约翰·香德：《西方社会的法律价值》，王献平译，中国人民公安大学出版社1990年版，第38页。

的法律是目光短浅的法律。法追求秩序又不满足于秩序，才能获得真正的秩序并有可能实现法的所有价值。[1] 换句话说，国家立法创立制度、维护秩序应当仅作为手段，最终是为了要达成实现人自由发展的最大化的终极目标。

安全是人类生存最基本的需要。保障个人的生命与健康的安全是法的安全价值的重要组成部分，也是实现人权保障的首要内容。国家之所以制定一系列关于药品监督、管理的法律法规，对药品的生产、经营进行监督和管理，其直接目的在于建立严格的药品监管秩序，但最终是为了保障国民的用药安全、维护国民的身体健康。鉴于法律对于秩序价值的维护并不具有终极性，刑事立法应当避免过分强调对特定制度和特定秩序的保护。另外，刑法应着重予以保护的法益具有相对性，其内容不是绝对固定的，而是相对变化的。这种变化随着社会的发展变化而产生，从而使刑法不断适应变化发展的社会并作为一项重要的社会管理工具更好地为社会所用。在强调人本精神的现代社会中，人的生命和重大身体健康才是具有绝对保护价值的法益。据此，针对危害药品安全的犯罪，刑法应当侧重于对不特定社会民众的生命、健康安全利益的保护，而不是偏向于维护国家的经济管理秩序，民生刑法应将不特定多数人的身体健康、生命安全作为该类犯罪的主要保护法益。

2. 医疗安全。医疗活动是人类长期与不良环境和疾病作斗争的产物，它伴随着人类共同发展，是人类生存和发展必不可少的活动，对人类社会的进步起着至关重要的作用。医疗活动是治病救人的公益行为，但是在医疗过程中也经常会存在损害公民人身、健康及财产等法益的现象，产生破坏社会秩序及影响公共安全的危害后果。近年来，我国医疗安全问题日渐严峻，且医患关系严重恶化、医患纠纷呈现爆炸式增长，已经成为对社会的和谐稳定具有负面影

---

〔1〕 参见葛洪义主编：《法理学》，中国政法大学出版社2012年版，第46～47页。

响的热点问题之一。刑法作为社会秩序的重要管理工具之一，有必要对医疗行为进行规制，禁止不法医疗行为的实施，从而维护医疗秩序，保障医疗安全。

在我国现行《刑法》中，保障医疗安全主要涉及以下罪名：医疗事故罪、非法行医罪、非法进行节育手术罪。从涉及医疗安全的罪名可见，我国对于医疗利益的保护是一种双重法益保护，既保护以就诊人的生命与健康权利为内容的个人法益，也保护以医疗管理秩序为内容的行政法益。医疗行为作为一种人类不可避免的高风险的业务行为，医疗秩序的维护必然成为社会秩序维护方面的重要内容，各国均制定了相应的法律法规对医疗行为进行规制，以维护医疗秩序的稳定并实现对医疗安全的保护。同时，由于医疗行为直接作用于人体，不法医疗行为的危害最直接地表现为对就诊人人身利益的损害。因而我国《刑法》对医疗秩序和就诊人人身利益这两个法益给予重点的保护从大体上看是合理的。[1] 但从刑法所保护的医疗法益的内容来看，对医疗利益的刑法保护仍需从以下几方面加以完善。

（1）在医疗安全的需求和医疗发展的诉求之间实现价值平衡。“刑法学是价值选择的价值科学，尤其是在价值冲突中做出公正的价值选择的科学。”[2] 当两种价值成为一对不可调和的矛盾，无法从中做出非此即彼的选择时，最为关键的是在二者之间寻求一种平衡。一方面，从实现医疗安全的角度来讲，刑法对医疗损害的可接受程度要求越严苛越有利于医疗安全的保障；另一方面，由于医疗行为本身不可避免地具有一定的风险性，医疗安全只能是一种相对的安全。如果对医疗错误严厉惩处，往往会使医务人员丧失积极

〔1〕参见龙敏：《风险社会下医疗安全的刑法保护》，上海人民出版社 2014 年版，第 57 页。

〔2〕许发民：“风险社会的价值选择与客观归责论”，载《甘肃政法学院学报》2008 年第 5 期。

性，进而阻滞医疗事业的发展，最终无法满足人们对医疗的需求，同样也会危害民众的生命、健康利益。因而，基于刑法对医疗发展存在的正负影响，刑事立法在确定医疗领域的法益时，应在医疗安全的保障和医疗技术发展之间寻求平衡，设定容许的风险和不容许的风险，对不容许的风险加以控制，而对容许的风险则予以宽容。[1]

（2）扩大医疗法益的保护范围。我国对医疗法益保护的内容较为狭隘：一方面我国涉及医疗安全的罪名，只关注对人身利益中的生命权益与健康权益的保护，却忽略了诸如人格尊严、隐私权、知情权、自主权等较为抽象的人身利益等其他利益的保护；另一方面，现代医疗技术不断发展，诸如辅助生殖技术、器官移植技术、医疗美容技术等尖端和新型的医疗技术层出不穷。目前我国的刑事立法主要是对传统医疗行为的规制，无法应对特殊医疗行为的医疗秩序的规范要求，无法为与新型医疗技术相关的各种法益提供全面而有力的保护。因此，应及时改变现行《刑法》对医疗利益保护的相对滞后性，及时回应不断产生的保护性需求，扩大对相关法益的保护范围以保障医疗安全，是当下刑法保障医疗领域民生的一项重要任务。

（五）食品安全领域

食品安全是人类生存与发展的首要条件，关系人民群众的切身利益，属于民生保障的范畴，是一项重要的民生内容，我国的食品安全体系正面临着严重的质疑。当前，食品安全领域违法行为猖獗的关键原因在于道德失范、经济利益驱动以及监管惩治不力。刑法是打击食品安全领域犯罪活动，保障食品安全的最后一道屏障，保护食品安全方面的刑法内容也是典型的关于民生保护的刑法内容。

---

〔1〕 参见龙敏：《风险社会下医疗安全的刑法保护》，上海人民出版社2014年版，第43～45页。

为此，刑法不断加强对危害食品安全类犯罪的打击力度，2011 年出台的《刑法修正案（八）》对已有的食品安全犯罪进行了重新修订，并在“渎职罪”一章中增设了“食品安全监管渎职罪”，意图加强对食品安全监管部门的督促规制。据此，在刑法规范层面形成了主要由生产、销售伪劣产品罪，生产、销售不符合安全标准的食品罪，生产、销售有毒有害食品罪，非法经营罪，以危险方法危害公共安全罪以及食品监管渎职罪等共同构成的惩治食品安全犯罪的罪名体系。2013 年 5 月 2 日最高人民法院、最高人民检察院联合颁布了《关于办理危害食品安全刑事案件适用法律若干问题的解释》，严密了食品安全领域的刑事法网，加强了对食品安全犯罪的惩治。上述一系列举措被视为是刑法强化对食品安全民生保障的体现。〔1〕

我国《刑法》规定的食品犯罪旨在侧重保护何种法益？在民生刑法的规范视角下，对食品安全监管秩序的维护与对民众生命健康权的保护究竟何者优先？这涉及对侵犯法益进行深层次地价值权衡，关系刑法的秩序维护与人权保障机能何者为优先的问题在食品安全类犯罪的具体展开。同时，也将直观反映刑法对该类犯罪的主要打击目的何在，与此对应，其还影响到在刑法规范层面如何划分犯罪圈、如何设计构成要件、如何配置刑罚结构等问题。

在我国传统的经济刑法观念中，刑法规制经济犯罪是出于对我国市场经济秩序维护的目的，着重于对经济活动的保障和促进。刑法保护的是经济生活的整体性利益。立法者将生产、销售伪劣产品罪，生产、销售不符合安全标准的食品罪，生产、销售有毒有害食品罪，非法经营罪置于刑法分则“破坏社会主义市场经济秩序罪”一章中，一定程度体现了刑法的社会保护机能。然而，从现代刑法

〔1〕 参见张敬博：“食品安全的刑法保护——访北京师范大学刑事法律科学研究院李希慧教授”，载《人民检察》2012 年第 5 期；参见吴玉萍：“民生刑法视角下食品安全犯罪之刑法规制”，载《齐鲁学刊》2014 年第 4 期。

观念看来，经济犯罪侵害的对象并非仅限于社会的经济运行秩序或者特定的经济监管秩序，在大多数情况下，还包括个人的人身权益与财产利益。换句话说，经济犯罪在扰乱市场经济秩序的同时也直接侵害了不特定人的利益。法律创设制度、维护秩序仅能当作手段，其最终目的必然是保障人的利益。对于任何个人而言，人的生命、健康利益是具有绝对保护价值的法益。该项法益不仅是个人其他法益的基础，也是实现个人价值的前提，而且一旦被损害将难以修复。生命、健康利益对公民而言具有绝对价值，由此决定了法律（包括刑法）应当“绝对”保护该项法益。[1] 从食品安全犯罪造成的客观社会危害后果来看，对不特定人的生命、健康利益造成的危害显然是更为直接、更为巨大的，刑法应对生命、健康安全的保护有所偏重。随着我国食品安全犯罪形势日益严峻，将该类犯罪侵犯的主要法益界定为国家的食品安全监管秩序的通行观点遭到越来越多的质疑。有学者主张，将食品安全犯罪归入“危害公共安全罪”一章更为合理。因为，食品安全犯罪所侵犯的法益是双重法益，相对于对市场经济秩序的破坏，其对公共安全的危害更为直接、彻底。[2]

刑法对民生权益的保障是以人权保障理论为逻辑起点的，人权的全部内容都是以人作为自然生命的生存和发展为依据的，具体表现为个人的各项基本权益。通常而言，越是低级别的利益需要，对个体的生存越重要，被侵犯或剥夺后个体的反应就强烈，所引起的后果就越严重。从高级需要和低级需要对个体满足的重要程度之不同来看，我们可以得知个人的利益层次结构，即生命权是最重要

〔1〕 参见何荣功：《自由秩序与自由刑法理论》，北京大学出版社2013年版，第42页。

〔2〕 参见吴占英：“中俄刑法典有关危害食品安全犯罪的规定之比较”，载《政法论丛》2013年第1期。

的，身体完整与健康权次之，人身自由权再次之，最后则是财产权。[1] 所以，个人的生命、健康利益得到保护是实现人权保障的首要内容，应当处于较之经济秩序更高的价值位阶。在以人为本的社会环境下，刑法作为法律体系中的“后盾法”，应当摈弃传统刑法观念中为了维护经济管理秩序而不断加大刑法打击力度的法律思维，而更加侧重对生命健康等人身法益的保护，损害人身法益的行为应当被视为更加严重的罪行。具体到食品安全犯罪，将公民生命、健康利益作为该类犯罪的主要法益，将其定位为危害公共安全犯罪，提高对此类犯罪的刑罚惩治力度，有力回应公众对食品安全的要求和期待，更加能够彰显刑法关注、保障民生的品性，充分保护广大民众的基本民生利益，也更为广大民众所认同。

（六）资源环境领域

资源和环境各自有其涵盖范围和领域，也有着不可分割的联系。环境是人类生存与发展的物质基础，资源在某种意义上应被看作是环境的内涵因素之一，是环境中能被人类所利用的部分，两者都是人类赖以生存和发展的基础。在环境问题日益危及人类生存的今天，生态协调的环境已经成为人们不可或缺的社会生活条件。对资源环境的保护已经成为公众的根本利益之所在。

传统刑法受到传统“人本主义”价值理念的影响，在资源环境保护方面以人为利益归属主体，只关注对个人权益的维护，重视保护环境犯罪所危及的人类生命、健康、财产以及社会经济秩序等相关利益，而相对忽视人类以外的生命世界和地球生态系统之间的相互关系，生态环境利益并未成为独立存在的直接法益，仅被视为刑法所保护利益的间接折射。换言之，刑法实质上并不保护环境，环境本身不是利益的归属本体，只有当人类的生命、健康或者财产等

---

〔1〕参见卢建平：《刑事政策与刑法变革》，中国人民公安大学出版社2011年版，第169～171页。

利益因环境破坏而遭受威胁或侵害时，才考虑科以刑罚。我国关于环境犯罪的刑事立法体现出浓厚的传统法益保护色彩，多以保护人身法益、财产法益以及秩序法益为主，少有对生态环境法益直接保护的规定。例如，“擅自进口固体废物罪”即以“造成重大环境污染事故，致使公私财产遭受重大损失或者严重危害人体健康”为其犯罪成立条件。

从国外的立法例来看，国外的许多环境刑事立法中同样具有上述特征，加拿大、日本等国对环境犯罪的规制就是以侵害与人的法益直接相关的生命、健康、安全为限。如日本1970年颁布了世界上首部专门的环境刑法——《关于危害人体健康的公害犯罪制裁法》，该法第1条明确规定：“本法目的在于与其他一些法或单行法规所规定的各种办法一起，通过对在各种业务活动中所引起的对人体健康产生危害的公害行为的惩罚，以保护人体健康，防止公害。”此后，日本惩治环境犯罪都是以该法为基础。但也有一些环境保护发达国家，如比利时、德国、卢森堡、法国等，在立法中将环境犯罪的法益拓展至结合“人类环境”与“生态环境”两方面的利益。[1] 德国政府在提请德国联邦议会讨论反环境犯罪法的草案说明中指出：“人类的生存空间和自然生存基础是需要刑法保护与重视的，长期以来，它们一直处在为保护传统的尤其是个人权利的法益的刑法的核心部分，这是不言而喻的。环境的刑事保护不能单纯地局限于对人类生命健康的保护，必须同时保护像水、空气和土地这样的基本生活基础物质，应当将它们作为人类生活空间的组成部分加以保护，并且将这种生态学的保护利益也作为法益来加以认识。”[2]

---

〔1〕 参见王世洲：“德国环境刑法中污染概念的研究”，载《比较法研究》2001年第2期。

〔2〕 参见“德国联邦议会公报（Bundestagsdrucksache）”8/2382，第9页。转引自王世洲：“德国环境刑法中污染概念的研究”，载《比较法研究》2001年第2期。

人类所具有的天然本性是由自然性和社会性相互统一而形成的。人与自然之间是一个互相依存的整体，人类历史的演进正是在人类与自然之间既和谐又冲突的动态发展中完成的。那么，人与自然之间的连带关系必须在制定法律时予以体现，不能片面地从人类的利益出发，把自然看作是实现人类利益的工具，而不承认自然的内在价值。刑法在介入环境保护时，必须摆脱传统刑法保护法益的思维定式，将保护的重点从人的生命、健康和财产利益转变为人类利益与自然利益并重的立法思想，环境与生命、健康和财产应当具有同样的保护价值。张明楷教授认为，生态环境与自然资源，无论对于个人、还是对于社会与国家，都是一种利益，即它是人类生存、发展所需要的东西，而且它受到了法的保护。[1] 即环境本身可以作为法益的主体。环境法益与人类法益相对应，是在社会生活中存在的、需要由刑法予以保护的环境利益。

刑法之所以保护环境，无非是因为环境的恶化不仅侵害了人的健康与安全，还从根本上威胁了人类的存在和发展。不论是保护动物、植物，还是保护矿藏等其他自然资源，其目的都是为了保护人的利益。刑法对环境的保护，不能脱离人类自身利益的约束。如果人类自身利益无法得到保障，法律本身也就失去了价值。因此，环境法益必然包括人的利益，体现对人类利益的庇护。具体而言，在部分刑法条文中，通过以人的生命、健康和财产作为直接保护对象，表征对“人类环境”这种法益的保护。但从目前的立法现状来看，对环境的刑法保护所面临的问题不在于缺失对人类利益的保障，而在于忽视了对自然利益的保护。刑法应当在承认自然本身存在价值的前提下，将自然利益纳入环境法益之中。在部分刑法条文中，通过以土地、水、空气、动物、植物、特定区域等作为直接保

[1] 参见张明楷:《法益初论》，中国政法大学出版社2000年版，第181页。

护对象，表征对“生态环境”法益的保护。[1]

（七）公共安全领域

社会安全是任何一个社会存在和发展的必要条件，没有良好的社会安全保障体系，每个社会成员的生存、生活质量就无法得到有效保障。社会治安一直是社会公众关注的热点问题。在当前社会转型时期，维护安全稳定的社会环境对我国的社会经济发展至关重要，惩治和预防危害社会治安的犯罪是关系广大民众切身利益的社会民生问题。近些年来，我国社会治安、社会秩序问题较为突出，社会影响恶劣，广大民众普遍缺乏安全感。运用刑罚手段严厉惩治危害社会治安的犯罪，切实保障广大民众的社会安全权益，是民生刑法在规范层面的重要内容。

在法律视角和权利语境下，人类对安全利益的基本生存需要，赋予了安全至高无上的法律价值，理所当然地成为一项基本人权——社会安全权。对公民个体来说，社会安全权是其在日常生活、工作等各个方面中，有要求人身、财产、消费、社会保障、劳动就业等权利不受非法侵害，并可以获得安全保障的权利，它所强调的是人人能够拥有处于相对安全的社会秩序和自然环境，以及在法律范围内相对自由的权利或权益。[2]

社会安全权益首先体现为个人的安全权，因为不特定的“具体的人”是安全权的享有者和行使者；其次表现为一国整体的社会治安秩序，为了确保个人的社会安全权，国家需要通过制定法律规范、采取各种措施为之提供良好的社会秩序，以保障不特定的“抽象的人”的社会安全权利，并给予必要的救济。从个人和国家不同主体角度来看，侵犯个人社会安全权益的行为，也会增加普通民众

---

〔1〕参见王世洲：“德国环境刑法中污染概念的研究”，载《比较法研究》2001年第2期。

〔2〕参见张勇：《民生刑法：刑法修正案中的民生权益保障解读》，上海人民出版社2012年版，第291~292页。

心理上的不安全感，同样可以理解为危害一国整体社会治安的行为。总之，“社会安全”是指社会实现有序性，以保障社会个体（公民）的安全。一般可以从两个层次上评价社会安全，其一是社会自身是否有序；其二是公民的安全是否有保障。社会运行越是呈现出有序状态，社会就越安全，社会对人的安全就越是有保证。[1]

在社会安全体系中，刑法的保障机制很重要。在我国《刑法》中，涉及危害社会治安的罪名是十分广泛的，主要集中在刑法分则中危害公共安全和妨害社会管理秩序的两大类犯罪中，当然，在其他种类犯罪中还有其他危害社会治安的相关罪名。其中涵盖了涉及危险物质的犯罪、恐怖活动犯罪、黑社会性质组织犯罪、危险驾驶犯罪、大型群众性活动重大安全事故犯罪、洗钱犯罪等犯罪类型。我国立法机关一直没有停止对危害社会治安犯罪的修正，这使我国危害社会治安犯罪的刑事立法不断趋于完善，充分体现了民生刑法的特色。

第三节　“严重危害民生”的判定

从刑法谦抑的角度出发，民生犯罪圈的设定，通常要从两个方面进行考量：一是罪质层面，即行为须具备“质”上的危害性。要考虑民生利益的性质，只将必要的民生利益融入刑法规范使之成为法益；二是罪量层面，即行为须具备“量”上的严重性。要考虑行为对民生利益造成侵害的程度，仅将严重危害民生的行为纳入犯罪圈并运用刑罚手段加以惩罚。因此，要界定规范层面的民生犯罪，除了要对民生法益的范围进行理性界定外，还须对“严重危害民生”进行准确考量。

---

〔1〕参见岳公正、尚珂：《社会安全》，陕西人民教育出版社2006年版，第5~6页。

“严重”是一个模糊性的语词，它所提供的判断指标只能是抽象的，而不可能是具体的。通常而言，我们会在特定的时代背景下，依据绝大多数人的认识来判断行为对法益的侵害是否严重。西原春夫教授曾经就如何判断“严重”提出了言简意赅的标准，即“刑法原来是人普遍对他人的行为感到一定程度的岂有此理的愤怒时就必须对他人科以刑罚”[1]。鉴于刑法的补充性，且为了保证刑法不被滥用，必须对刑法与非刑法进行合理界分，其前提是具备某种界分的标准，而这种影响定罪的标准应是相对确定的、可行的以及体系完备的。显然，满足这样条件的标准即是刑法中反映社会危害程度的“量”的要素。

一、罪量要素概要

（一）罪量因素的合理性之辨

针对社会危害性程度的问题，陈兴良教授提出了“罪量”概念，主张“罪量”表明的是行为对法益侵害程度的数量要件，其反映的是行为造成法益损害的程度。[2] 白建军教授也指出，“罪量是关于犯罪严重程度的综合性评价”[3]。犯罪概念既定性又定量是我国刑法的特点，在犯罪定性的基础上提出定量的要求。罪量是相对于罪质而言的，罪质是社会危害性的本质属性，而罪量是其社会危害量。犯罪罪量要素的存在，以社会危害性程度差异划分犯罪与一般违法行为，犯罪圈仅将具有严重程度的危害行为纳入其中，使我国刑事立法模式呈现出显著的特点。

按照陈兴良教授的说法，罪量要素具有程度性的特征，反映的

---

〔1〕［日］西原春夫：《刑法的根基与哲学》，顾肖荣等译，法律出版社2004年版，第122页。

〔2〕参见陈兴良：“作为犯罪构成要件的罪量要素——立足于中国刑法的探讨”，载《环球法律评论》2003年第3期。

〔3〕白建军：《罪刑均衡实证研究》，法律出版社2004年版，第137页。

是行为对法益的侵害程度。[1] 行为程度是立法者设定犯罪时无法回避的问题，从各国立法例来看，解决问题的方法却大相径庭。绝大多数国家[2]的立法者在规定犯罪的成立条件时，单纯以行为性质定型，没有行为程度条件的要求。“刑法中犯罪形象轮廓的建立，主要是依靠分则个罪行为要素的规定来实现。……确定了行为要素及其组合形式，也就确定了罪的形象和其犯罪的属性，罪的形象是形式和实质的统一，就立法而言，行为犯罪性的赋予再无添加其他条件之必要，行为的定型与定性一次性同步完成。”[3] 这种单纯定性的构罪模式并没有排斥罪量要素的存在，只是未赋予其定罪判断的功能，而仅有衡量重罪与轻罪的功能。例如，《芬兰刑法典》第28章第1条规定：“窃取他人拥有的动产，应当因为盗窃被判处罚金，获最高1年6个月有期监禁”，第2条和第3条则规定了加重盗窃和减轻盗窃。[4] 另一种立法选择是包括中国、西班牙和俄罗斯在内的少数国家所采用的既定性又定量的构罪模式。在我国《刑法》中，通过行为性质和行为程度要件共同确定犯罪。体现行为程度的罪量要素，在总则中表现为第13条但书的规定，在刑法分则中体现在具体个罪的实际损害数额或者情节轻重程度等规定。罪量要素具有为犯罪成立设定程度标准的功能，没有一定的罪量，行为难以获得成立犯罪的基本表征。

上述两种入罪立法模式从形式上看，区别在于犯罪成立的条件中有无行为程度要件的要求，但究其本质，实际上是刑事犯罪行为与一般违法行为有无交叉重合关系的差异。李洁教授将刑事犯罪行

[1] 参见陈兴良：“作为犯罪构成要件的罪量要素——立足于中国刑法的探讨”，载《环球法律评论》2003年第3期。

[2] 参考法国刑法典、德国刑法典、日本刑法典、俄罗斯联邦刑法典、意大利刑法典、瑞士联邦刑法典、西班牙刑法典、韩国刑法典、泰国刑法典、芬兰刑法典、瑞典刑法典、加拿大刑法典、美国模范刑法典等。

[3] 路军：《中国刑法犯罪量化要件研究》，法律出版社2010年版，第99页。

[4] 于志刚译：《芬兰刑法典》，中国方正出版社2005年版，第114页。

为与一般违法行为存在交叉重合关系的立法命名为交叉重合式立法，把不存在交叉重合关系的立法命名为分立式立法。交叉重合式立法和分立式立法分别与既定性又定量的构罪模式和单纯定性的构罪模式形成对应关系。李洁教授进一步对这两种立法模式进行了利弊分析。[1] 交叉重合式立法的优点在于能够保证犯罪性质的严厉性，在行为性质的评价上保证犯罪是最严重的违法行为，刑罚是最严厉的惩罚。同时，与量变引起质变的辩证唯物主义观点相适应，确认行为程度对行为性质具有影响。但其缺点显而易见，主要体现在犯罪行为与违法行为分界量化存在极大的困难。在现行《刑法》中，具体的定量工作是由分则完成的，即使通过列举式、概括式进行定量，但也会因为立法技术的局限，而无法将量的要求在立法上精确体现。也正是因为分界量化的不明确，导致了刑事犯罪行为与其他违法行为管辖权的冲突。分立式立法的优势在于刑事犯罪行为与其他违法行为区分标准明确，不存在类似我国现行《刑法》中规定的“情节恶劣”“后果严重”等模糊性用语，行为性质明确，犯罪界限清晰，司法认定方便，能够有效维护罪刑法定原则的明确性。但值得注意的是，犯罪之所以被认为是危害最严重的违法行为，很大程度上是由犯罪的后果即刑罚的严厉程度决定的。行为性质的评价显然与处罚内容相关。立法若不考虑行为程度，有时难以平衡行为性质和处罚之间的关系。此外，将轻微危害行为纳入犯罪圈中，施以较轻处罚，可能导致人们对该类行为的犯罪性格的忽视。应该说，上述两种立法模式各有利弊。选择不同的立法模式，体现了相异的立法理念。而问题的关键就在于，何者更加符合中国的现实。笔者认为，无论从传统法律文化观念来看，还是从我国的法律体系状态考虑，罪量因素在我国刑法中均具备现实存在的合

---

〔1〕 参见李洁编著：《罪与刑立法规定模式》，北京大学出版社2008年版，第21～33页。

理性。

1. 我国“法不治众”的传统中华法文化观念要求限缩犯罪圈，并决定了罪量因素的存在。现代刑法制度的构建离不开传统法律文化的制约。因为，“传统，即历史流传而来的系统。传统不仅仅是历史，而是历史与现实的融合，于现实中见历史。传统是现代化的起点”[1]。从狭义上来讲，法律文化是法律现象的内核，即属于法律现象中的精神部分，是历史进程中积累下来并不断创新的有关法和法律生活的群体性法律认知、价值体系、心理态势和行为模式。法律文化经过长期的积淀、传承、传播，深刻而广泛地影响着我们对法律的态度，形成了超稳定的心理态势、思维参照。[2] 它会以隐蔽但又可感知的方式影响人们的行为，并且持续、稳定地发挥作用。尽管因应社会的发展，传统法文化必将融合时代精神从而有新的升华，并通过不断地进行自我调节以保持其存续与活力。但历史承继性决定了法律文化的改变并非一蹴而就的，中国的传统法文化在积淀、传承了数千年后仍然对现代刑法中犯罪概念的形成具有一定的影响力。具体到犯罪成立的罪量规定，很大程度上受制于我国自古沿袭并影响深远的“法不治众”的法律观念。

中国传统法律文化的属性是公法文化。国家法律存在的主要表现形式基本上是法典，中国古代历代法典，尽管称呼各不相同，分别被冠以刑、法、律等不同名称，但其性质却是一致的，都具有刑事性或者以刑法化为基本特色。此外，中国传统思维的刑法不同于现代刑法。现代法学认为，刑法的功能首要在预防犯罪，其次才是制裁犯罪。但中国传统思维认为，法即刑、刑即杀，杀戮的目的不是为了别的，是为了报复，设刑就是为了报复，因此刑法重在惩

---

〔1〕 储槐植：“议论刑法现代化”，载《中外法学》2000 年第 5 期。

〔2〕 参见张文显：《法哲学范畴研究》，中国政法大学出版社 2001 年版，第 227 页。

罚。在中国传统法律文化中，“法即刑”“刑即罚”的观念奠定了重刑主义的特征。重刑决定了刑法的惩治范围不能太过宽泛，否则会引发广大民众与统治政权的矛盾和对抗，最终造成统治基础的动摇。因此，为了补救刑罚膨胀、重刑泛化的弊端，“法不治众”成了统治者的统治策略，“远罪避罚”成了广大民众的普遍心态。正如有论者所言，“‘法不治众’的传统文化心理蕴含着‘限制刑罚打击范围’的谦抑精神，这一精神不仅对民众的法文化意识影响深远，也深刻地影响着我国法律体系的建构和法律规范的制定”[1]。由此可见，刑法中规定罪量因素，将没有达到一定“数量界限”的危害行为排斥在犯罪圈外，实为我国传统法律文化的当然体现。自古以来，“法不治众”观念在广大民众中的影响是相当深远的，即使是今天，这种法文化观念的影响依然存在，这就决定了罪量因素在刑法中不应轻易被舍弃，而仍应在刑法规范中占据一席之地。

2. 我国刑法中的罪量规定符合我国现代化发展的现状。纵观各国的法律制度，几乎每个国家都面临着如何处理轻微违法行为的问题，其差别在于是将其交由行政机关进行行政处罚还是将其交给司法机关进行刑事处罚。基于不同的发展状况，不同的国家选择了不同的路径，由此形成了一元的制裁体制和二元的制裁体制之别。前者如美国、英国、法国等国家，无论是轻微亦或严重的违法行为，都由司法机关启动司法程序加以制裁；后者如意大利、奥地利、德国等国家，将犯罪行为和一般违法行为区别处罚，由司法机关和行政机关分别动用不同的程序、采取不同的制裁方式处理来分享对违法行为的制裁权，因而体现了对犯罪成立的“量”的要求。尽管一元制裁体制下，刑法并未对犯罪作危害程度的“量”的区分，而是从处罚的轻重差别来划分普通犯罪和轻微犯罪，但事实

---

〔1〕 王彦强（王强）：“犯罪成立罪量因素研究”，南京师范大学2013年博士学位论文。

上，迥异的刑罚设定间接地体现了对普通犯罪成立的“量”之要求。这就说明了，在各国法律体系中无论刑法是否对罪量要素加以明文规定，两种制裁模式都存在犯罪的罪量要素问题，只是不同的应对体系而已，都具有现实的合理性，不能笼统地比较优劣。[1]

我国刑法中也规定了犯罪成立的罪量因素，并通过设立罪量因素实现了刑事制裁和行政制裁在职能上的分工：刑事制裁只限于惩治最严重的违法行为（犯罪）；行政制裁则限于处罚较为轻微的违法行为。在我国法律体系中，刑事制裁和行政制裁互相结合而发挥共同惩治反社会行为的作用。那么，为什么我国倾向于建立二元的制裁体制？通常认为，一元制裁体制和二元制裁体制往往分别对接于公正的价值与效率的价值。[2] 一元制裁体制将所有的反社会行为都纳入刑事制裁的范畴，由居于中立地位的法院进行居中审判，既能保证罪刑法定原则和无罪推定原则在诉讼程序中得以严格遵守，又能保障被告人享有包括辩护权在内的广泛的诉讼权利。司法权的被动性和中立性为公民权利的保障提供了充足的空间，是公民获得正义最可期待的途径，在公正价值的实现上具有相当优势。但由于刑事制裁的发动需要在时间、人力上耗费大量的成本，加之程序较为繁琐复杂，所以其在效率价值的实现上存在明显的缺憾。相反，二元制裁体制将轻微的反社会行为交由行政机关处理，行政权力具有主动性和直接性，行政机关可主动处理反社会行为并直接作出裁决，因而有利于实现效率的价值。但由于行政权对公民权益影响的直接性和强制性以及向立法与司法日益渗透的扩展性，决定了其在现代社会中易被滥用和侵犯公民权利的特殊倾向。因此，以行政权为基础的行政制裁可能会妨碍公正价值的实现。王政勋教授以

---

〔1〕 参见王政勋：“定量因素在犯罪成立条件中的地位——兼论犯罪构成理论的完善”，载《政法论坛》2007 年第 4 期。

〔2〕 参见屈学武：“中国刑法上的罪量要素存废评析”，载《政治与法律》2013 年第 1 期。

我国的现代化发展现状为着眼点进行分析，认为我国之所以选择二元制裁的体制，与我国处于后发国家现代化进程的发展现状是密切相关的。现代化的先发国家，其改革的推动力是内在秩序，能够从容地自发生成法律体制。而我国是现代化的后发国家，面对着先发现代化国家的巨大压力，要在短暂的时间内完成改革任务，改革进程必定是急促的，这就只能依赖于强大的国家权力以迅疾地推动改革。因此，在现代化的过程中，尤其是现代化进程的早期，通常会优先考虑效率的价值，而将公正的价值放在次要辅助之位。“既然将效率放在优先考虑的地位，既然行政权力不断扩张，在对反社会行为的应对模式上，对行政权当然不能不多有倚重，当然倾向于采用司法和行政相结合二元制裁体系。”〔1〕

一元制裁的体制所采取的“零门槛入罪”，虽然牺牲了效率价值，但保全了公正价值。公正是刑法的首要价值。刑法是治国安邦的重要工具，其应当坚持并实现公正价值，从这一角度来看，一元制裁体制具有优越性。然而，辩证唯物主义强调，任何事物都有两面性。公正统括正义和公平两项内容，维护公正的首要之义在于坚持正义。“尽管人们对于正义的定义仁者见仁，但‘给每个人所应得’是公认的正义核心内涵。”〔2〕刑法的正义强调同一事物纵向因果的对应性以及不同事物之间处理结果的差异性，侧重于从实质上强调罪有应得、恶有恶报。坚持公平是公正的另一内涵。与正义不同，公平是不同事物的横向比较，要求对同类现象平等对待、同等处理。总之，刑法是以伸张正义为己任、以追求公平为本性。但如果体现公正价值的刑法规范未能在刑事司法中得以贯彻适用，未能确保对所有触犯刑法者及时查处、公平惩治，没有达到预期实效，

---

〔1〕王政勋：“定量因素在犯罪成立条件中的地位——兼论犯罪构成理论的完善”，载《政法论坛》2007年第4期。

〔2〕张绍谦：“论我国刑法的公正价值”，载《公民与法（法学版）》2011年第9期。

那么刑法的公正价值就会受到损害。可以说，不公平地适用法律，随之会产生新的不公平。当立法规定所有犯罪均为零门槛入罪、均无罪量限制时，刑事司法资源的有限性决定了司法机关无法兼顾所有重度、中度、轻度危害的犯罪行为。“这样一来，刑事立法的出发点固然在于确保刑法的公正，结果却是：立意公正的刑法难以‘公平’地适用于所有（或者绝大多数）犯罪嫌疑人。这样的法律欠缺时效性、实用性，零门槛入罪的立法因而形同虚设，刑罚的令行禁止性、权威性将荡然无存。”〔1〕所以，一元制裁体制并非是尽善尽美的。即便在立法能力与司法资源远超于我国的西方国家，学者们依旧深感刑事司法资源短缺之困境，纷纷给刑法一元制裁体系开出了各种处方，其出发点就是对西方国家现行的犯罪与反社会行为不加严格区分的法律制度提出批评。〔2〕因此，我国不能不顾及我国当前经济发展的现状和法治资源的稀缺，盲目移植西方的制裁体制，删除刑法中的罪量规定，改立一元制裁体制，其结果只能是因制度移植不符合本国国情而水土不服。

总之，传统的法律文化与我国的现代化发展现状决定了二元制裁体制在我国的历史存在和现实合理性，罪量因素在刑法中也应有一席之地。对于当今中国来说，现有制裁体制的弊端不在于罪量因素在刑法中的规定，也不在于行政机关分享了反社会行为的制裁权，而在于行政权力的恣意扩张。因此，解决问题的最优方案不是重起炉灶，而是遵循法治原则对二元制裁体制进行法治化的改革，即控制行政权的滥用，合理配置司法权和行政权。

（二）罪量要素的立法完善

在对罪量因素的存废之争中，持保留立场的学者们不仅对我国

---

〔1〕屈学武：“中国刑法上的罪量要素存废评析”，载《政治与法律》2013年第1期。

〔2〕参见梁根林、张立宇主编：《刑事一体化的本体展开》，法律出版社2003年版，第126页。

的“定性+定量”的入罪立法模式进行了合理性论证，还就如何完善我国《刑法》中的罪量要素规定进行了深入思考，其中包括多种不同的立法建议：观点一，区分自然犯（刑事犯）和法定犯（行政犯）决定是否立法定量。原则上，对于具有悖德性的自然犯，如抢劫、抢夺、盗窃、诈骗等犯罪，立法只予定性不予定量，相应地，《治安管理处罚法》中规定的盗窃行为等应予删除且并入现行《刑法》中；而对于破坏国家的行政管理秩序及妨害国家维护广大民众生活的基本秩序的法定犯，如危害食品安全、违反交通秩序、破坏金融秩序等犯罪，立法既定性又定量。[1] 观点二，区分部分的经济犯罪和传统的财产犯罪决定立法是否定量。对于分则第三章破坏社会主义市场秩序罪中的多数犯罪，可以采用“立法定性又定量”的入罪模式，经济违法行为的入罪应当既能遏止经济违法犯罪活动又能保护市场经济参与者从事经济活动的积极性，因而，引入“定量犯罪概念”体现了对经济犯罪的从严把握；对于部分经济犯罪以外的其他犯罪，包括抢夺罪、诈骗罪和盗窃罪等传统的财产犯罪等，皆采用“立法定性不定量”的入罪模式。[2] 观点三，采用“以定量为原则，零门槛入罪为例外”的罪量设置方式。刑法上的各项犯罪构造，原则上应有罪量要求。同时，考虑到风险社会下风险犯罪的日益增多，对关涉社会的公共安全尤其是广大民众生命、健康安全的犯罪类型，可以不规定罪量，毋须设定任何入罪门槛。[3]

上述三种观点均主张，刑法中的罪量规定应予保留，但为了限

---

〔1〕 参见邓定远：“中国刑法中的罪量要件研究”，中国政法大学2012年博士学位论文。

〔2〕 参见储槐植、汪永乐：“再论我国刑法中犯罪概念的定量因素”，载《法学研究》2000年第2期。

〔3〕 参见屈学武：“中国刑法上的罪量要素存废评析”，载《政治与法律》2013年第1期。

制行政权力的肆意扩张，必须严格控制罪量规定的范围。至于我国《刑法》中哪些犯罪应当定量，哪些犯罪不应当定量，三种观点在标准的设定上存在分歧。笔者认为，三类标准既有值得称道之处，也有应当斟酌之处，分述如下：其一，第一种观点从刑事犯与行政犯这一公认的犯罪分类范式入手，拟在行政犯中导入罪量因素来建立行政犯的犯罪模式，使其明显区分于刑事犯的犯罪模式，试图修正我国刑法中刑事犯与行政犯“大一统”的犯罪模式，真正地反映行政犯的属性，以便有效处理刑法与行政法的衔接问题。应该说，在尊崇保障人权、提倡限制国家权力的现代法治中，这种犯罪模式充分体现了刑法的补充性，契合了刑法的谦抑精神，这一点值得肯定。然而，学界对怎样区分刑事犯与行政犯仍然没有清晰明确的认识，且行政犯数量庞大、类型众多，罪量规定是否适用于全部的行政犯尚需进一步的论证，进行笼统区分，虽有理论上的区别意义，但因不够细致使操作性稍显不足。其二，第二种观点从经济犯罪与非经济犯罪的界分角度探讨罪量因素的导入，并将“定量犯罪概念”作为工具，根据经济形势的变化及时调整刑法的经济犯罪圈。由于经济犯罪圈的设定具有较强的政策性，为了在有效保障国家经济秩序正常运行的同时，又能保证市场经济持续繁荣的发展，从严把握经济犯罪的入罪标准是合理并可行的，这是值得肯定的。然而，如果是从刑法规范的整体层面来探讨罪量因素的规定，除部分经济犯罪以外的所有犯罪均采用“零门槛入罪”的模式显然不够严谨。一是观点中并未将全部经济犯罪纳入需定量入罪的范畴，却对究竟哪些属于“部分经济犯罪”语焉不详；二是经济犯罪只是我国《刑法》规范中的一类犯罪，约占现行刑法全部罪名的1/4，如果以经济犯罪为标准划定罪量规定的范围标准，则会导致我国刑法转变为“以定性为原则，以定量为例外”的立法模式，这样的立法设计会导致我国的司法资源供给困难，也会冲击我国民众关于“犯罪是严重不法”的观念定型。因此，该观点值得商榷。其三，第三种观点所主张的“以定量为原则，零门槛入罪为例外”的罪量设置方式较为合理。这种犯罪圈的设计，既能够顺应我国当前的社会经济发展态势，有利于实现定罪的政策考量，还能够有效控制刑法的规制范围，实现公平和效率的平衡。笔者倾向于这种罪量设置方式，并认为还可作进一步的分析。

1. 作为原则，我国《刑法》的犯罪构造中应当规定罪量要求。现有体制下，犯罪概念的罪量要求具有不可替代性，主要基于以下几方面的考虑：一是刑法的谦抑性和宽容性的立法体现。犯罪的立法模式是犯罪圈设定时的制度模板。在某种意义上看，国家权力与公民权利之间具有怎样的关系，从犯罪圈的界定可以反映出来。对国家而言，刑罚权是一项重要的权力，由于其基本内容是对公民权利的限制或剥夺，因此刑罚权必须受到严格限制，刑法的谦抑性和宽容性是立法时必须遵守的基本原则。犯罪圈的划分，其实就是为刑罚权设定边界。刑法所具有的补充性和不完整性的特征，要求立法者认识到刑法不能介入国民生活的各个角落，应当限制犯罪圈的范围。诚如德国法学家克劳斯·罗克辛所指出的，“由于刑法对法益保护所具有的辅助性，在使用非刑法惩罚犯罪就足以保障实现所追求的目的之处，立法者就应当规定违反秩序行为”〔1〕。梁根林教授也认为：“刑法与民法、行政法的职能分工决定了刑法干预的犯罪只能是有定量要求的犯罪行为。定量的抽象标准就是民法、行政法功能作用的临界点。民法、行政法功能不能正常发挥的临界点（最高限）就是刑法干预的逻辑起点（最低限）。”〔2〕二是国家权力运作内部关系的考量。我国犯罪概念中的罪量要求，相当于犯罪控制的总“分流阀门”，当社会的全部反社会行为在社会控制这个

〔1〕［德］克劳斯·罗克辛：《德国刑法学 总论》（第1卷），王世洲译，法律出版社2005年版，第23页。

〔2〕梁根林：《刑事法网：扩张与限缩》，法律出版社2005年版，第65页。

流水线上流经犯罪概念这个阀门的时候，一小部分危害性较大的行为被导入司法领域进行高成本的慢处理，大部分危害程度不高的行为被导入行政领域，进行低成本的快处理。例如，殴打行为，若法益侵害性较小则构成治安行政违法与民事侵权，若法益侵害性较大即造成轻伤害以上的伤害结果则构成刑事犯罪。因此，在某种意义上说，罪量的规定左右着司法权和行政权对反社会行为的制裁范围。司法权效率低但更公正，而行政权效率高但欠公正。一个国家在设定犯罪时如何综合利用司法权和行政权，很大程度上是一个政治抉择。不同国家司法资源充足程度与经济社会发展程度的差异，决定了不同国家在刑事政策上必须现实地做出符合自身实际情况的选择。选择就意味着放弃，选择效率就意味着牺牲一定的公正，选择公正就要牺牲一定的效率。行政权与司法权的配置，需要国家基于国情通盘考虑，作出合理安排。“合理”是相对的。司法制度作为上层建筑，终究是由一个国家的经济基础决定的。要求一个司法资源不是很充足的国家，超越实际能力地透支司法资源，是不切实际的。同样，如果国家经济社会取得了长足进展而人权保障没有及时跟上，对于民众也是不公平的。鉴于当前我国司法资源的供给状况和物质经济发展现状，我国的犯罪概念原则上仍然应当引入罪量的要求，这样有利于节省司法资源，也有利于司法效能的有效发挥。

2. 作为例外，将部分民生犯罪设定“零门槛”入罪，以应对民生领域的社会风险。市场经济的迅猛发展使得社会关系变得复杂而多样，科学技术的飞速发展使社会的不安全因素大量增加，将现代社会推入“风险社会”。社会风险呈现出影响的扩张性、风险指向的随机性、时间地点的不确定性、受害人群的不特定性等特征，直接危害了社会的生存和人类的生活。不断扩展的社会安全需要，影响了国家安全管理的方略，社会政策包括刑事政策的制定逐渐以风险意识为取向、以风险的有效控制为目标。刑罚是国家管理的手段之一，应当顺应国家风险控制的客观需要，刑法立法在关注法益保护的同时，还要关注社会安全保护，提升刑法应对风险的能力，促使刑法向关注预防的方向上发展。[1] 为了适应新型的安全需要，刑罚的威慑功能应得到强化。刑法可以采取提前发动刑罚权的办法，尽量防控或者化解社会风险。因此，刑罚的报应功能将逐步为宣示、儆戒、指引、威慑功能所替代。

与此相适应，刑法上的犯罪形态会发生结构性的变化，传统的自然犯的总体数量不再占有绝对比重，而是演变成由法定犯占据绝对优势的局面。自然犯与法定犯是刑法学界公认的一种犯罪分类范式。从历史发展来看，自然经济条件下犯罪的基本形态是自然犯，依照一般的社会伦理价值来判断犯罪，因此传统的犯罪通常具有悖德性。而法定犯具有较弱的社会伦理性，“其本质是妨害或破坏国家的行政管理秩序，进而又间接地影响到国家对一般民众生活之社会秩序的维护”[2]。社会的变迁必然引起犯罪态势的变化，为了有效应对社会风险、有效保障社会生活秩序，国家的服务功能逐渐开始强化，不服从国家行政管理且达到严重程度的行为被逐步纳入刑罚调控的范畴，因此法定犯大量出现。“可以说，随着风险社会的到来，法定犯时代也随之到来了。”[3]

法定犯时代的到来，要求刑事立法基础也要发生相应的转变，由传统刑法强调结果重要性的结果本位变为“风险刑法”强调行为自身独立地位的行为本位。结果与行为是犯罪构成客观要件的两个基本要素，劳东燕教授提出了结果本位主义刑法与行为本位主义刑法的概念。她认为，“随着风险的扩散化与日常化，结果本位主义

〔1〕 参见张旭：“风险社会的刑事政策方向选择”，载《吉林大学社会科学学报》2011年第2期。

〔2〕 姜涛：“行政犯与二元化犯罪模式”，载《中国刑事法杂志》2011年第2期。

〔3〕 李运平：“储槐植：要正视法定犯时代的到来”，载《检察日报》2007年6月1日，第3版。

的刑法在危险预防与法益保护方面日益显得力不从心。于是，作为结果的危害渐渐不再是刑法关注的重心，尤其是在法定犯中，惩罚的根据越来越不依赖于现实的侵害结果，而取决于具有风险的行为本身"〔1〕。因为，行为本位的特点在于只要行为发展到某种阶段，刑法就将其视为已经完成了犯罪并予以处罚（尽管多数行为是有结果的），在立法上反映为刑法提前介入，进而扩大了犯罪圈，实现对风险的控制，也凸显了社会的防卫功能和刑法的预防功能。我国现行《刑法》中的"情节严重""数额较大"等罪量因素的存在，表明我国刑法的立法基础仍是结果本位。但近年来，为了应对民生领域内的各种社会风险，我国的刑法修正的历程呈现出了将结果犯改为行为犯、由定量入罪到零门槛入罪的趋势，这一重要变动，是对传统刑法的一种颠覆。以生产、销售不符合标准的医用器材罪为例。在1997年的《刑法》中，生产、销售不符合标准的医用器材罪的入罪标准是"对人体健康造成严重危害"，因此，本罪的犯罪概念有罪量要求，属于结果犯。但由于伪劣的器械、医用卫生材料一旦使用，必然会对广大民众的生命、健康安全造成严重侵害，若待使用之后、危害结果发生时才追究刑事责任，则为时已晚。为了加大对生命、健康安全的刑法保护力度，2002年12月28日通过的《刑法修正案（四）》将构成这类犯罪的标准从结果犯修改为行为犯（具体危险犯），即只要"足以严重危害人体健康的"，就构成犯罪。再如，2011年2月25日通过的《刑法修正案（八）》第22条增设了危险驾驶罪。醉酒驾车的危险驾驶行为的罪状系简单罪状，要达到入罪标准并无任何"后果严重""情节恶劣"等罪量要求，属于现行《刑法》中典型的"轻微罪"。不少学者赞同危险驾驶行为入罪，因为该罪是刑罚处罚前置化以应对高风险行为的立法体现，它能够更好地控制交通运输领域的安全风险，更加有利于保

〔1〕劳东燕："犯罪故意理论的反思与重构"，载《政法论坛》2009年第1期。

护法益。[1] 笔者认为，虽然类似的刑法修正为数不多，但上述立法修改已经体现了我国刑法从结果本位向行为本位转变的趋势，同时也为建立毋须罪量因素的“零门槛入罪”的立法模式提供了法律先例。

当然，风险社会理论的提出并不意味着全盘否定刑事立法坚持结果本位的立场，也并不意味着对所有的犯罪都应当事先预防。我们在关注人类社会共同体的安全的同时，仍然不能放弃对公民人权、自由的保障。“危险控制关涉不同利益，不仅需要维护国家的利益，也需要保障罪犯的正当利益，需要调和不同的原则，既要考虑社会安全，也需要考虑危险控制的正当性。”[2] 所以，刑法对风险的制度回应不宜扩大化，应限制在适当的范围内。倘若刑法介入早期化和刑罚立法由惩罚转向预防变成刑法的主要发展方向，秩序维护优先和安全保障至上成为刑法的主导价值，势必会造成对人权的危害、对自由的干涉。保障人权始终是刑法的重要机能，自由永远是刑法的重要价值目标。现代刑法只有达到维护秩序和保障自由的价值平衡，才能实现刑法的最高价值——实现社会正义。因此，我们应当提倡自由与安全并重，努力追求自由与安全价值平衡基础上的效益最大化。[3] 总之，罪量因素的存在是我国刑事立法的客观现实，也是我国刑事立法一大特色，能够使整个刑事法网相对粗疏，犯罪圈和刑罚处罚面也会相对较小，能够最大限度地保障公民的自由。而零门槛入罪模式只能作为例外，定位于特殊犯罪类型予以适用，在一定范围内对传统的立法定量模式进行修正和补充。

那么，“例外”的标准是什么？由于风险广泛存在于食品、药

---

〔1〕 参见肖中华、王海桥：“危险驾驶犯罪行为的刑法界定”，载《法学论坛》2009 年第 6 期。

〔2〕 翟中东：“危险评估与控制——新刑罚学的主张”，载《法律科学（西北政法大学学报）》2010 年第 4 期。

〔3〕 参见张旭：“风险社会的刑事政策方向选择”，载《吉林大学社会科学学报》2011 年第 2 期。

品、医疗、环境、交通、治安、社会福利等关涉社会公共安全的民生领域，刑法应当在民生保护方面凸显其社会安全保护的价值，这就需要将民生领域中具有高风险、高危害的行为纳入刑罚调控的范畴，通过扩大刑法的干预范围，提高人们的注意义务以及提升人们的防范意识，进而控制民生风险，从而降低民生犯罪发生的可能性。但毕竟民生领域的法定犯数量庞大，而且犯罪类型众多，犯罪性质、行为法益侵害性、后果损害程度均有差异，零门槛入罪模式不能运用于所有的民生犯罪。因此，我们需要确定一个标准，对民生领域的法定犯进行分析评判，厘清零门槛入罪的界限。

在设定标准时，应当着重考量几个方面：其一，零门槛的入罪模式应集中在侵害超个人法益的犯罪中，尤其是关涉社会公共安全，特别是公众生命、健康安全的犯罪类型。对于该类行为的刑罚惩治，即使不考虑罪量，也不会背离刑法的谦抑性。因为，生命权在人类所有的权利中是至高无上的，其他任何权利都无法与之相提并论。同样，健康权也是大多数权利的基础，没有健康，其他权利无从谈起。刑法之所以提前发动刑罚权，很大程度上是为了尽量防控或者化解风险，进而全面维系社会不特定人的生命安全、健康安全等重要权利。在不特定人的生命、健康权利面前，不论是司法或执法成本，还是行为人所应付出的自由或者财产上的代价，都是无足轻重的。在这个意义上说，提前动用刑罚进行事前罚的效益比是合理的，不会造成刑罚过剩。其二，零门槛的入罪模式应集中于高概率、高风险且类型化的行为。该类行为频繁发生，且一旦实施会高概率地引发对不特定或者多数人的生命、健康安全及其他安全利益的侵害。倘若等到危害结果现实发生，再予以严惩，对受害利益的保护必然为时已晚。鉴于此，刑法只能适当前移犯罪的成立标准，实现法益保护的适度早期化。就此层面看，刑罚不再是报应刑、事后罚，而是预防刑、事前罚。面对社会的种种风险，刑法只有作出如此制度性回应，才能达到威慑、指引社会行为的效果，才能最大限度地遏止高风险、高概率、高危害行为的实施，进而有效预防此类犯罪的发生。例如，在我国食品安全领域内，刑法针对假药和有毒、有害食品的生产、销售行为的入罪采用的即是行为犯（抽象危险犯）的犯罪成立模式。刑法对此类个案行为所具有的现实社会风险不必评价，而是拟制该行为一经实施便存在法律预设的风险，对于行为没有量的要求即可成立犯罪。

具体到条文设计，立法上可从总则性规定和分则性规定两方面入手：总则方面，现行《刑法》第13条作为犯罪概念的罪量的原则性规定，应当予以保留。同时，为了与分则条款中的“零门槛入罪”的例外规定相对应，建议增设第13条第2款，条文可以表述为：“本法分则另有规定的，依照规定”；分则方面，根据上述标准，适度修正传统的立法定量模式，将零门槛入罪模式限定在特殊的民生犯罪类型中，对其毋须设定任何入罪门槛。

二、民生犯罪的定量化分析

犯罪作为一种客观存在，是哲学上质与量统一的体现。民生犯罪本身是罪质与罪量的统一，如前所述，罪量是犯罪本质特征中量的规定，是对民生犯罪数量界限的限定。民生犯罪与一般犯罪相比，是否具有典型的定量特色、其罪量因素有哪些、刑事立法表现形式如何，都是值得研究和解决的问题。

（一）民生犯罪的定量特性

民生犯罪是严重危害民生利益的犯罪类型，而民生利益往往指向的是能够满足公民基本的并且具有社会性的利益需求。民生犯罪的危害通常体现在两大方面：一方面是直接损害社会公共安全，进而造成广大民众生命、健康以及财产的损失。如食品安全犯罪、恐怖活动犯罪等。另一方面是破坏国家对社会权利保障的管理秩序或相关制度，从而损害了广大民众整体的社会权益。如社会保障领域犯罪、考试犯罪、环境犯罪等。

笔者认为，可从如下几方面把握民生犯罪的定量特性：首先，民生的内容是广大民众的生活状态，并以广大民众生活的物质性基础为前提的，从这一角度看，财产性损失的数额可以作为民生犯罪定量的重要指标。其次，民生利益的享有主体是广大民众，民生犯罪的对象都是自然人，离开了人身载体的民生会失去其实际意义。从这一视角出发，公众的生命、健康所遭受到的犯罪损害程度也应当是民生犯罪定量的重要标准。鉴于生命权、健康权的重要性，其中部分危害公众的生命、健康安全的行为，由于行为自身性质的严重性已经足以评价其构成犯罪所需要的量之要求，通常不单独规定罪量因素。对于其他损害人身权利的行为，则无论是“造成实际损害”还是“造成现实威胁”的危害结果，均可认为符合罪量要求。再次，民生犯罪大多是法定犯，即行为人实施了严重妨害或破坏保障民生利益的行政管理秩序的行为。法定犯大多有行政违法性与刑事违法性之双重违法性特点，行为一经实施，未必就具有了刑罚处罚的必要性，只有违法的量达到一定的程度才应罚。当以明显的财产损失数额或危害后果来界定程度标准存在困难时，概括性的情节往往能够综合反映犯罪的主客观罪量要素。从这一层面来说，综合性的情节要素也可以作为民生犯罪定量的标准。最后，危害民生的行为侵害或威胁的是事关民众生存与发展的切身利益，民众是利益损害的承受者，所以被害人的主观感受也是民生犯罪定量的考量标准。在对民生犯罪立法时，有必要向社会展开调研，从而掌握客观反映民意的实证资料。

（二）民生犯罪罪量要素的类型化

类型化的思考是一种对抽象概念的演绎和细化。通过对犯罪的各个具体类型的描述和把握，摆脱抽象概念的“观念形象”的桎梏，去充实、丰富和还原人们的犯罪想象，以达到具体化、细致化和可感知化的效果。[1] 由于“民生”概念的抽象性和开放性，在规范层面对民生犯罪的罪量进行类型化规定，具体化、细则化地确立“严重危害民生”的判断标准，有助于司法层面客观合理地识别与认定民生犯罪，以应对民生概念的不确定性及待展开性。

从我国《刑法》的规定来看，民生犯罪刑事立法的特点之一就是将大部分的民生犯罪罪量要素作为犯罪的构成要件，[2] 即“立法既定性又定量”的行为规定模式。从立法规定来看，民生犯罪的罪量要素主要有三种立法表现形式：一是罪状中明确规定了“数额较大”或“数额巨大”中的数额。如第276条之一的拒不支付劳动报酬罪。二是罪状中明确规定了“情节严重”或“情节恶劣”中的情节。如第253条之一的侵犯公民个人信息罪，第343条的非法采矿罪、破坏性采矿罪。三是罪状中明确规定了“严重后果”“重大损失”中的结果。如第338条的污染环境罪。

1. 民生犯罪的数额。犯罪数额是犯罪定量的典型表现。犯罪数额与犯罪行为有着密切联系，数额影响着犯罪行为的性质，体现犯罪的社会危害性程度，从而作为该类犯罪的重要构成特征被规定在刑法规范中。可以说，犯罪数额立法是我国具有典型定量特色的立法规定。

刑法分则中大多数条文规定的“数额”就是用货币形式表现的某种物品的数量或者经济价值量。也有的条文规定的是“数量”，即以其他计量单位计算的物品本身的数量，如数目、重量、体积等。尽管“数额”与“数量”的含义有所差异，“数额”表现的是

---

〔1〕 杜宇：“再论刑法上之‘类型化’思维——一种基于‘方法论’的扩展性思考”，载《法制与社会发展》2005年第6期。

〔2〕 有些民生犯罪立法上没有规定罪量要素，属于“零门槛入罪”。例如，《刑法》第120条组织、领导恐怖活动组织罪，第133条之一危险驾驶罪，第141条生产、销售假药罪，第144条生产、销售有毒、有害食品罪，第294条组织、领导、参加黑社会性质组织罪，入境发展黑社会组织罪及包庇、纵容黑社会性质组织罪等。

经济价值，而“数量”更多地表现为文化价值、环境价值或社会价值，如非法采伐、毁坏珍贵林木罪，但二者都是通过财物或物品的价值和数量反映犯罪的社会危害程度的，在揭示犯罪定量特征、犯罪构成中的地位和作用以及在定罪量刑方面的意义都是一致的，因此没有必要将“数额”与“数量”严格区别开来。〔1〕

将数额或数量作为民生犯罪的成立条件，主要集中在针对劳动权益、食品安全、资源环境权益等领域的犯罪中。如《刑法修正案(八)》第41条将“拒不支付劳动报酬罪”的入罪标准设定为“数额较大”；《刑法》第140条将“销售金额”或“货值金额”作为生产、销售伪劣产品罪的入罪标准；《刑法》第342条将“数量较大”设定为非法占用农用地罪的定量标准；《刑法》第345条将盗伐林木罪、滥伐林木罪的入罪标准规定为“数量较大”。这类犯罪的特点在于，将达到规定数额作为行为构罪的标准，数额的类别多种多样，有被害人的损失数额，如拒不支付劳动报酬罪；有行为人的经营数额，如生产、销售伪劣产品罪；还有行为人的犯罪所得数额，如非法占用农用地罪，盗伐林木罪、滥伐林木罪。上述涉罪数额在通常情况下都能够直接或者间接地反映犯罪的后果，是我国《刑法》中一种用以说明行为社会危害性程度的重要的定量因素。

2. 民生犯罪的结果。我国不少犯罪的构成要件都规定了一定的危害结果，即犯罪行为直接造成的犯罪对象的物质性损失或犯罪后果，这也是民生犯罪定量因素的立法表现形式。犯罪后果是一种对犯罪的客观结果或后果的具体描述，属于犯罪构成客观方面的一个构成要件，是定罪量刑的依据。

危害结果既可能是现实侵害事实，也可能是现实危险状态。前者在法律规范中常表述为“造成严重后果”“造成严重损害”“造成重大损失”等，后者具体的法律语言表达形式通常是“造成重大

〔1〕参见张勇：《经济犯罪定量化研究》，法律出版社2008年版，第14页。

损害危险”“足以严重危害人体健康”等。在我国《刑法》中，将危害结果作为民生犯罪的成立条件，在劳动权益、食品安全权益、医疗权益、教育权益、资源环境权益、社会安全权益等领域都有相关犯罪的涉及。主要包括：第 135 条重大劳动安全事故罪；第 143 条生产、销售不符合安全标准的食品罪，第 408 条之一食品监管渎职罪；第 142 条生产、销售劣药罪，第 145 条生产、销售不符合标准的医用器材罪，第 330 条妨害传染病防治罪，第 331 条传染病菌种、毒种扩散罪，第 332 条妨害国境卫生检疫罪，第 335 条医疗事故罪，第 334 条非法采集、供应血液、制作、供应血液制品罪，采集、供应血液、制作、供应血液制品事故罪；第 138 条教育设施重大安全事故罪；第 337 条妨害动植物防疫、检疫罪，第 338 条污染环境罪，第 343 条破坏性采矿罪，第 408 条环境监管失职罪；第 144 条投放危险物质罪，第 125 条第 2 款非法制造、买卖、运输、储存危险物质罪，第 127 条盗窃、抢夺枪支、弹药、爆炸物、危险物质罪，第 291 条之一投放虚假危险物质罪和编造、故意传播虚假恐怖信息罪，第 135 条之一大型群众性活动重大安全事故罪，第 293 条寻衅滋事罪等。

上述犯罪的特点是，将行为的一定程度的实害后果或现实危险作为犯罪的罪量要求，法律条文关注的重点是对民生利益损害或损害危险的程度，换言之，该类犯罪注重对民生法益造成的侵害或侵害危险的程度，以此来说明民生危害行为本身的程度和性质。

3. 民生犯罪的情节。当立法者认为仅仅规定数额不足以描述犯罪行为的社会危害性程度时，往往用具有模糊性和概括性的用语即“情节”加以规定。作为民生犯罪构成定量要素的情节，是在罪状中明确以“情节”词语表述的如“情节严重”“情节恶劣”的概括性“情节”，从而与数额、结果等要素区别开来。[1]“情节严重”

---

〔1〕 参见张勇：《经济犯罪定量化研究》，法律出版社 2008 年版，第 16 页。

“情节恶劣”是对行为进行整体评价的要素。“情节严重”与“情节恶劣”的含义大致相同，区别仅在于“情节恶劣”更加强调对行为的伦理道德上的否定评价。[1] 以“情节严重”为例进行分析。“情节严重”，包括“情节”与“严重”两个层面。“情节”是罪量评价的前提性事实，并不特指某一方面的内容，既可能是客观要素，也可能是主观要素。“严重”是罪量评价的程度要件，是对违法性事实的一种整体评价。因此，“情节严重”本身是一个综合性的概念，用以说明行为的社会危害性达到值得科处刑罚的程度。刑法往往将情节与数额并列规定，作为定罪量刑的依据，数额一般是综合性情节中的一种因素。

在我国《刑法》的民生犯罪中，情节犯的分布也较为广泛。诸如：第 244 条之一雇佣童工从事危重劳动罪，第 336 条第 1 款非法行医罪，第 418 条招收公务员、学生徇私舞弊罪，第 343 条第 1 款非法采矿罪，第 152 条第 2 款走私废物罪，第 345 条第 3 款非法收购、运输盗伐、滥伐的林木罪，第 133 条之一危险驾驶罪，第 294 条第 3 款包庇、纵容黑社会性质组织罪等。这类犯罪的特点在于，行为一经实施，虽然具有法益侵害性，但其违法性未能达到值得科处刑罚的程度，却又难以通过增加某个特定的要素使违法性达到可罚性的程度，遂以情节程度方式进行规定，对行为进行整体评价。

---

〔1〕 参见陈兴良：“作为犯罪构成要件的罪量要素——立足于中国刑法的探讨”，载《环球法律评论》2003 年第 3 期。

第四章　民生刑法的调控深度
——协调与适应机制的确立

刑法的调控深度指的是刑法对可以介入的利益关系应当调控至合理的程度，是以调控广度的合理为前提和基础的第二次确定。广度是刑法在横向上该当的调控范围，深度则是刑法在纵向上该当的调控范围，两者构成了刑法的立体调控范围。“刑法的广度调控范围过宽或过窄、刑法的深度调控范围过高或过低都会导致刑法的成本水平提高、刑法效益相对下降甚至为负增长的不利后果。”[1] 因此，合理确立民生刑法的调控深度也非常有必要。

第一节　民生刑法的界域：以“刑法的不得已原则”为理论依托

出于保护民生法益之考虑，民生刑法必须符合法益侵害原则，但并非符合法益侵害原则的民生侵权行为都必须纳入民生刑法的调控范围。民生刑法的界域，还与其他法律规范有关。换言之，民生刑法的界域往往是刑罚与其他法律责任形式相互衔接的结果。这就意味着，如果从整体上看，刑罚的效果更好，则应当把相应的行为划入民生刑法的界域之内，反之，则应当将相应的行为除罪化。

---

〔1〕 陈正云：《刑法的经济分析》，中国法制出版社1997年版，第219页。

一、正视法益标准的功能缺陷

目前，我国刑法学界对于刑事立法标准的研究大多基于法益理论而提出，无论是入罪还是出罪，均以德日刑法的法益理论为基点进行探讨。多数学者认为，犯罪的本质是法益侵害，包括危害的性质和危害的程度。即言，“犯罪是对一种恶的行为之评价，它不但涉及性质的价值评判——犯罪必须是一种‘恶’，还涉及对这种‘恶’的程度的评价”[1]。然而，法益概念的抽象性和主观性导致犯罪的边界越来越模糊、犯罪圈的设定越来越困难。

一方面，风险社会中，法益保护的早期化致使刑法法益日益模糊。如今立法的标志性趋势是，立法者逐渐对社会危害特征还不清楚（或者不清晰）的行为给予刑罚处罚，要么要求刑法趋向性地介入还相当早的行为阶段，要么就是推动保护还很抽象的、很难把握的法益。甚至在个别情况下，一危险性在实施之时还没有明显出现的行为，在其是否会侵犯法益以及会侵犯何种法益都难以判断时，就要给予刑罚处罚。伴随着这种持续发展的前移趋势，相关实证证明就变成了很难的问题。人们常常陷入这样的状况：在检验一行为的损害和一刑法规范的效率时，说不出严格意义上的科学证据。如果我们假设，行为实际上是否具有危害的，或者所规划的刑法规定对于要保护的利益实际上是不是有效率的，这些问题在实证上是不确定的，而在此我们又不能立即放弃刑罚的适用。那么，就有可能出现从不确定性中产生的风险由潜在的被害人来承担的情形。法益变得越来越含糊不清，从而使法益概念依旧“属于刑法中最不精确地得到说明的基础问题，因此无法为立法提供一个可以在法律上作

---

〔1〕 徐卫东等：“刑法谦抑在中国——四校刑法学高层论坛”，载《当代法学》2007 年第 1 期。

为基础的和在内容上令人满意的界限"[1]。

另一方面，法益侵害的程度评判是一个通过“量的视角”而进行判断的过程，这一过程具有明显的主观性。“由于从法益方向的讨论是与立法紧密联系的，而在实际的立法过程中，对于应当把什么行为看成危害足够严重以至于必须使用刑罚手段，是由立法者自己判断的。”[2] 一般而言，行为程度之间的差异很明显也很重要，根据同种行为的程度不同而区分为犯罪和一般违法行为的做法，有一定的实质合理性。但是，在立法上对程度的差异进行准确、合理的量化区分并不是件容易实现的事情。各种各样类型的行为侵害的法益各不相同，程度轻重的分界线如何合理、公正地量化、界定是个难题，而将数百个罪名完全公正、合理地量化更存在不易克服的困难。[3] 因此，针对某种社会不当行为，刑法惩罚何以符合不得已为之的条件，实为立法者主观的评判。“当不能确定轻微的手段（例如单纯的民事惩罚）是否充分保障结果的时候，立法者还享有对此行使自行评价的特权。”[4]

鉴于上述原因，有学者指出，对于立法者而言，法益仅能起到象征性的指导作用，而难以发挥犯罪界限标准的效果。[5] 事实上，晚近以来，随着我国刑法犯罪化趋势的不断加大，学界关于各罪犯罪化合理性的争论不绝于耳。尽管法益侵害原则早已被当作刑法学研究的理论标签而被束之高阁，但在犯罪化的讨论中仍然处于绕不

---

〔1〕［德］克劳斯·罗克辛：《德国刑法学总论》（第1卷），王世洲译，法律出版社2005年版，第26页。

〔2〕王世洲：“刑法的辅助原则与谦抑原则的概念”，载《河北法学》2008年第10期。

〔3〕参见高长见：“定量要素与刑法明确性原则”，载陈泽宪主编：《刑事法前沿》（第7卷），中国人民公安大学出版社2013年版，第151页。

〔4〕［德］克劳斯·罗克辛：《德国刑法学总论》（第1卷），王世洲译，法律出版社2005年版，第24页。

〔5〕参见刘艳红：“当下中国刑事立法应当如何谦抑？——以恶意欠薪行为入罪为例之批判性分析”，载《环球法律评论》2012年第2期。

开、说不清的困境。既然侵害法益是犯罪的本质特征，法益侵害作为犯罪化立法要遵循的首要原则的地位就无法改变。从理论上讲，法益侵害原则可以明确刑法在整个法律体系中的保护法地位，也可以解决犯罪行为与一般违法行为的边界问题。为了真正发挥法益侵害原则在指导犯罪化立法上的实际功效，理论研究应当努力探求合理的系统阐释，为侵害法益行为提供一个内容上有说服力、技术上可操作、边界上清晰的入罪化标准。

二、以“刑法不得已”理念，实现刑法调控范围的二次界分

行为入罪必须考虑刑法与相关部门法的协调衔接问题，从而共建一个和谐的法律体系。利益是刑法法益的实质内容，涉及社会生活的各个方面。在刑法保护的利益中，有的是专属于刑法的利益，如国家的领土安全、个人的生命安全等；有的是非专属于刑法的法益，如社会秩序、公共安全等。这就说明，刑法具有严格的自身规定性，同时还具有一定的开放性。通常而言，对于专属利益的保护，刑法法益是确定的，经过人类社会长期的伦理判断与情感体验，犯罪的界域范围已经比较清晰。而作为非专属的利益，因其是刑法和其他部门法共同保护的法益，极易出现因边际不明而致界域争执混淆的状况。尽管一般认为，针对非专属法益，只有在用尽相关法律手段仍然无法实现法益保护目的时，才能容许刑法的介入，但由于缺乏具体的判断规则，究竟何谓穷尽其他法律手段、刑法介入调整的度在哪里尚难以准确判断，在犯罪化问题上依旧扑朔迷离而无法辨析。[1] 为了防止因刑法边界不明，导致违法行为动辄入刑而使其丧失保障法作用或者刑法坐视不管而致立法权滥用的两极化局面，有学者提出以“刑法之不得已”的理念来权衡、厘清法益的刑法保护与其他法律保护的边界，认为“刑法不得已原则将成为

〔1〕 参见陈璐：“犯罪化如何贯彻法益侵害原则”，载《中国刑事法杂志》2014年第3期。

刑法理论中一个重要分析工具，不论是对立法过程中行为是否入罪的选择，还是对已有法律文本的审视；不论是对法律条文的司法适用及解释，还是对具体个案的分析，它都是一个较为有效的分析工具"[1]。

（一）刑法不得已原则对刑法谦抑原则的继承与超越

所谓不得已，通常指的是无可奈何；不能不如此。[2]"不得已原则"在刑法学中的适用源于古老而实用的功利主义学说，通常认为是刑法谦抑原则的题中之意。应该说，"刑法不得已"这一概念，较为贴切地表达了刑法在法律规范体系中的退让和谦抑，体现了刑法在介入调整社会关系时并非是随心所欲的，而是有所限制的。因为，"刑罚并非万能的惩戒工具，而是不得已的社会统治手段"[3]。在行为对他人造成法益侵害的场合，国家应当优先尝试使用其他非刑事手段，在其他方法能够达到刑法的目的时，就不应当制定相应的刑法规范。只有在绝对没有其他替代措施的前提下，才有必要将其纳入刑法的调控范围。日本学者山口厚主张："刑法虽是为了保护法益而动用的，但保护法益的手段并非只有动用刑罚。由于科处刑罚这样的保护手段在法律制裁之中是最为严厉的，是以施加痛苦为目的的，本身决定不是令人向往的。可以说，要是能避免的话就应该尽量加以避免。在此意义上，只有通过作为法律保护的其他手段尚且不足时，才应该动用刑法（刑法的'补充性'）。因此，刑罚的保护领域也就是犯罪化的领域，并非是包罗万象的，而是片段的（刑法的'片断性'）。"[4]

---

〔1〕参见梅象华："刑法不得已原则研究——以界分不法行为为视角"，载《湖南社会科学》2014年第1期。

〔2〕中国社会科学院语言研究所词典编辑室编：《现代汉语词典》，商务印书馆1983年版，第89页。

〔3〕［日］平野龙一：《刑法总论》，有斐阁1972年版，第44页。

〔4〕［日］山口厚：《刑法总论》，付立庆译，中国人民大学出版社2011年版，第5页。

上述国外学者的论断都说明了刑法在社会制裁体系中的不得已性、最后性或补充性。英美多数刑法学者都主张刑法应作为最后手段而使用，并将刑法的最后手段性视为犯罪化的原则之一。[1] 事实上，在注重人权保障的现代文明社会，不论是日本刑法中的“刑法谦抑性”，还是法国刑法中的“刑法最后手段性”[2]，抑或美国刑法中的“刑法经济原则”[3]，或者德国刑法中的“法益保护的辅助性”[4]，尽管它们称呼不同，但都强调应将刑法限定在必要限度内。它们作为一种刑事政策取向，甚至一种刑法指导思想，已经为世界各国所共同重视和适用。

基于刑法的最后手段性，我国的陈忠林教授对谦抑主义进行了反思，认为何谓“谦抑”尚不明晰，何为“谦抑”的评价标准尚未成形，并由此主张用“不得已原则”来代替“谦抑原则”[5]。他认为，不得已原则与谦抑性原则在本质内涵和政策意义上具有一致性，但“不得已”原则内含两个较为明确的标准：一是其他法律不能用；二是如果不用刑法来调整，相应的法律制度本身就会崩溃，运行就会受到根本危险。“不得已”原则能够解决谦抑原则在内容、限度和实质含义上所存在的难题。但也有学者认为，在对“得已”“不得已”的理解上，各人看法不一，且含义稍显宽泛，所以在目前尚未有更好的词汇来替代时，仍然使用“谦抑”的说法比较

---

〔1〕参见何荣功：《自由秩序与自由刑法理论》，北京大学出版社 2013 年版，第 63 页。

〔2〕参见［法］卡斯通·斯特法尼等：《法国刑法总论精义》，罗结珍译，中国政法大学出版社 1998 年版，第 34 页。

〔3〕参见梁根林：《刑事政策：立场与范畴》，法律出版社 2005 年版，第 108 页。

〔4〕参见［德］克劳斯·罗克辛：《德国刑法学总论》（第 1 卷），王世洲译，法律出版社 2005 年版，第 23 页。

〔5〕参见徐卫东等：“刑法谦抑在中国——四校刑法学高层论坛”，载《当代法学》2007 年第 1 期。

合适。[1]

笔者认为，刑法作为整个法律体系的一个组成部分，其适用必须在整个法系中寻找正当性。立法者不应仅局限于刑法自身的体系而固守“严重社会危害性”的立法标准，还应站在法律体系的整体视角，与行政法、民法等其他部门法有机结合，慎重入刑设罪。刑法谦抑原则要求刑法应当宽容、退让。在立法阶段，能使用其他制裁手段的不要使用刑法，其结果是刑法必须尽可能地非犯罪化、非刑罚化以及轻刑化。然而，从刑法的谦抑性中，我们看不到刑法谦让的限度，无法判断出其宽容的边界，不能从正面反映刑法介入的界限。而在刑法之“不得已”中，“无可奈何”表明了刑罚应该有个限度，要求刑法在介入社会生活和人类行为领域时应具有尊重和保护公民的自由与权利的自觉性和责任心，只是在“迫不得已”时才干预公民的行为，其实质是秩序对自由的谦让，因而对犯罪圈的设立有限定功能；“不能不如此”则表明当某一行为达到价值上的“量”的规定性时，必须介入惩罚，否则相应的法律制度可能会崩溃，公众利益可能从根本上受到威胁。故此，刑法不得已原则对刑事不法与非刑事不法的界分具有一定的作用，在入罪化标准当中应有其一席之地。

（二）刑法不得已原则的内涵解析

通俗地理解，刑法不得已原则的实质内涵是，不到不得已不能用刑法，到了不得已必须用刑法。该原则揭示了刑罚权发动的根据，在犯罪的刑罚界分上也具有显著效果，具体可从理论和实践两个层面展开论述。

1. 理论层面。刑法的启动是以其他社会规范能否有效调整，以及刑法不予调整是否会造成相应法律制度的崩溃，作为其充分

---

〔1〕 参见徐卫东等：“刑法谦抑在中国——四校刑法学高层论坛”，载《当代法学》2007年第1期。

的、必要的条件，由此确保刑法适用的必要性和紧迫性，并指明了刑法的边界。

一方面，刑法具有审慎适用、不主动出击的内敛品性。在其他社会规范不能有效调整社会关系时刑法才予以调整，这实质上是刑法谦抑的核心内容。刑法不得已原则和刑法谦抑性都强调刑法的宽容，彰显刑法的人性基础。不得已原则继承了谦抑性中强调刑法的补充性或者最后手段性的积极内涵，尽可能地体现刑法对人性的关怀与尊重，即把人当作人看待，尽可能少地把剥夺生命权和人身自由权的刑罚适用于犯罪之人，将这种具有剥夺性的“痛苦”“害恶”作为威慑、预防其他人犯罪的预防工具。毕竟在社会现实中，大多数人之所以遵守法律是基于对法律的尊重而不是源于对惩罚的畏惧。

另一方面，“迫不得已”才动用刑法，也说明了刑法对于社会管控的必要性。换言之，当法益侵害行为具有严重危及其他法律制度存续的危险，广大民众利益从根本上受到威胁或损害时，必须动用刑法予以惩治。

陈忠林教授指出，国家刑罚权的根据，就是刑法存在的根据。刑罚的一端是掌握刑罚权的国家，而另一端是任何一个如果犯罪就会受到刑罚处罚的公民个人。也就是说，刑罚不仅是一种制裁措施，更是作为整体的国家和作为个人的公民之间的特殊关系。刑罚的运用，实质上是国家在动用自己的全部强制力量，来剥夺一个作为“孤立的个人”的公民的最基本权利。那么，国家动用自己的全部力量来剥夺一个公民最基本的权利的根据何在？若从法律制度保障的视角分析，国家刑罚权的根据在于，犯罪行为是对国家法律制度的威胁。因为，在任何国家，法律都是国家履行自己职能最基本的手段，法律制度是国家存在和正常运行的前提和基础。当一个公民的行为从根本上威胁到国家法律制度的运行时，国家自然会动用自己全部的力量来剥夺该公民最基本的权利。若从人权的角度理解，刑罚是以剥夺公民个人的基本人权为内容的，国家刑罚权以保护包括犯罪人在内的全体公民的人权为唯一根据。因而，刑法就是在全体公民人权和个人人权发生冲突时，在两种均需保护的人权之间进行的权衡选择。[1] 当公民个人的行为致使社会秩序混乱，以至于难以保障全体公民的基本人权时，为了捍卫社会大多数人的基本人权，国家必须动用刑罚惩治犯罪，否则将危及国家法律制度的安全和全体公民的基本人权。所以，刑法的制定，就是为了保障国家法律制度的正常运行和保护包括犯罪人在内的全体公民的人权。[2]

2. 实践层面。刑法不得已原则将动用刑法是否遵从公众意愿作为标准，动态测量刑法适用的正当性，将刑法限定在契合公众意愿的界限范围内。

有论者提出，刑法根源于私权，是公民无力实施私力救济时的替代措施，是公民让渡部分私权由公权力机关代表其进行公力救济的手段。从这个意义上讲，刑罚权是公众意愿的代表，而不是公权

---

〔1〕 参见陈忠林：《刑法散得集（Ⅱ）》，重庆大学出版社2012年版，第29～33页。

〔2〕 在刑法不得已原则的检视下，有学者将刑法目的从“保护法益”推衍为“保护公民基本人权”。理由有四：其一，关于刑法的目的，历来有“保护规范关系”与“保护法益”的争论，但无论犯罪是“规范违反”还是“法益侵害”，都可以涵括在侵犯“公民基本人权”之内，因此刑法的目的表达为“保护公民基本人权”可以避免争议。其二，在内容上，公民的基本人权包括生命权、健康权、人格权、财产权等人的基本权利，可以表达利益、法益的内容。不管是个人的利益，还是社会与国家的整体利益，一旦受到侵害必定会损及全体公民的基本人权。其三，“刑法目的是保护全体公民基本人权”的表达，体现了保护社会和保障人权的协调统一。因为保护全体公民的基本人权实际上将犯罪人的人权保障包含在内。正如德国思想家黑格尔所言，“刑罚即包含着犯人自己的法，所以处罚他，正是尊重他的理性存在”。其四，用“保护全体公民基本人权”体现刑法的目的，更为直观地表明了刑罚之“恶”的正当性。因为，对犯罪人的“恶”即为对全体公民的“善”。（参见梅象华：“继承与超越——刑法不得已原则之于谦抑原则”，载《河北法学》2014年第10期。）

力的赋予。[1] 该观点阐述了刑法“主权在民”而非“主权在君”的应有立场，主张刑法的权威来自于公民的赋予，刑法的宽容和轻缓溯源于刑法对公众意愿的代表。

在现代法治国家，刑法理论视角应从国家的立场转换成非国家的立场来重新审视刑法，进而树立新的刑法观念、建立新的刑法制度。由于法律“就其效力来说，依赖于广大人民对其基本先决条件的接受。人民的接受，而不是形式上的法律机构是法律得以贯彻的决定性力量”[2]。因此，从非国家即社会公众的视角认识刑法，其理论目标就是确立刑法的个体信仰与人文关怀，使社会公众将刑法视为自己生活所需，而不是制度强加。[3]

刑法不得已原则凸显了刑法“主权在民”的立场，突出强调刑法的调整范围之确立标准在于公众，肯定公众意愿对刑法内容的形成具有决定作用，保证刑法对公众意志的尊崇。因此，刑法不得已原则基于公众的视角，深刻揭示了刑罚的根据，清晰界定了刑法的界限，全面涵摄了适用的标准。

三、刑法不得已原则之于民生刑法的立法展开

（一）民生刑法的立法立场：社会公众

法国社会学家涂尔干主张，刑法真正意义上的基础是社会成员明确而又强烈的集体意识，如果一种行为触犯了集体意识，那么这种行为可被认为是犯罪，因为刑法的目的在于“伸张集体意

〔1〕童春荣：“刑法不得已原则之提倡——与刑法谦抑性比较的抉择”，载《湖北社会科学》2015年第7期。

〔2〕参见［美］伯纳德·施瓦茨：《美国法律史》，王军等译，法律出版社2011年版，第60~64页。

〔3〕参见周光权：《刑法诸问题的新表述》，中国法制出版社1999年版，第3~4页。

识”。[1] 公众对犯罪所产生的愤恨情感，对于社会正义是不可缺少的，其影响并引导着社会对犯罪作出反应。从某种意义上讲，刑罚既是维护法的秩序所不可或缺的手段，也是满足公众正义感所必不可少的方式。公众认同体现的正是深藏于集体意识中的正义情感。因此，“刑事政策与刑法制度要想得到公众的认同、理解、尊重与支持，就必须反映公众的呼声与要求，满足人民的正义感。刑事政策与刑法制度应当是集体意识、国民欲求、民众意愿和公共意志的一面镜子”[2]。

何种不法行为必须作为犯罪对待，不能仅仅由国家公权力机关依据社会主流价值进行判断，还应具备一定的公众认同的基础。“法律首先产生于习俗和人民的信仰，其次乃假手于法学——职是之故，法律完全是由沉潜于内、默不言声而孜孜矻矻的伟力，而非法律制定者的专断意志所孕就的。”[3] 在某种程度上，公众的心理认同对国家权力具有限制和约束作用，能够在价值上制衡与评判立法者制定的法律是否公正、是否合理以及是否是良法。因为，“法律效力是以它所能引起爱戴和尊重而转移的，而这种爱戴和尊重是以内心感到法律的公平和合理为转移的”[4]。“刑法表达了长期存在的、得到广泛认同的价值观”，它“表达了一个社会的‘集体意识’，即社会成员所共有的信仰和感情的集合体”[5]。任何一种行为要动用刑罚，必须吻合共同社会心理而赢得公众认同。刑事立法

---

〔1〕 参见［法］埃米尔·涂尔干：《社会分工论》，渠东译，生活·读书·新知三联书店2000年版，第113~115页。

〔2〕 梁根林：《合理地组织对犯罪的反应》，北京大学出版社2008年版，第287页。

〔3〕［德］弗里德里希·卡尔·冯·萨维尼：《论立法与法学的当代使命》，许章润译，中国法制出版社2001年版，第11页。

〔4〕［法］罗伯斯比尔：《革命的法制和审判》，赵涵舆译，商务印书馆1986年版，第3页。

〔5〕［美］埃德温·萨瑟兰、唐纳德·克雷西、戴维·卢肯比尔：《犯罪学原理》，吴宗宪等译，中国人民公安大学出版社2009年版，第41页。

只有建立在公众认同的基础上才能具备正当性和合法性，缺乏公众认同的犯罪行为，即便强行进入刑法的体系，也难以得到公众的自觉遵守，势必导致刑法规范的形同虚设。

基于犯罪的不可避免性，在任何社会条件下都存在着一定量的犯罪。在对待犯罪的问题上，社会公众和国家政府的态度不完全相同。社会公众所期待的是最低的犯罪量，犯罪量越低越好；政府尽管也希望犯罪量维持在较低的水平，但出于统治的需要，政府必然理性对待犯罪量，容忍犯罪量在一定规模内存在。可见，对犯罪的容忍程度，因对社会危害性感受和利益需要的差别而在不同的认知主体之间存在差异。理想的犯罪量，应是在综合考虑公众的容忍度、政府的容忍度、社会秩序与个人自由的协调、预防控制犯罪的成本等因素的基础上确定的。将行为入刑设罪，应考虑普罗大众之欲求，而不应只是法律制定者之专断意志，刑法不应成为"立法者的法"。"立法者的法"并不能有效解决立法者的问题，既然如此，莫不如遵循刑法产生的自然规律，将刑法设置在正义受到侵害的地方。[1] 具有公众认同基础的法律，才更加有利于社会秩序的有序发展和社会核心价值的培育与践行。公正认同便是公众支持，且公众认同和公众支持表达着民主性。

刑法不得已性在价值上的功利取向，恰好反映了国家功利与公民个人对行为是否应作为犯罪的博弈，双方所代表的价值始终会存在妥协和平衡。因而，有论者指出，"刑法不得已原则站在民众的视角对刑法界限做出注脚，申彰刑法适用的紧迫性、必要性，凸显刑法对公众意愿的遵从，倡扬刑法之明晰界限，体现刑法之人性光辉，具有维护公平正义，指导和制约刑事立法、司法、动态调整刑

〔1〕参见刘艳红："当下中国刑事立法应当如何谦抑？——以恶意欠薪行为入罪为例之批判性分析"，载《环球法律评论》2012 年第 2 期。

法边界的积极功效"[1]。

以环境犯罪为例，刑事手段介入环境保护领域，除了环境破坏行为与生俱来的犯罪性之外，很大程度上是由公众对环境违法行为的犯罪感所决定的。环境破坏是工业化相伴而来的恶果，工业化必然带来环境公害。工业化是经济发展的最快途径，这就意味着，发展经济就得以牺牲良好的生态环境为代价。在经济发展与环境保护之间，如果选择发展经济，意味着对一定程度内的环境破坏行为就得容忍。在工业化早期，环境污染并未被评价为违法行为，人们认为污染是发展经济的必然结果。但随着工业化进程的加快，环境破坏日益加剧，人们对环境破坏行为的评价已经发生变化，认识到必须用法律法规予以规范治理，于是国家开始制定行政法律法规控制环境污染和环境破坏行为。之后，人们认识到由于环境侵权行为直接侵犯了公民的人身权和财产权，需要建立赔偿机制来保护受害人的合法权益，因此民事救济机制在环境保护中得以运用。经济的发展提高了公众的生活水平和生活质量，也使得人们无法容忍哪怕是轻微的环境破坏的后果，加之人们已经深刻地认识到自然资源是可以耗竭的，环境破坏行为会对我们居住的地球造成毁灭性和不能修补的影响，严重危害人类的未来，破坏人类的可持续发展，因此，污染和其他破坏自然资源、自然环境的行为不再被认为是非刑事的违法行为，而是应该受到严厉刑事制裁的犯罪行为。基于此，将环境违法行为入罪是从严治理环境的必然趋势。因此，将破坏环境资源的行为入罪既是保护重大利益的需要，也是由公众对环境破坏行为的犯罪性评价决定的。当穷尽行政手段和民事手段已经无法遏制环境违法行为时，刑事手段无疑成为最后的选择。[2]

---

〔1〕 童春荣："刑法不得已原则之提倡——与刑法谦抑性比较的抉择"，载《湖北社会科学》2015 年第 7 期。

〔2〕 参见蒋兰香：《环境犯罪基本理论研究》，知识产权出版社 2008 年版，第 11 页。

（二）民生犯罪的立法标准：民生利益从根本上受到威胁或损害，超出公众容忍限度

自有人类社会以来，犯罪现象就普遍存在而无法完全根绝。既然犯罪是社会生活中的必然存在，法益侵害现象无法彻底清除，在判断对某行为是否入刑设罪时，不能以该种侵害法益的行为是否存续为标准，而应从犯罪的特性和刑法的地位两个角度，并结合具体的社会状况进行具体分析。

1. 民生犯罪是可能造成相应法律制度的崩溃，从根本上威胁人们的生活利益的行为。美国学者埃尔曼认为：“与侵权行为相比较，犯罪是社会认为其严重性足以导致更为严厉的惩罚即刑罚的破坏性行为。（在某些案件里，同一行为可以既导致受害人提起赔偿之诉，又提出刑事诉讼。）通常是从授权受害人对侵权行为加以制裁的法律秩序，到确认刑法中具有公共利益的制度，再到逐步出现的国家对刑法加以垄断，这个缓慢的演变过程乃是法律史上引人注目的篇章。”[1] 当代德国刑法学界认为：“刑法中的要求和禁止规定，只有当刑罚这一国家最为严厉的制裁方式，是在保障人类社会共同生活的权利所必需时，始可提出（实体的犯罪概念）。”[2] 在上述论述中，所谓“刑法中具有公共利益的制度”“人类社会共同生活的权利”，其实都是在以不同的表述方式强调犯罪是对社会整体利益的侵害，而不仅仅是我们所直观看到的表象——对个人利益的损害。正如康德所言，“私法罪（民事不法）是当着受害人的面实施的，如接受委托做买卖而在金钱或货物上贪污、投机，或在贸易上弄虚作假等；公法罪（刑事不法）中受到危害的不仅仅是一些

〔1〕［美］H. W. 埃尔曼：《比较法律文化》，贺卫方、高鸿钧译，清华大学出版社2002年版，第66页。

〔2〕［德］汉斯·海因里希·耶赛克、托马斯·魏根特：《德国刑法教科书［总论］》，徐久生译，中国法制出版社2001年版，第64～65页。

个别的人而是共同体，如铸造伪币或者伪造交换证券、盗窃、抢劫等”[1]。因而，犯罪不单只是侵害个体利益，更重要的是这类行为对一个社会的共同生活具有严重的破坏性，或者对现存统治秩序具有极大威胁。换言之，从形式上看，犯罪行为侵害的是“点”；而从实质上说，犯罪更严重的是侵害社会的“面”，破坏了更广泛的社会系统。犯罪不仅仅侵害受害人，更可能针对社会中每一个成员，任何一个人都成了潜在的受害者。犯罪具有通过侵害公民个人或社会局部而损及整个社会机体功能的衍射特性。[2] 例如，恐怖活动犯罪典型地呈现了该种衍射特性。经常性发生的恐怖袭击，能够直接造成巨大的人员伤亡和财产损失，更重要的是它还给社会公众带来严重的心理危害，甚至导致全国恐慌，民事侵权和行政不法是不可能达到犯罪的这种衍射的社会效果的。因此，犯罪的衍射可能侵害社会的整体制度，导致社会秩序的崩溃，既为一般社会公众所不能接受，亦为负有维持社会安定责任的国家所不允许。当其严重程度已经超出了国家和社会公众的容忍底线、达致不能再退让和容忍的地步，同时，伦理上的谴责以及刑法以外的惩罚措施，亦不足以阻止此类行为时，国家也就只能用刑罚这一残酷、独特的惩罚形式来维护社会秩序健康发展。刑法不外是社会对付违犯它的生存条件（不管这是些什么样的条件）的行为的自卫手段。[3] 所以，从犯罪本身的特性角度，刑法不得已将某类行为纳入犯罪圈的依据是：该行为若不纳入犯罪范畴动用刑罚处罚，将可能出现相应的法律制度的崩溃，将从根本上威胁人们的生活利益。刑法规制的根本

---

〔1〕［德］康德：《法的形而上学原理——权利的科学》，沈叔平译，商务印书馆1991年版，第164页。

〔2〕参见梅象华：“刑法不得已原则研究——以界分不法行为为视角”，载《湖南社会科学》2014年第1期。

〔3〕参见［德］黑格尔：《法哲学原理》，范扬、张企泰译，商务印书馆1961年版，第98～102页。

目的在于，维护现行法律制度和保障全体公民基本人权。

2. 民生犯罪是超越社会公众容忍底线的行为。在现代社会，刑法处罚的正当性在于：犯罪是值得动用刑罚这种最严厉的手段去惩罚的行为，它既是在客观性质上危害国家和社会基本生存条件、破坏国家的整体法律秩序的行为，又是为其他法律所不能抑制而“不得已”动用刑罚的行为。从社会公众的角度来考虑，这种国家动用刑罚的“不得已”性又可以表现为社会公众的不可容忍性。当社会公众不能容忍某种行为的时候，意味着如果国家用其他法律而不是刑法来调整该行为就无法维护这种法律制度，就无法实现社会公众所要求的社会正义，它从另一个侧面折射出刑法惩罚犯罪的“必要性”或“不得已性”。国家在对某种行为犯罪化时，社会公众对该行为的不可容忍性是重要的决定因素，它体现出社会对该行为的伦理谴责和非难，而这种谴责和非难正是国家适用刑罚的正当性根据，也是社会认同并遵守这种刑罚规范的基础。

那么，如何理解和判断社会公众对某种失范行为的不可容忍性呢？既然犯罪不仅是对某一个体利益的侵害而且是对社会整体利益的侵害，那么有关这种行为是否属于对整体利益或社会生存条件的侵害，是否值得用刑罚来惩罚与制止的判断就不应当仅限于少数人的好恶而应当是一种社会共识。“有利益的地方就有犯罪”，犯罪人是为了某种利益而犯罪，而犯罪行为都侵犯了他人的利益，因此，对于社会公众对某种行为的不可容忍性的社会共识，只能从利益的角度进行判断。作为以群体生活为特征的人类社会，每个个体不得不遵守群体中大多数人所认可的行为规范和价值观念才能被群体所接纳，才能在群体的社会中生存下去。因此，作为社会最基本行为规范和纠纷解决机制的刑事法律就不得不遵从以利益为基石的社会共识进行是非判断。当社会中公众都不能容忍某种行为，认为应当以刑罚的方式予以谴责和处罚时，我们就不得不考虑将这一行为规定为犯罪。[1] 现代刑法以维护社会个体的自由、保障公民的人权为最终目的，是针对社会个体的行为进行规制的行为规范，因此，刑法应当以社会公众的不可容忍性为基础、以社会个体的利益需要为视角考虑是否将某种行为规定为犯罪。正如日本刑法学家西原春夫教授所言，“把妨害国家利益或社会利益的不良行为作为刑罚法规的对象，应当以国民的欲求为基础，而不是以国家或社会的欲求为基础”[2]。

既然公众的容忍性程度与个体的利益需要息息相关，既然每个社会成员的个体利益是国家利益、社会利益的基础和归宿，那么，评判社会公众的容忍性，就应该以个人利益为出发点，以基于社会个体的共同利益需求依照生活常理而抽象出来的标准加以判断。[3] 西原春夫教授在揭示作为刑法惩罚某种行为的基础的国民欲求时提到，“国民的欲求是一种抽象化的观念。立法者最终只能站在平均的国民立场上来推测这种欲求”[4]。在笔者看来，西原春夫教授所指称的“平均的国民立场”可以理解为社会公众在生活中所形成的常理。具体到民生侵权行为是否超出社会公众的容忍限度，具体可借鉴唐稷尧教授所提出的三个“不可容忍性”的判断标准予以把握[5]：

（1）民生侵权行为距离社会公众个人利益的远近。在社会生活中，人的活动都与利益相关，某种违法行为对社会个体的利益所造

---

〔1〕 参见唐稷尧：《经济犯罪的刑事惩罚标准研究》，四川大学出版社 2007 年版，第 149～151 页。

〔2〕 ［日］西原春夫：《刑法的根基与哲学》，顾肖荣等译，法律出版社 2004 年版，第 104 页。

〔3〕 参见唐稷尧：“论经济犯罪行为的界定”，西南政法大学 2005 年博士学位论文。

〔4〕 ［日］西原春夫：《刑法的根基与哲学》，顾肖荣等译，法律出版社 2004 年版，第 106 页。

〔5〕 参见唐稷尧：《经济犯罪的刑事惩罚标准研究》，四川大学出版社 2007 年版，第 152～159 页。

成的损害或造成损害的危险越直接，被害人越集中，社会公众对该行为的不可容忍性越大；如果该行为距离其个体利益很远，其可能对该行为持漠视态度，而并不关注该行为，更谈不上对它的容忍与否。西原春夫教授对社会公众不可容忍的态度从心理形成机制层面进行了精辟的分析，他指出："一般国民的反应不是针对已经犯下的不良行为的反应，而是如俗话所说'明天发生在我身上'，是考虑不良行为将来会针对我自己时的情况所做出的反应。一般国民的反应是针对国家的，内容是希望国家取缔这种不良行为，以免波及自己。这两者采取不同形式的个人的欲求合而为一，以致达到了可认为是国民的整体意见的程度，此时就可以认为是'国民的欲求'了。"〔1〕明确了这一点，我们就能理解为什么社会公众对醉酒驾驶、追逐竞驶、校车超载超速等危险驾驶行为有较大的不可容忍性。醉驾、飙车等是高概率、高风险的行为，会对不特定多数人的生命安全利益造成极大的危害。近年来因酒驾、飙车、校车超速超载等危险驾驶行为而引发的重、特大交通事故层出不穷，激起了巨大的民怨，各地公众社会安全的神经不断地被刺激，由于每个公民的生命安全都有可能受到危险驾驶行为的威胁或损害，社会公众越来越表现出对危险驾驶行为"零容忍"的明确态度。2009 年凤凰网曾经进行了关于"醉驾入刑"的网络在线调查，有 16 341 人参与，调查结果显示 90% 以上网民都支持在我国《刑法》中增设危险驾驶罪。因此，有人认为，增设危险驾驶罪是对经济社会发展和公众民意的回应，是立法民主化的体现。〔2〕

（2）民生侵权行为对社会的客观影响程度。一方面，某种行为对社会的损害越大，影响范围及其被害人越广，社会公众对它的负

---

〔1〕［日］西原春夫：《刑法的根基与哲学》，顾肖荣等译，法律出版社 2004 年版，第 99 页。

〔2〕参见徐伟、林燕："酒后驾车行为严查之下仍时有发生 专家热议是否增设危险驾驶罪"，载《法制日报》2009 年 9 月 24 日，第 5 版。

面感受就越强，进而对该行为的不可容忍性也就越大，也就越认为其应当受到刑罚处罚。另一方面，国家动用最后的、最严厉的处罚手段来惩罚和遏制某种行为，主要是因为该行为对法律制度的损害最终会危及表现为国家利益、社会利益的社会基本生存条件。因此，某种行为造成的客观损害大小、涉及范围的广度以及被害人和潜在被害人的广泛性等因素在影响公众对该行为的容忍度的同时，也直观体现出它对基本生存条件的损害或损害危险。[1]

（3）民生侵权行为在伦理上的可谴责程度。一般来说，违法行为与社会生活中的基本行为规则越相悖，其应受伦理谴责性就越强，公众对该行为就越不可容忍。行为的伦理可谴责性之所以能够与社会公众对该行为的容忍程度相联系，首先，取决于刑法规范本身的属性。作为社会行为规范的一种，刑罚具有的严厉性决定了刑法所容纳的行为规范应当是社会成员交往的最基本行为规范，它们既是个人在社会中生存的基本条件，同时也是社会本身存在的基本条件，它们由于为全体社会成员所认同而在事实上成为“伦理的最低限度”。其次，也是刑罚正当性的表现。刑罚应是对应受谴责的恶害行为的惩罚。当代英美学者认为，“如果当人的行为不是以值得谴责的方式做出，国家对他的刑罚处罚就是不正义的，刑事责任主要以道德的可谴责性为基石”[2]。刑罚适用的正当根据首先在于符合了善有善报、恶有恶报这种人类社会古老、普遍的正义观念，满足了社会公众对公正的需要，此即为刑罚惩罚的伦理基础。当行为背离了公认的基本行为准则，而该行为准则恰是社会存在与个人存在的基础时，行为对人类基本秩序的侵害越严重，就越不为社会公众所容忍。相反，行为越远离社会的基本规则，社会公众就越能

〔1〕 参见唐稷尧：《经济犯罪的刑事惩罚标准研究》，四川大学出版社2007年版，第154~155页。

〔2〕 Michael Jefferson, *Criminal Law* (5th Edition)，法律出版社2003年版（英文影印本），第5页。

对其容忍。由此说明，为什么在民生犯罪领域，社会公众对于损害生命、健康财产的犯罪要比侵害保障民生管理秩序的犯罪更加不能容忍，从而对前者在入罪标准上不设置或设置低的量的要求，而在后者的入罪标准上设置高的量的要求。因为，前者是对社会基本规则的违背，直接动摇了人类社会的生存基础，而后者是对国家的社会管理秩序的违反，只有在达到一定的程度要求而危及民生保障秩序的基础时，公众才可能会对该行为产生伦理上的负面评价。

四、刑法不得已原则之于民生刑法的司法展开

刑事立法和刑事司法是刑法制度实践的两个基本环节，二者密不可分：没有立法，就无所谓司法；而没有司法，立法就毫无意义。法律上的一切问题，只要它还是一个实践性的问题（区别于法学上的纯理论问题），就必须由立法和司法共同加以解决。对于民生犯罪刑罚边界的思考，自然也应通过立法和司法及其交织的现实情境进行一体性的考虑。

对于一个不当行为而言，到底在何种情况下才宜于犯罪化，不仅是立法者在立法时所面临的问题，也是司法机关在适用法律的过程中所要面临的问题。合理地解决这个问题，既有利于提高刑事立法的妥当性和效率，也能妥善地处理刑法与民法、行政法的分工和配合问题，彻底地贯彻刑法的谦抑精神，让其成为真正的最后手段。

我国《刑法》的犯罪论体系一直都是以实质危害作为犯罪化的依据，在定罪中需要考察该行为是否具有“不得已适用刑法”之境况——如果该行为能够通过其他部门法加以规制，则无需发动刑法；若通过其他部门法无法达到规范其行为、保护法益之目的，才可发动刑法。但在风险社会中，立法者为保护社会秩序的安宁，经常通过立法的形式将抽象危险犯归入刑事制裁中，实现法益的提前保护。而这就可能产生刑法与其他部门法之间的“模糊地带”，导

致它们的分界标准难以厘清。但是司法的明确性要求法官在适用法律时不能模棱两可。如果某一行为的定性正处于“模糊地带”，则应审慎适用刑法。

以危险驾驶罪为例，自设罪以来，据不完全统计，全国法院共受理涉嫌此罪名的一审刑事案件558 397件，尚没有无罪处理的判决。[1]尽管实务界和学界对醉驾定性定量问题有过思考，但尚未就何时发动刑法提出足够的学理依据和操作标准，至此，对该类犯罪的考量仍处于空白阶段。中国传统刑法理论通说认为，严重的社会危害性是刑法与其他部门法的分界标准，任何刑事犯罪都具有自身质与量的规定性，是危害社会的质与量的统一。根据某种行为的社会危害性严重与否决定其应否定罪看似很具说服力，但是何谓“严重”，一直困扰着实务界和理论界。由于司法参与主体的认知、情感等具有差异，判断某一行为是否具有严重的法益侵害性，则成为司法难题。虽然为了更准确地适用刑法，最高人民法院经常颁发司法解释或者指导意见规范各级人民法院对个罪的认定，且借助审判技能和经验在一定程度上能够减少随意司法的危险，但由于个人理念差异、地区发展不均衡等因素，不能绝对避免出现“出罪”“入罪”的随意性的情况，易导致司法权威受到破坏。刑法并不是以所有的违法行为作为对象，也不是对任何具有侵害性或危险性的行为发动。应尽量采用其他的手段规范人们的行为，只有当其他手段不能起到恢复社会秩序作用之时，方可发动最严厉的制裁手段——刑罚。我国《刑法》第13条“但书”的规定，是司法出罪的法律依据。但是危险驾驶罪自立法以来，实践中并未引用此条规范对一些情节显著轻微、危害不大的行为作无罪处理，有一部分判

〔1〕 此数据来源于中国裁判文书网，笔者在该网刑事案件类型中以“危险驾驶罪”作为判决结果的检索词、以“《刑法》第133条之一”作为法律依据的检索词进行搜索，截至2017年12月3日有一审案件558 397件。

决仅从字面上依从刑事法律之规定，只要实施了在道路上醉酒驾驶机动车的行为，裁判中一律定罪，刑法适用之扩张达到顶峰。为避免这种违反法治理念的现象成为国民重刑心理的催化剂，使国民非理性地认为重刑具有最大威慑力，应充分发挥刑法不得已原则在司法活动中的理念指导作用。

刑法不得已原则在刑法学中的适用源于功利主义学说，纯正的利益衡量是刑事司法区别于其他部门法的重要特征之一。既然在案件事实的认定上无法区分正与不正（醉酒驾驶机动车的行为），那么只能求助于法律的评价认知是否契合公众的心理情感（如果仅就醉驾这一社会事件而言，它只不过降低了我们内心深处的安全感，这在伦理学与心理学上只是一种感知，而只有通过法律的理性评价，才能认知这一行为是适宜于社会的发展还是扰乱人们的正常生活秩序）。虽然立法上规定了危险驾驶罪，但是仅因为行为人在道路上醉酒后驾车这一行为就动用严厉的刑事制裁，而不考虑个案中对刑法法益侵害的危险性和现实性等情节，无疑是将刑法作为“家父主义”的代名词——为了制止可能发生的对自己或他人造成的危害，刑法要像尊贵的父亲一般涉入子民生活的方方面面，这种泛犯罪化的司法不仅损害刑事法律制度的权威性和公信力，而且将刑法作为悬挂在日常生活中的利刃，只要稍不注意就会刺向行为人的自由。所以，对于推定的危险犯的定罪要进行严格的限制。

不可否认，醉驾的行为确实可能会造成严重的后果，但是这种行为是否一经发现就要适用刑法定罪，是否适用其他非刑法手段就不能规制人们的行为？刑法作为社会的最后一道防线，在适用过程中“不理会琐细之事”[1]，“不得已”应成为刑法适用的理念，刑法应当且只应当在穷尽非刑罚手段之后迫不得已才予以发动，唯在此时，刑法的发动才符合国民的预期，给予公民更大的自由。需要

〔1〕［日］平野龙一：《刑法总论Ⅱ》，有斐阁1975年版，第223页。

特别指出的是，在坚持罪刑法定的基础上，以刑法不得已原则作为指导理念，对刑事司法活动的作用仅是除罪化，因为根据刑法不得已原则对犯罪圈的双向限制，应当入罪但并未纳入犯罪圈的，受制于罪刑法定原则，不得对行为人定罪量刑；而应当出罪，形式上符合刑法规定但对其作除罪化处理并不违反罪刑法定原则保障人权的实质精神的，可以出罪。换句话说，刑法不得已在司法层面仅具有出罪指引而无入罪指引的功能，实际上发挥着对我国罪刑法定原则出罪机能缺位的补位作用。

第二节　部门法互动的视角：确保民生保护的法律体系的协调衔接

民生问题是关系国民、社会乃至国家的重大问题。该问题的解决，需要包括刑法在内的法律规范的有效监管与合理惩治。在民生领域中，刑法保护的价值需要在制度对比中加以体现，其中刑法与其他部门法的界分与协调是尤其需要关注的。在民生领域中，与刑法相关的部门法主要是民法和行政法，前者以“拒不支付劳动报酬罪”为代表，后者以“危险驾驶罪”为典型。两个罪名一经《刑法修正案（八）》增设，就在社会各界引发了广泛争论，其本质上反映了对刑法与民法、刑法与行政法之间的法律关系如何定位以及如何平衡的探讨。刑法是保障社会民生利益的最后防线，没有刑法做后盾，其他部门法难以得到彻底地贯彻，无法完成民生保护的任务。因此，在民生保护中，部门法之间应当合理界分，严格控制民生犯罪的范围、加大相关部门法的保护力度，建立融合统一的民生法律保护体系。

一、刑法与其他部门法的关系之反思

“法律体系是以宪法为指导，以部门法为主干，以刑法为保障

的内部严谨、外部协调一致、相互有机联系的法律规范的整体。"[1] 在我国的法律体系中，刑法与其他部门法的关系问题本质上就是如何划定犯罪圈、刑法如何与部门法协调衔接的问题。刑法的后盾法地位表明，只有相关部门法不能有效地调整、具有特殊重要性的社会关系，才可以被纳入刑法的规制范围，由此划定了刑法的应然犯罪圈。刑法的保障法地位，决定了相关部门法是刑法的前提性规范，刑法必须与其保持良好的衔接。

（一）客观现状：刑法扩张趋势明显

1. 为了控制社会风险，加强对民生领域的刑法保护成为必然选择。"经济的急速发展与社会关系的高度分化使社会呈现出风险的特征，刑事立法不得不紧跟社会形势频繁扩张，以应对风险社会隐藏的巨大危险。"[2] 我国是否进入风险社会尚有待观察判断，但可以肯定的是，社会风险控制确实已经成为刑法的重要任务。现代国家的社会风险具有覆盖广泛、快速扩展的特点，社会风险能够使民众形成强烈的心理恐惧，尤其是在关系民众身体健康、人身安全的领域，如果不能及时加以应对，可能会对社会发展造成破坏性的后果。基于社会风险的扩张和加剧，民众对社会安全感有着更加强烈的需求。于是，如何合理地控制社会风险，尽可能地降低社会不安全性，成为现代刑法面临的严峻考验。这一点在环境污染、食品安全、信息安全、公共安全等与民众生活密切相关的民生领域显得更为突出。近年来，刑法加强了对民生领域的保护力度，通过扩大适用范围、降低入罪门槛等方式强化了刑法的社会保护功能，对群众密切关注、关系切身利益的民生问题给予了及时回应，尤其是药品安全、食品安全、环境污染、支付劳动报酬等热点民生问题。

---

〔1〕 张明楷："论刑法在法律体系中的地位——兼论刑法的补充性与法律体系的概念"，载《法学研究》1994年第6期。

〔2〕 高铭暄："风险社会中刑事立法正当性理论研究"，载《法学论坛》2011年第4期。

2. 市场经济的迅速发展，对法律体系提出了更高的要求。经济发展过程中，一些错误观念逐渐形成，严重影响了正常的市场秩序，同时也极大地损害了普通劳动者的经济权益。为了满足市场经济良性发展需求，有限动用刑法可以引导公众形成正确的市场观念。例如，“恶意欠薪”入刑改变了“拖欠是市场经济中的正常现象”的错误观念。由于现实生活中拖欠农民工工资的现象屡见不鲜，部分农民工被迫采取下跪、威胁跳楼等极端方式讨薪。尽管通过多方面协调，农民工权益得以保护，但类似报道的层出不穷，严重损害了人们对我国市场运行秩序的安全感和信赖感。恶意拖欠工资，已经不再是少数用人单位和部分农民工之间的个别问题，而是一个影响市场经济良性运行的具有一定普遍性的社会问题，其损害的是社会利益。从这一意义上说，刑法基于保护农民工权益和维护社会市场秩序考虑，将恶意欠薪问题纳入刑法调控范围具有正当性根据。

3. 个别部门法的保障缺失，间接导致了刑法保护需求的增长。以劳动者的劳动报酬权的法律保障为例。有学者指出，在现有的法律文件中，大概有 5 部涉及调整劳动者薪酬的法律法规和司法解释，其中包括《劳动保障监察条例》(2004 年)、《中华人民共和国劳动争议调解仲裁法》(2007 年)、《最高人民法院关于当前形势下做好劳动争议纠纷案件审判工作的指导意见》(2009 年)、《最高人民法院关于审理劳动争议案件适用法律若干问题的解释（三)》(2010 年)。根据上述法律文件，若用人单位未及时支付劳动报酬，劳动者可以使用“申请仲裁”和“申请支付令”的民事法律手段获得救济；劳动者也可以使用行政法律手段获得救济，即“向劳动行政部门投诉”，劳动保障行政部门查实后责令用人单位“限期支付劳动者的工资报酬”或“向劳动者加付赔偿金”。[1] 然而，无论是向仲裁机构或法院申请处理，还是向行政机关进行投诉，无不耗时费力，无法及时解决劳动者急需薪酬的燃眉之急。而且，在实践操作中，由于权责不明，相关部门互相推诿的情况时有发生。相关部门即使想要依法对不予执行支付令或者处理决定的用人单位进行行政处罚，也会由于法律中缺乏明确的制裁规则而难以付诸实施。一旦行政处罚无法实现，只能诉诸类似“情节严重构成犯罪的，依法追究刑事责任”的模糊性规定，依靠刑法的威慑功能实现对公众权益的保护。由此可见，一些部门法惩罚机能的萎缩，客观上造成了公众对刑法的期待以及部门法对刑法的依赖，刑法不得不承担更多的社会保护职能。

此外，部分犯罪行为与违法行为之间的界限不清，容易导致司法实践中出现过分倚重刑法的现象，将一般违法行为以犯罪论处，这一做法使得行为入罪的司法根基不牢固，模糊了刑法与相关部门法的界限，造成了刑法界限的不适当扩张。

（二）现实需求：部门法间衔接协调的必要性凸显

1. 控制刑法保护尺度，坚守刑法的谦抑。现代刑法扩张应当保持在一个合理限度内，避免将刑法当作万能工具，过多干涉社会生活。刑法保护尺度的合理控制：其一，要承认相关部门法保护手段的优先地位。刑法只能提供有限度的保护，而且这种保护是一种补充性的法益保护，只有在用尽相关法律手段仍然无法实现法益保护的目的时，才能容许刑法的介入。消解社会风险过程中，采取刑法还是其他部门法保护手段，需要结合不同领域进行具体分析，对经济纠纷、劳资纠纷等更适合运用民商法、经济法等其他部门法保护的领域，刑法应谨慎介入。司法过程中，刑罚手段的运用一定要

---

〔1〕参见刘艳红：“当下中国刑事立法应当如何谦抑？——以恶意欠薪行为入罪为例之批判性分析”，载《环球法律评论》2012年第2期。

谨慎，让劳动行政、监察等方式发挥更大的作用。不能过分夸大刑法的作用，应当承认，社会的安定发展仅仅依靠刑法保护是无法实现的。其二，要进行制度选择的利弊分析。受到司法资源有限性的制约，刑法必须实现公正和效率的平衡，这就意味着，从效率对比的角度，当存在廉价的更具竞争力的刑法替代品时，选择、适用其他部门法无疑是最为明智的态度。所以，有必要对各部门法的功能进行对比考察。当实践证明，行政法、民商法能够以最小的成本处理违法行为时，就没有必要将之上升为犯罪的高度并以刑罚严惩。[1]

2. 强化部门法保护力度，减轻对刑法的依赖。由于个别部门法无法发挥应有的调整作用，刑法保护的扩张实属无奈。要避免刑法对民生领域的过度介入，主要可从部门法的立法和执法两个方面加大对民生利益的保护。在立法方面，强化个别部门法的惩罚功能，提高立法科学化程度。具体而言，一些部门法应在“法律责任”部分，明确行政机关的具体职责，细化行政处罚的种类，增强法则条款的可操作性。由此，法律规范可操作性的提高，有助于相关法律规范作用的有效发挥。在执法方面，完善执法规定，消除执法真空，解决部门法执法不到位的问题。对民事领域、行政领域的违法行为给予及时打击和惩治，避免事态恶化到不得不动用刑法的地步，尤其是在环境保护、食品安全等领域，必须加强行政监管保护力度。政府监管部门的消极监管、被动监管以及事后监管是问题产生的深层次根源。积极探索建立行之有效的全方位监管机制，才是解决问题的根本之道。

3. 促进与其他部门法的融通，丰富和完善刑法的规制体系。

---

〔1〕参见王利宾：“部门法衔接视角下的刑法问题研究”，载陈泽宪、李少平、黄京平主编：《当代中国的社会转型与刑法调整》（上卷），中国人民公安大学出版社2013年版，第42页。

刑法应立足于自身功能，优化资源配置，从而实现制度效益的最大化。任何制度都有其优势和劣势，我们能做的是对刑法予以恰当定位，贯通其与其他部门法的联系，关注行为危害的多样性以及行为评价的复合性，重视制度叠加的效益，最大限度地发挥各项法律的制度优势。社会危险性在程度上有一个由轻到重的发展过程。对于一些危害性较小的不法行为，应该由民事、行政等相对较轻的制裁措施予以惩治，对于危害性较大的、其他部门法无法发挥其应有的治理效果的不法行为，才能动用刑事制裁力量。在制裁力度上，民事制裁、行政制裁、刑事制裁之间是一种递进式的衔接关系，刑事制裁具有最后性。唯有如此，才有利于实现刑法与相关部门法分别从不同维度、不同层次发挥各自保护作用，在调整范围上实现接轨。对违法行为进行分段式处理，刑法调整的压力可以尽可能地得到缓解。

总之，刑法在确保公正的同时，应当注重制度本身的效率性。刑法可以借助其他部门法的力量来丰富和完善自身的规制体系。对刑法进行绩效考量和制度重置具有重要的实践意义，不仅能提升刑法的效能，还能促进部门法之间的交流和融合，这对于法律制度整体质量的提高不无裨益。[1]

以食品安全犯罪为例。在我国现行法律体系中，食品安全在受刑法保护的同时，也受到民事和行政法律的保护。在民事上，消费者因产品质量问题受到侵害的，既可以根据《合同法》的规定追究销售者的违约责任，也可以依据《侵权责任法》追究生产者或销售者的侵权责任。同时，通过行政管理手段监管食品安全也是十分重要的。违法的食品生产者和销售者可能受到人身惩罚如拘留，也可

---

〔1〕 参见王利宾："部门法衔接视角下的刑法问题研究"，载陈泽宪、李少平、黄京平主编：《当代中国的社会转型与刑法调整》（上卷），中国人民公安大学出版社2013年版，第43页。

能受到财产处罚如罚款、没收等，还可能被处以资格惩罚如吊销营业执照、停业整顿等。当民事和行政手段都不足以有效惩治危害食品安全的行为时，必须适用刑罚予以打击。而刑罚的正当性根据在于它必须是为惩治犯罪所必需且有效的，刑法作为保护食品安全的最后一道屏障，是必要的。当然，食品安全刑法保护的范围是，必须出现食品危害人体健康的危险状态，才能认定为犯罪。

（三）完善路径：部门法之间静态衔接与动态平衡〔1〕

1. 刑法与相关部门法静态衔接，建立协调统一的法律保护体系。法律首先是一种静态的规范存在。加强刑法与相关部门法之间的规范衔接，是协调各部门法之间的关系、保障刑法保障功能得以有效发挥的重要途径。

（1）刑法与民法都是最为重要的部门法之一，它们之间虽界分严格但趋近融合。一方面，刑法、民法属于不同的法律部门，分别属于传统意义上的“公法”和“私法”。在《布莱克法律辞典》中，“公法”被解释为“调整个人与政府之间关系的法律，或者调整政府自身之结构或运行的法律，如宪法、刑法、行政法等”〔2〕。而“私法”则被解释为“调整市民及其财产与关系的法律。公法的对立词”〔3〕。根据上述解释，公、私法的划分基本上一目了然，两者在调整范围、责任形式上具有明显的差异。具体而言，在调整范围上，公法注重对民事关系的干预和对社会经济生活的管理；而私法则强调民事主体依法对自己的民事权利和利益所做出的处

〔1〕 参见赵秉志、袁彬：“刑法与相关部门法关系的调适”，载《法学》2013年第9期。

〔2〕 Bryan A. Garner ed. , *Black' s Law Dictionary*, West Publishing Company, 8th ed. , 2004, p. 1267.

〔3〕 Bryan A. Garner ed. , *Black' s Law Dictionary*, West Publishing Company, 8th ed. , 2004, p. 1234.

分。[1] 在责任形式上，刑事处罚体现的公法责任，是国家对犯罪行为及其行为人所作的否定性评价和谴责。[2] 而民事处罚体现的是私法责任，“作为私法概念的民事责任的最后归属是债，民事责任是债的一种存在形式”[3]。刑事处罚与民事处罚在性质上存在差异，由此决定了两者之间不能互相替代。另一方面，随着社会的发展，哲学观念发生了巨大的变迁，由个人本位向社会本位转变。主张“个人利益与社会利益绝对对立”的观点为主张“个人和社会对立统一”的观点逐步取代，个人主义重新与社会利益进行整合。社会本位的思考方式，对当代的刑法和民法都产生了相应的影响，使刑法在关注社会的同时看到了个人，使民法在关注个人的同时看到了社会，使两者同时都看到了社会中的个人，从而使它们在各自的立场上向对方趋近。公法和私法之间不再是不可逾越的鸿沟，部分私法关系开始向公法领域延伸，公法开始适度加强对私人活动的控制。同时，人们也开始从整个社会的高度重新思考刑法和民法的问题，要求刑法和民法在功能上相互协调配合，服务于共同的社会目标。因此，刑法和民法、刑事责任和民事责任能够在某种程度上实现互相融合。[4]

客观地讲，在我国的法律制裁体系中，刑事处罚与民事处罚在类型上保持了较好的衔接和配合。我国《刑法》第 36 条第 1 款规定：“由于犯罪行为而使被害人遭受经济损失的，对犯罪分子除依法给予刑事处罚外，并应根据情况判处赔偿经济损失。”第 37 条规定：“对于犯罪情节轻微不需要判处刑罚的，可以免予刑事处罚，

---

〔1〕 参见屈学武主编：《刑法改革的进路》，中国政法大学出版社 2012 年版，第 121 页。

〔2〕 参见曲新久：“论刑事责任的概念及其本质”，载《政法论坛》1994 年第 1 期。

〔3〕 柳经纬：“从‘强制取得’到对债的依归——关于民事责任性质的思考”，载《政法论坛》2008 年第 2 期。

〔4〕 参见刘宇：“民刑关系要论”，吉林大学 2007 年博士学位论文。

但是可以根据案件的不同情况，予以训诫或者责令具结悔过、赔礼道歉、赔偿损失，或者由主管部门予以行政处罚或者行政处分。”

遗憾的是，法律概念的内涵与法律行为的评价尚需统一界定。同一法律概念常常在刑法与其他部门法中同时使用，但由于法律根本目的的差异，对同一概念出现了不同的涵义界定，如对“占有”“结婚”“信用卡”的理解，刑法与民法就有很大的差异。此外，在不同的法律规范中，对同一行为也存在不同的评价后果，例如诉讼诈骗行为，在民法上符合民事诉讼法的程序正义，但在刑法上则一般会构成犯罪。刑法、民法这种对同一概念与同一行为的不同理解与法律评价，就可能导致“民法上合法，而刑法上违法”或者“民法上不受保护，而刑法上却受保护”的冲突现象的存在。这种差异的存在，在一定程度上模糊了刑事犯罪与民事不法的区分，更有损于刑法与其他相关法律的协调。因而，我们需要考察刑法与其他部门法（尤其是民法）在功能和目的上的差别，正确界定法律概念的内涵和外延，并对相关行为进行统一评价，实现刑法与其他部门法的合理衔接。

（2）刑法与行政法之间既交叉竞合又衔接配合。行政法是我国重要的法律部门，其主要内容是规范行政机关对社会公共事务的管理活动。现代社会需要行政法，它能够快速、及时地调整社会的异常情况，因其调整的对象涉及社会生活的方方面面，包括公共卫生、环境保护、社会秩序、社会安全等各个方面，行政法逐渐成为民生权益保护的主要法律。随着现代社会的快速发展，国家公共事业的范围空前扩大，国家的行政职能日趋增强，各国纷纷将严重违反国家行政管理法规的行为规定为犯罪。因此，从世界范围来看，刑法的犯罪形态已经由自然犯时代进入到法定犯时代。有很大比例的民生犯罪是侵犯了国家、社会对于社会民生利益保障的管理秩序的犯罪。

刑法与行政法在静态上呈现交叉、竞合的状态。少数情况下，相关行政法条款的表述与刑法基本一致甚至完全相同，部分违反行政法的行为与相关的犯罪行为在行为模式上几乎相同，二者只有程度的差别，即情节、后果严重的就是犯罪，而只要行为已经构成犯罪则必然违反行政法。[1] 最为典型的是《治安管理处罚法》与刑法典在某些条文上体现了高度的竞合。例如，《治安管理处罚法》第40条第3项与《刑法》第245条在非法侵入他人住宅、非法搜查他人身体，《治安管理处罚法》第51条与《刑法》第279条在冒充国家机关工作人员招摇撞骗，《治安管理处罚法》第52条第1项与《刑法》第280条在伪造、编造或者买卖国家公文、证件、印章等行为模式上表述完全相同，具有直接的对应关系。多数情况下，刑法将相关部门法（包括行政法律法规）作为规范的前提，其主要体现是空白罪状。空白罪状是我国刑事立法的一个特点。部分罪名中，刑法条文没有具体叙明犯罪构成要件的特征，需要参照、援引其他法律规范来确定，“前提法”的违法性判断成为认定是否构成犯罪的基础条件。空白罪状表述各异，其标志性的表述是“违法某特定法律法规”。例如，《刑法》第330条规定的妨害传染病防治罪，该罪的成立是以违反《传染病防治法》的规定为前提的；《刑法》345条第2款规定的滥伐林木罪，是以违反《森林法》的规定为构罪前提的。还有一些情形，刑法虽然没有明确将相关部门法作为认定犯罪的前提，但条文中隐含了这一内容。例如，《刑法》第140条规定的生产、销售伪劣产品罪，罪状中没有规定适用的前提法，但从内涵上看哪些产品属于“不合格产品”需要依照《产品质量法》第26条第2款关于产品质量的规定进行判定。

行政法作为刑法的前置性规范，两者之间还呈现衔接的状态。刑事犯罪与行政违法存在着很大的差异性，两者在违法性质和危害

---

〔1〕 参见周佑勇、刘艳红：“行政刑法性质的科学定位（下）——从行政法与刑法的双重视野考察”，载《法学评论》2002年第4期。

程度、违法情节的轻重、违法构成的主观要求和主体要件以及应受的惩罚方法等方面都存在很大的不同。正是刑事犯罪与行政违法之间的共同和相异之处，决定了两者具有多方面的衔接性。两者的衔接和配合，除了行为方式以外，还体现在制裁方式、制裁程度、制裁程序等方面。从制裁方式来看，刑事处罚与行政处罚都是公法责任，在性质上比较接近，在类型上也较为相似。例如，刑法上的拘役、有期徒刑、无期徒刑与行政法上的行政拘留；刑法上的没收财产、罚金与行政法上的罚款；刑法上的驱逐出境与行政法上的驱逐出境，它们在制裁的类型上基本一致，但在程度上有所区别，由此体现了两种制裁方式的必要衔接。[1] 从制裁程度上看，刑事制裁与行政处罚也保持了基本的衔接。例如，刑法上拘役的最低期限（1个月）和行政法上拘留的最高期限（20日）较为接近，体现了两者在处罚严厉性上的衔接。从制裁程序上，行政处置、行政处罚是部分犯罪认定的前置程序或前提条件。例如，《刑法》第276条规定的拒不支付劳动报酬罪，必须“经政府有关部门责令支付仍不支付”才成立犯罪。《刑法》第153条规定的走私普通货物、物品罪，是以“一年内曾因二次走私被给予行政处罚”这一行政处罚作为构罪前提。可见，刑事犯罪与行政不法在处罚程序上也具有一定程度的衔接。

尽管刑法与行政法在静态衔接方面总体比较合理，但仍然存在须改进完善之处，主要体现为以下两方面：一是部分“前提法”存在设计漏洞，会使刑法适用陷入无法可依的困境。例如，在食品安全领域，对进口食品的安全规制一直存在困扰。国家出入境检验检疫机构对进口食品的检验以及国务院卫生行政部门对食品安全要求的把关，是保证进口食品达标的重要制度。随着我国网络购物模式

---

〔1〕 参见赵秉志、袁彬：“刑法与相关部门法关系的调适”，载《法学》2013年第9期。

的迅猛发展，以网店形式销售未经申报私自携带进入国内的进口食品的数量越来越多，网购进口食品的食品安全问题日益凸显，规范网络食品经营者的相关法律法规的缺乏导致消费者的食品安全权的保障存在困难。一旦发生食品安全问题，如何判断是否属于“销售不符合食品安全标准的食品”，势必成为一个难题，进而无法定罪量刑。因此，对涉及刑法罪名的相关部门法规定应当严格审查，规定模糊或是存在遗漏的，必须及时修改或进行补充性规定。〔1〕二是针对部分违法行为的法律制裁衔接不合理。通常而言，根据行为社会危害性的不同，对其适用的法律制裁措施也有所差异。在制裁力度上，民事制裁、行政制裁、刑事制裁应是逐步递进，有序对接，以应对行为危害性由轻到重的发展过程，既不能出现法律制裁严厉性倒置的情况，也应避免跨越式处罚的情形。据此，有学者从刑法与相关部门法的关系原理分析，认为“醉驾一律入刑”的立法规定是值得斟酌的。他认为，“就醉驾而言，考虑到它只是一个轻罪，因而作为犯罪处理的醉驾行为应当是社会危害性阶梯上危害较大甚至最大的情形。相比之下，那些危害程度一般、危害程度较轻乃至显著轻微的醉驾行为，显然不应被纳入刑法的制裁范围，而只能作为一般的违法行为给予行政处罚”。他还指出，“我国 2011 年 4 月 22 日新修订的《道路交通安全法》取消了针对醉驾的行政拘留和罚款，只保留了‘吊销机动车驾驶证’的处罚措施，是对醉驾入刑的误读，将导致刑法与行政法对部分醉驾行为制裁的失衡”〔2〕。此外，笔者也认为，在惩治不法行为时，立法者应当充分利用民事、行政制裁手段的前置作用，同时防止法律制裁措施严厉

〔1〕参见李少平：“论刑法的社会保护功能——兼论刑法与相关部门法的衔接协调”，载陈泽宪、李少平、黄京平主编：《当代中国的社会转型与刑法调整》（上卷），中国人民公安大学出版社 2013 年版，第 23 页。

〔2〕赵秉志、袁彬：“刑法与相关部门法关系的调适”，载《法学》2013 年第 9 期。

性的倒置现象，以体系性思维设计各项制裁措施，达到法律制裁的合理平衡。

2. 刑法与其他部门法动态双向发展，保证刑法自身制度的生命力。在现代法治国家，刑法的调整范围是动态变化的，进而导致了刑法与相关部门法调整范围的动态发展。刑法之所以要保持动态开放性，主要原因在于其运作时需要从民商法、行政法、经济法等各个部门法中汲取解释能量和生活基础。〔1〕

刑法与其他相关部门法在动态上是交互运动、相互转化的。有学者认为，我国刑事立法与行政立法缺乏衔接，不该犯罪化的刑法予以犯罪化了，应当犯罪化的刑法未适时犯罪化。要做到两者的协调，必须顺应社会的发展，及时实现行政违法行为的犯罪化和行政违法行为的非犯罪化。〔2〕也有学者强调，“刑法与民法在调整对象、规范、行为、法律责任上存在较多交叉、竞合之处，处理刑法与民法交错问题时要有刑法与民法关联思维，对其进行整体性、交互式思考”〔3〕。“出刑入民”和“出民入刑”正是刑法和民法关系动态发展的反映。刑事犯罪与非刑事不法（尤其是行政违法）并没有绝对的界限，随着社会的发展，它们之间会出现互易的情况。“犯罪化”和“除罪化”的思潮，促进了刑法与相关部门法之间的交互转化。

在“犯罪化”思潮的影响下，刑法将原本属于民事、行政等相关部门法所调整的行为，因其社会危害性逐渐增大而纳入规制范畴使之犯罪化。换言之，这也是民法、行政法等相关部门法的刑法

〔1〕参见王利宾：“部门法衔接视角下的刑法问题研究”，载陈泽宪、李少平、黄京平主编：《当代中国的社会转型与刑法调整》（上卷），中国人民公安大学出版社2013年版，第43页。

〔2〕参见屈学武主编：《刑法改革的进路》，中国政法大学出版社2012年版，第129页。

〔3〕朱铁军：“刑法与民法之间的交错”，载《北方法学》2011年第2期。

化。在强调民生利益保障的现代社会，适度犯罪化将是较长时期内我国刑法与其他部门法关系动态发展的主流趋势。对于一些严重的民生侵害行为，在民事、行政等法律制裁手段无法达到遏制目的时，根据行为的现实损害、影响范围、发展趋势等状况以及我国法律制度的配套情况，进行有选择地犯罪化，具有客观现实性和必要性。[1] 例如，《刑法修正案（八）》将“醉酒驾车、飙车”等危险行为入刑定罪，赞同者认为这是在行政处罚难以达到遏制“醉驾、飙车”的情况下，作出的犯罪化的立法活动。因为，尽管“醉驾、飙车”违反道路交通法规，是行政违法行为，但处以行政处罚明显过轻，不足以威慑醉驾行为，必须动用刑法予以惩治。然而，若适用刑法中的已有罪名，无论是交通肇事罪还是以危险方法危害公共安全罪，不仅无法准确反映其罪质特征，而且会出现处刑过重的状况。增设危险驾驶罪、并处以拘役，既能反映醉驾、飙车行为所具有的危害公共安全的特性，还能弥补处罚断档的空白。从这个角度来看，该项行政违法向刑事犯罪的转换立法具有正当性。[2] 总之，对于哪些民生违法行为应当入罪从而使之成为民生犯罪，需要立法者关注相关部门法立法，并对各种民事违法、行政违法以及经济违法行为细致考量，适时进行犯罪化。

在“除罪化”思潮影响下，立法者认为刑法中原有的犯罪没有继续存在的必要而把该行为从刑法规定中撤销，使其民事违法化或者行政违法化。简单而言，就是刑法的民法化或者刑法的行政化。除罪化是与犯罪化同步的刑法观念，除罪化在西方国家的内容之一

〔1〕 参见赵秉志：“我国刑事立法领域的若干重大现实问题探讨”，载《求是学刊》2009年第2期。

〔2〕 对于“醉驾一律入刑”的立法规定，笔者也持反对意见。“醉驾入刑”是合理的，但凡是醉驾一律定罪不正当，不仅破坏了刑法与行政法的制裁力度的递进、衔接关系；还会因为无论情节轻重均处以拘役并处罚金，造成刑罚无区分度，导致量刑不公正。

就是对违警罪进行非犯罪化，排除违警罪的刑事犯罪性质，将其视为对法规的违反，只处以行政罚款，而不处以刑事罚金。[1] 在我国，适时的除罪化是刑法与相关部门法关系动态发展的必然趋向之一。随着社会的发展和社会观念的更新，一些犯罪行为的社会危害性会逐步减弱甚至丧失，人们对待犯罪行为的态度也会逐渐理性、宽容。当某些犯罪行为具备了由民法、行政法等其他部门法规制的条件时，刑事立法应将其排除出犯罪圈，交由其他部门法予以调控。笔者认为，立法者不仅可以将某些犯罪整体地非犯罪化，如安乐死、赌博罪、非法经营罪都有可能呈现出逐步非犯罪化态势；也可以将某些犯罪的部分行为剔除出犯罪圈，交由其他部门法调整。

犯罪化与除罪化的趋势是双向的，因而刑法与相关部门法之间是交互转化和动态发展的。民生领域中，刑事犯罪与民事违法、行政违法之间的转化，必然导致各部门法在民生领域调控范围的扩大或缩小，因而刑法与其他部门法之间的动态发展直接影响着民生犯罪的界域。刑法和相关部门法都是我国民生法律保障体系的重要组成部分，它们共同构筑了较为完整的民生违法犯罪行为的治理网络，合理协调好它们之间的关系，明晰各自的界域，既能更好地发挥各法在保护民生中的作用，也能推动各部门法的发展完善，促进我国法律体系和结构的优化。

二、刑民关系的法律定位

刑法与民法的分离伴随着公法与私法分化的历史而产生，这一事实本身即表明，在分化之前，刑法与民法很可能存在一个“交错”或“合体”的时期。从世界法制的发展历史来看，文明社会

---

〔1〕 参见刘艳红、周佑勇：《行政刑法的一般理论》，北京大学出版社2008年版，第22页。

初期的法典编纂体例，大都是诸法合体、民刑不分。[1] 我国古代的法律体系也是民刑同一，有着长期"重刑轻民"的法律文化传统，民法的独特性淹没于泛刑事化制度之中。在中国古代的法律观念中，"刑"是等同于"法"的，都是禁暴止奸的手段。统治者往往错误地认为每一社会现象都需要刑法的介入，其结果是刑法过分地扩张，过多地侵蚀许多原本属于民法调整的领域。陈兴良教授指出："在中国古代，刑法成为一切违法（包括违礼）行为的制裁手段，因而一切违法（包括违礼）行为又无不归结为犯罪。"[2] 17、18 世纪，世界发生巨大变化，随着大陆法系国家先后建立起普通法院和行政法院的双重法院系统，公法与私法的划分被真正确立，促成了刑法与民法尤其是侵权行为法的分离。历史发展到今天，刑法与民法在各自原本的立场上开始向对方趋近融合。社会利益关系的摩擦日益加剧，法律大规模地渗透到社会生活的各个领域，正确界定刑事犯罪和民事违法，防止相互间的侵越成为当务之急。

（一）刑法与民法的界分

刑法与民法之间存在着严格的界限，有学者认为，主要可从如下角度考察：其一，从规范目的考察，刑法和民法虽然都是为了保护法益，但两者保护的方式各不相同。民法通过权利救济保护法益，并不关注对加害人主观过错的纠正，即旨在赔偿；刑法通过纠正加害人的主观恶性来保护法益，即旨在惩罚（或者说是报应）。[3] 据此，对于某一行为，若侧重于对受害人进行赔偿，则应适用民法；若旨在惩罚行为人，则应适用刑法。虽然民法中的侵权责任同时具有赔偿性和惩罚性两种功能，但惩罚性并不能改变民事责任原有的赔偿性，民法的主要目的仍是赔偿。与此不同，刑法侧

〔1〕 参见张晋藩主编：《中国法制史》，高等教育出版社 2003 年版，第 2~3 页。

〔2〕 陈兴良：《刑法疏议》，中国人民公安大学出版社 1997 年版，前言。

〔3〕 See Anthony Kennedy, "Justifying the Civil Recovery of Criminal Proceeds", *Journal of Financial Crime*, Vol. 12, No. 1, 2004, pp. 8~23.

重于惩罚，通过惩治犯罪人来保护第三人，以降低或者消除社会的普遍恐惧。通俗来讲，民法出于对个体赔偿的目的，看重的是个人所受到的损害结果；而刑法出于保护社会整体的目的，看重的不是损害结果本身，而是犯罪所体现出来的对社会秩序的严重挑战。其二，从规范对象考察，调整的行为是否超出公众的容忍限度可区分刑法和民法。刑法规定的犯罪往往是能够引起普遍恐惧的行为。当不法行为产生损害的风险和损害发生的概率较高，容易使人们产生恐惧感时，有可能直接动摇正常社会交往根基（即行为的可预测性和人与人之间的信赖），必须适用刑法禁止。[1] 而民法所调整的对象一般是不会产生普遍恐惧的行为，因为民事违法行为的受害人完全可以通过赔偿的方式获得权利的保护，故没有必要将其犯罪化。其三，从规范效果考察，民法控制行为的原理是行为人需对自己的行为造成的损害承担赔偿责任，这会阻止其从事加害行为或者鼓励其降低行为风险。如果加害行为的发现率太低，或者加害人的财产有限，受害人不愿意或者不能提起诉讼，民法很可能会失去对加害行为的控制力。为了保护法益，只能适用刑法进行禁止。[2]

刑法与民法之间的界限又具有相对性，刑事责任与民事责任有时往往只是程度不同而已。同样一种法益，常常由多个法律部门来保护，只不过刑法是最后、最严厉的保障手段。刑事危害与民事损害之间可能存在着质的相通性和量的衔接性。在强调人权保障的背景下，刑法调整的范围应该尽可能地限缩，让位于民法及其他部门法。晚近以来，大量的民事法律得以颁行，它们起到了塑造社会基础制度的作用，逐步把刑法推回到防卫社会的最后一道防线。民法地盘的扩大，相应地，刑法地盘的缩小，是我们这个社会健康发展

---

〔1〕 See Robert W. Drane, David J. Neal, "On Moral Justifications For The Tort/Crime Distinction", *California Law Review* Vol. 68, 1980, pp. 398 ~421.

〔2〕 参见杨春然：《刑法的边界研究》，中国人民公安大学出版社 2013 年版，第 160 ~192 页。

的标志之一。[1] 在社会发展过程中，刑法与民法等相关部门法之间所呈现的此消彼长的关系，反映了社会的法治发展进程，标志着社会不断走向文明和进步。

（二）刑法与民法的趋近

刑法与民法的趋近主要表现为刑法与民法的动态转化，即刑法的民法化和民法的刑法化。当刑法退出某些原本应由民事法律调整的领域，使某种行为非犯罪化，即为刑法的民法化；当民事法律不足以保护某种法益，需要动用刑事手段时，立法机关通过立法，将某种行为入罪实现犯罪化，即民法的刑法化。事实上，刑民趋近主要的发展趋向是刑法的民法化，很少表现为民法的刑法化这一方向，但绝非完全不存在，“恶意欠薪入刑”即为适例。

“恶意欠薪”写入《刑法修正案（八）》[2]，试图发挥刑法的优势，保护劳动者的权益，也证明了刑事责任与民事责任在一定前提下可以相互转换。《刑法修正案（八）》将“转移财产、逃匿等方法逃避支付劳动者的劳动报酬或者有能力支付而不支付劳动者的劳动报酬，数额较大，经政府有关部门责令支付仍不支付的”行为规定为犯罪，并明确“尚未造成严重后果，在提起公诉前支付劳动者的劳动报酬，并依法承担相应赔偿责任的，可以减轻或免除处罚。”是否支付劳动报酬，本质上是民事行为，但这种民事责任可以转化为刑事责任，构成犯罪。

针对上述观点，夏勇教授从民刑转化的角度提出了不同的见解。他认为，刑法和民法可以直接转化的观点，在理论上欠妥，在实践中有害。一方面，刑法的保障法地位并不意味着民法不足以调

---

〔1〕刘仁文：“改革开放以来中国刑法的发展”，载《学习时报》2009年6月15日，第5版。

〔2〕严格从刑法谦抑原则出发，“恶意欠薪”入罪是违背刑法谦抑原则的。但在社会转型期，社会矛盾多发，发挥刑法的规制功能，这是一种政治权衡的结果，也无可厚非。

整某种行为时刑法就要介入。在刑法介入之前，应尽可能由行政法优先调整。刑法与行政法都是着眼于社会整体的公法，均针对危害公法益的行为设置了惩罚性制裁，不同之处在于刑法制裁与行政制裁的严厉性不同，刑罚的处罚最重，决定了刑法应是最后的公法调整手段，所以只有刑法与行政法之间才具有质的相通性与量的差异性。换言之，当某种行为既损害了私利益又损害了公利益，在私法无力调整时，公法予以介入无疑是正确的。然而，公法的调整具有层次性，刑法与行政法所设置的法律后果，分别针对程度不同的危害公法益的行为。所以，当民事违法行为同时对私法益和公法益造成损害，轻者用行政法调整，重者以刑法规制。也就是说，刑法是最后的公法调整手段，只有当其他公法手段调整无效时，才能动用刑法。另一方面，刑法的民法化更是混淆了公法与私法的界限。刑法的谦抑绝非是将刑法调整的范围让与民法，刑法与民法有各自的目的和功能，不能互相取代，否则有损各自的独立价值。刑法的谦抑性是公法内的概念，对于轻微损害公法益的行为，应当考虑用行政法调整，而不是将刑法不宜调整的留给民法调整。因此，既不能“刑法的民法化”，也不能“民法的刑法化”。从上述观点出发，立法者将“恶意欠薪”“醉酒驾驶”“非法获取个人信息”等行为犯罪化是否适当，是值得深入思考的。[1]

在笔者看来，刑事责任与民事责任在一定前提下相互转换，并不背离刑事责任与民事责任两立的立法宗旨，反而能够更好地实现法律治理的目标。

1. “刑法的民法化”有利于用民法理念重塑刑法。对人性的关注与关怀是法永恒的终极追求，也是法的真谛所在。在所有的法律中，民法是关注民众生活的“人法”，通过直接赋予民众私权而实

---

〔1〕 参见夏勇：“刑法与民法——截然不同的法律类型”，载《法治研究》2013 年第10 期。

现。民法以权利为本位，尊重、保障私人的利益。民法通过其内在的“以人为本”的品格充分而全面地体现了法的真谛，从而成为诸多法律（包括刑法在内）的基础法。现代刑法保障人权的理念与民法注重个人权利保障、以人为本的理念相契合。以人为本、关注个人权利保障的民法思想渗透到刑法中，所体现出来的是刑法的谦抑和刑法的人道：前者要求对国家刑罚权加以约束和限制，防止国家对社会生活过度干涉，犯罪成立理论中涵盖的出罪内容就是民法理念的体现；后者要求即便必须动用刑法，刑罚的适用也应与人之本性相符合，强调对社会关系主体——人的尊重，对其权利充分保障，从而体现刑法的人文精神。

2. “刑法的民法化”是民主社会法制建设中的一个必然现象。我国刑事自诉案件范围的扩大，特别是轻微刑事案件刑事和解制度的推行，正是较为典型的刑法民法化现象。刑法民法化现象是公私法融合的表现之一，其终极关怀是人，其终极目的是为了更好地保障人民的私权，这也正是刑法民法化的内在驱动力之所在。[1] 刑法“不强人所难”，刑法改革应当走刑法民法化道路，这完全符合刑法谦抑性原则。从中西法律的历史演变过程来看，有一个共同的趋势，就是刑法在整个法律体系中所占比重逐渐降低，表现为刑法的紧缩性。[2] 这种刑法的紧缩性是刑法谦抑性原则的内容之一。刑法从原本属于民事法律规范的领域退出，不仅符合刑法本身的属性，还会更加有利于社会矛盾的解决。[3]

3. “民法的刑法化”应当慎重但不能禁绝。这种民刑的转化一般出现在经济刑法中。民事立法者在建构市场交易机制时，有时也会考虑到自治条件的不足，而引进国家行政管制甚至是刑事制裁，

---

〔1〕 姚建龙：“论刑法的民法化”，载《华东政法学院学报》2001 年第 4 期。

〔2〕 陈兴良：“刑法谦抑的价值蕴含”，载《现代法学》1996 年第 3 期。

〔3〕 参见屈学武主编：《刑法改革的进路》，中国政法大学出版社 2012 年版，第 122 ~ 123 页。

以加速自治条件的完善，并有效维护社会公共利益。以消费者利益保护为例。在市场经济条件下，民法、经济法等法律赋予了经济主体极大的意思自治权和自由交易权。交易的自由化必然要求每个消费者依靠自我判断从事消费行为，消费者的自我责任将会变得更加重要。同时，交易的自由化也会让消费者更多地遭遇诈骗性交易等恶劣经商行为。在此情况下，刑法必须加强对消费者权益的保护。尤其是保护缺乏市场交易知识、对交易风险判断存在困难的群体，如少年、老年人，不能以自我承担责任为由而怠慢对其的保护。这一问题迄今为止主要是私法或行政法所关注的领域，但不能排除今后刑法介入保护的可能性。[1] 当然，刑法不能过早介入私法益的领域，否则不仅会破坏原有的私法关系，也可能阻断当事人通过私法途径获得救济的可能性。只有当可利用的私法手段和行政法手段完全用尽，仍不足以有效遏制时，才可动用作为最后保障法的刑法。

三、刑行关系的法律定位

经济社会的不断发展，导致公共事务和社会关系日益复杂，促使规范社会生活各个方面的法律法规日趋完善，行政法与刑法之间的交叉竞合更加频繁。行政法与刑法的交叉领域非常广阔，涉及公民生活中医疗、劳动、社会福利、环保、工商、妇女儿童权益等几乎所有与民生相关的领域。作为行政法调整对象的行政不法与作为刑法调整对象的刑事不法之间的界分与协调，也引起了各界的普遍关注。行政不法与刑事不法的界限，反映了行政权力与司法权力各自作用的边界，同时，行政不法与刑事不法的动态互动，也关涉刑法中犯罪圈的划定。

---

〔1〕 参见牛峰："民刑法关联问题研究"，吉林大学2011年法学博士论文。

（一）刑法与行政法的界分

行政不法与刑事不法的界限似乎非常清晰，虽然都是对规范的违反，但由于分别属于不同的法领域，行政法规范与刑法规范在目标、结构、基本原则、评价标准、制裁手段与救济途径等方面均有差别，作为规制对象的行政不法与刑事不法之性质自然也不相同。但实际上，无论在立法上还是司法上，行政不法与刑事不法的区分都非常困难。究竟一个行为是否应该或者适合给予刑罚处罚，还是以行政处罚为恰当，中间取舍的理论依据何在？如何确定一定的参考指标或机制，强化对特定罪名除罪化、入罪化的理论基础？上述问题对于维护法体系的安定与协调以及维护人权功能具有相当程度的作用，并可以减少实务上的困扰与争议。

1. 学说争议。对于刑事不法与行政不法的区分，域外刑法的研究较为深入，德国、日本、台湾等国家和地区已经形成多样且深入的学说。以德国为例。在德国，围绕着刑事不法与行政不法的界分主要提出了“质的区别理论”“量的区别理论”和“质量的区别理论”。〔1〕“质的区别理论”认为刑事不法与行政不法的区别在于质上的差异，即两者之间存在质的价值差异。这种观点认为，刑事不法是一种自体恶，而行政不法则为一种禁止恶；“量的区别理论”认为区别刑事不法与行政不法并没有很大的意义，两者之间的区别主要在于量的差异，而不是质的差异，行政不法只是一种比刑事不法具有较轻的损害性和危险性的不法行为，〔2〕或者说在行为方式上并不存在质的差异，只是在行为的轻重程度上，具有量的差异；

---

〔1〕 相关理论的中文文献较为丰富，本书不过多赘述。参见林山田：“论刑事不法与行政不法”，载林山田：《刑事法论丛（二）》，台北市徐州路21号台大法律系1997年版；郑善印：“刑事犯与行政犯之区别”，台湾中兴大学法律研究所1990年硕士学位论文；何子伦：“台湾地区刑事犯与行政犯分界之研究”，中国政法大学2005年博士学位论文；等等。

〔2〕 参见林山田：“论刑事不法与行政不法”，载林山田：《刑事法论丛（二）》1997年版，第34～35页。

“质量的区别理论”认为刑事不法与行政不法在行为的质和行为的量上均有所不同。刑事不法在质上具有较深度的伦理可责性与非难性，而且在量上具有较严重的损害性和社会危险性。相反，行政不法在质上具有较低的伦理可责性，且在量上并不具有重大的损害性和社会危险性。[1]

围绕着该问题，我国大陆地区也形成了几种不同的观点，大体可以表述为质的区别说、量的区别说、质量的区别说、双重性质说等四种观点。[2] 以上观点中前三种观点的主要内容与德国刑法理论大体上是相同的，第四种观点“双重性质说”则是主张行政犯罪不仅违反了刑事法律规范，而且也违反了行政法律规范，因而具有双重属性。当行政不法的严重程度达到了应受刑罚处罚的程度而转化为犯罪时，即为行政犯罪。尽管此种行政不法必须具备刑事违法性和刑事可罚性时才能称之为行政犯罪，但它毕竟是行政不法向犯罪转化的结果，是其“刑事化”的产物。既然行政犯罪以行政违法为前提，是由行政违法转化而来的，那么作为其原初属性的行政违法性就不可否认。[3]

2. 立法考察。在我国刑法的框架内探讨刑事犯罪是否成立，不可避免地要面对罪量要素问题。因为，在部分犯罪的构罪条件中，立法者不仅对犯罪行为的法益侵害性质进行了规定，还对法益侵害程度作出了要求。刑法分则的相关条文对罪量的要求，通常表述为“数额较大”“后果严重”或者“情节严重”等，它们与《刑法》第13条的“情节显著轻微危害不大的，不认为是犯罪”的

---

〔1〕 参见熊永明：“行政犯罪与行政违法行为界分标准研究”，载陈泽宪、李少平、黄京平主编：《当代中国的社会转型与刑法调整》（上卷），中国人民公安大学出版社2013年版，第430～431页。

〔2〕 参见黄明儒：《行政犯比较研究——以行政犯的立法与性质为视点》，法律出版社2004年版，第197～208页。

〔3〕 参见周佑勇、刘艳红：“行政刑法性质的科学定位（上）——从行政法与刑法的双重视野考察”，载《法学评论》2002年第2期。

“但书”规定，共同体现了我国刑事立法的量化思维。在这种量化思维的作用下，少量达到罪量要求的不法行为被纳入刑法领域成为犯罪行为，大量未达到量化要求的不法行为被置于行政法领域成为行政违法行为。因此，“中国刑法中的量化思维与犯罪构成既定性又定量的立法模式，导致对具有社会危害性的不法行为的遏制无法穷尽，作为犯罪构成要件的剩余部分，大量的行政不法构成要件被创造出来，以实现国家公权力对具有社会危害性行为的无缝隙的遏制”[1]。事实上，对比我国的刑法与相关的行政法，犯罪行为和行政违法行为在行为模式上存在大量的重叠，对某种利益侵害的行为，可能既是刑事不法也是行政不法，行政不法正是作为犯罪行为的补充而存在的。由此可见，立法者从社会防卫角度出发，以一体化的思维来遏制不法行为，其意旨在于实现公权力制裁的无缝隙对接。

兼具刑事违法性质与行政违法性质的构成要件的存在，结合《刑法》第13条“但书”规定，表明了在我国法律体系中，刑事不法与行政不法之间纯粹是“量”的区别。此外，这种量的区别主要体现在客观的不法含量。因为，“后果严重”“数额较大”罪量因素的规定，均是从行为客观方面提出的定量要求。即便“情节严重”中有可能包含主观方面的情节，但司法解释基本是从客观情节上对“情节严重”进行细化规定的。[2]

单纯从客观的不法含量上区分刑事不法与行政不法，在犯罪构成上设置罪量要求，反映出我国刑法的立法思路是，将法益侵害程度而非法益类型作为决定犯罪构成要件标准。大量的法益究竟应由刑法保护还是行政法保护，不是取决于其本身固有的类型，而是取

---

〔1〕 王莹：“论行政不法与刑事不法的分野及对我国行政处罚法与刑事立法界限混淆的反思”，载《河北法学》2008年第10期。

〔2〕 参见王志祥：“犯罪构成的定量因素论纲”，载《河北法学》2007年第4期。

决于其被侵害的程度，这是一种缺乏价值导向的立法选择。刑法规范本身蕴含的保护价值，在刑事不法与行政不法交叉重合之下，因行政法规范的介入被相对化了，其结果很可能是我国刑事不法与行政不法的界限模糊，刑法的价值淡化。[1]

3. 观点评析。在笔者看来，刑事不法与行政不法之间既有质上的差异，也有量上的区别，“质量的区别理论”具有其合理性，试图以单一的某个标准来区分两者，在学理上是不能贯彻到底的，在实际生活中也是不可能的。

“质的区别理论”因袭自然法中个人本位的价值观，强调刑事不法与行政不法在性质上的价值差异，在两者之间进行泾渭分明的界分，意在维护刑法的纯洁性，限制行政权的扩张，重视保护公民的权利。然而，该观点已经不符合当代社会发展的现实。一方面，伴随社会价值观念的变迁，许多与重大民生及社会福利相关的行政措施，在法益地位上有升高的趋势。另一方面，为了强化对广大民众生命健康安全的保障，实际立法中也将不少具有抽象危险的行政违法行为提升到犯罪的范畴，例如，《刑法修正案（九）》第8条将从事校车业务或者旅客运输活动，违反《道路交通安全法》的超员、超速行为纳入刑法的规制范围。因此，单纯从性质上区分刑事不法与行政不法的理论已经过时。

“量的区分理论”采用了存在论的方法，从“法事实”的角度考虑，将问题的焦点放在行为本身，回避了“法目的”，忽视了刑事不法的实质违法所在，没有认识到刑法基本价值保护的使命，易于导致刑法与行政法的融合，从而使刑法丧失其独特性。

“质量的区别理论”兼顾“法目的”与“法事实”进行考量。强调刑法在个人生命、自由、财产等自然法上的价值保护方面的独

---

〔1〕 参见王莹：“论行政不法与刑事不法的分野及对我国行政处罚法与刑事立法界限混淆的反思”，载《河北法学》2008年第10期。

特性，同时也认识到现代刑法的社会背景的转变，在某种程度上调和了个人利益与行政利益之间的显著区别。这一观点认识到“质”与“量”对于区分刑事不法与行政不法的影响，准确地表达了两者的差异，对于我国的刑法理论和司法实践具有较大的借鉴意义。有学者指出，借鉴外国刑法理论上的质量区别理论，可以行为类型的不同作为界分刑事不法与行政不法的必要补充。首先，只有存在质的区别，才有可能将司法刑法与行政刑法相区别，最终完成传统刑法和行政刑法的各自独立；其次，只有存在量的区别，才能够将行政犯罪与行政违法行为区别开来，并最终解决对两者的不同惩处，从而促成行政刑法的真正独立；最后，只有承认质量区别，才能够最终解决我国现行《刑法》中普通犯罪与行政犯罪（普通刑法与行政刑法）合二为一的问题。[1] 这种观点是值得肯定的，质是事物之间相区别的根本属性，量是表示事物数量的多少或者程度，对行为的评价应当兼顾质和量两方面。而且，我国刑法对犯罪的界定采取的是定性与定量相结合的范式，为维持定罪标准的平衡，确立构罪条件时需要综合考量行为的性质与程度。

4. 明晰界限。无论是从法理层面考虑，还是从遏制行政犯罪的实际需要出发，确定标准以明晰刑事不法与行政不法的界限至关重要。基于对我国的立法现状、程序法框架以及司法资源配置等因素的考量，在现阶段改变“立法定性＋定量”的定罪模式，废除立法中的罪量要素是不现实的，但可以尝试结合“目的考察”的“质的区别”，与“事实考察”的“量的区别”，并为刑事不法和行政不法划分“核心领域”与“外围领域”：两者在核心领域的区别，体现的是质的不同；两者在外围领域的区别，体现的是量的

---

〔1〕 参见高铭暄、孙晓：“行政犯罪与行政违法行为的界分”，载戴玉忠、刘明祥主编：《犯罪与行政违法行为的界限及惩罚机制的协调》，北京大学出版社2008年版，第175～176页。

差异。

（1）根据法益侵害的性质划分各自的核心区域。对某些重要法益的保护，排斥行政处罚的适用。涉及个人生命、健康、财产等方面的法益具有较高的价值，这些法益包含的是不可缺少的个人及其团体的利益，体现了对社会共同体的存在至关重要的价值，刑法法规应当排他性地保护这些价值。刑罚处罚代表了国家与社会所表达的谴责，行政处罚反映的只不过是行政机关对某一行为的反对与纠正的意愿。因而，对重要价值的侵害，即使侵害程度不高，如果交由行政法规进行处罚，就会损害犯罪构成要件作为不法类型的呼吁功能，无法强调所保护价值的重要性，从而导致刑法的威慑作用降低，以致损害人们对这些重要价值的尊重。例如，故意杀人、放火、抢劫、盗窃等行为，只能构成刑事犯罪，而不属于行政违法。

对某些次要法益的保护，排斥刑罚的适用。刑罚的严厉性决定了刑罚的适用是最后的选择，保护次要法益不得动用刑法。现代社会为了行政管理，需要对公民采取各种管理措施。对于具有较低的社会伦理可责性的秩序违反行为，只需按照相关行政法规进行处罚即可，无需纳入刑法规制范围。例如，卖淫、嫖娼、吸毒、公共场所裸露身体、恶劣乞讨、饲养动物扰民、噪声扰民等行为只能予以行政处罚，无论在数量、次数、情节等量的要素上多么严重，均不成立犯罪。

（2）根据法益侵害的程度划分交界的边缘区域。刑事不法与行政不法之间的差异主要还是在量上的差异，量上的差异进而决定了质上的差异，换言之，“量”较之“质”居于更显著的地位。一方面，和犯罪一样，违反行政秩序的行为也侵害了法益，而非纯粹的“不服从行政命令”，也可能直接损害国家的功能与社会秩序（如国家的经济利益、公共卫生安全、社会治安、道路交通安全等），最终影响对个人利益的保护，只不过其社会危害性轻微，无须科处刑罚；另一方面，许多违反“行政管理命令”的行为，如污染环境、酒后驾驶，在道德上也不是中性无色的，只不过这种违反行政秩序的行为在道德上的无价值性与犯罪相比，程度比较轻微罢了。如何划分犯罪行为和行政违法行为的界限，主要是刑事政策上的问题。因此，行政违法行为规范中也含有法益的保护，违反行政义务的行为，与行政犯罪并无多大区别，同样属于行政违法行为的范畴，两者之间的区别仅仅在于违法的程度不同，行政犯罪已经达到了犯罪的程度，而行政违法行为则尚未达到犯罪的程度，或者说行政犯罪对善良风俗的违反已经达到了公众无法容忍的地步，而行政违法行为对善良风俗的违反并未达到公众不可容忍的地步。[1]

如前所述，我国目前不具备在犯罪构成中放弃罪量要素的条件，无法采取立法只定性不定量的定罪模式，不能将所有法益侵害行为都视为犯罪，以此彻底区分刑事不法与行政不法。刑法规范在犯罪构成上与行政法规相竞合，进而产生了大量的行政犯罪构成要件，于是行政违法行为也可能成为刑事犯罪，行政不法与刑事不法的重合在所难免。在刑法与行政法的交界区域，法益概念已经丧失了界分功能，利用法益侵害的标准以区分不同的法律部门已经失去了实际意义。这就需要刑法在犯罪成立条件中规定罪量因素，确定刑事追诉的起刑点，从"量"上明晰刑事不法与行政不法的界限。

对罪量的考察是一个多维的全面性的过程，衡量罪量的因素是多方面的。张明楷教授主张对作为构成要件的"情节严重"进行综合性的解释。他认为，"'情节'是指行为过程中影响行为的法益侵害性与行为人主观罪过性的各种情况，如法益的性质、行为的方法、行为的对象、行为的结果、行为人的故意、过失内容、动机与

〔1〕 参见熊永明："行政犯罪与行政违法行为界分标准研究"，载陈泽宪、李少平、黄京平主编：《当代中国的社会转型与刑法调整》（上卷），中国人民公安大学出版社2013年版，第434页。

目的等"[1]。也有学者认为，对罪量的探讨不能只停留于司法层面，由司法机关对定罪情节进行衡量，因为司法机关对范围如此广泛的罪量因素进行判断解释，势必会超出司法裁量权的范畴。事实上，司法解释中列明的部分“情节严重”的情形，原本就是典型的类型化行为，这种类型化完全可以在立法时对犯罪构成的要件进行细化规定，由此改变我国刑法中“情节严重”的规定随处可见的立法粗疏的现状[2]，既有利于刑事不法与行政不法的区分，也可避免双重性构成要件的产生。[3]

（二）刑法与行政法有效衔接的远期构想——建立轻罪制度

长期以来，刑事法与行政法的有效衔接一直是我国执法与司法工作中的一大难题，更是我国刑事与行政法治理论领域的一个瓶颈地带。尤其是我国刑法中的犯罪圈受到“既定性又定量”两方面因素的具体制约，使得我们在执法与司法活动中经常遇到频繁的尴尬与悖论性结果。目前学界对此的态度大致有两种：一是在现行机制下探索刑事犯罪与行政违法的理论界分标准，进而提出衔接两法或两罚的对策建议；二是建议取消现行犯罪的罪量因素，将行为类型作为区分刑事犯罪与行政违法的标准，对因犯罪圈扩大而产生的消极后果，采取其他配套措施予以规避。[4] 鉴于第一种研究视角学者们已有非常详尽且深入的探讨，笔者拟从第二种视角出发，试图探索轻罪制度作为解决刑法与行政法界分与衔接的制度构想的价值性和可行性。

1. 轻罪制度的初步设想。陈泽宪教授认为，刑法与行政法的

---

〔1〕 张明楷：《刑法分则的解释原理》，中国人民大学出版社2004年版，第230页。

〔2〕 参见陈兴良：《刑法哲学》，中国政法大学出版社1992年版，第499、563页。

〔3〕 参见王莹："论行政不法与刑事不法的分野及对我国行政处罚法与刑事立法界限混淆的反思"，载《河北法学》2008年第10期。

〔4〕 各方的观点与论证，详见陈泽宪、李少平、黄京平主编：《当代中国的社会转型与刑法调整》（上卷），中国人民公安大学出版社2013年版，第345～650页。

衔接问题，实质上首先是（刑事）司法权和行政权的配置问题。犯罪概念中罪量因素存在的必然后果是将本来由司法机关管辖的事务转交给行政机关，从“立法权、行政权、司法权关系”的视角看，其实质是缩小司法权，扩大行政权。犯罪概念中的罪量因素的本质是行政权对司法权的侵蚀。[1]

轻罪制度建立的前提是不以具有较强主观性和易于变动的数额、情节等为标准区分违法行为和犯罪，而是以行为的性质和类型作为区分标准。换句话说，刑法在界定犯罪概念时不再引入定量因素，仅作定性分析，把情节、数额、后果等因素作为量刑情节加以考虑，即“由立法解决定性问题，司法解决定量问题”[2]。借鉴国外的犯罪分层的立法模式，以犯罪的严重程度为视角，把危害程度不同的危害行为作为一个整体对象进行统一考察。将原劳动教养调整的行为中达到严重程度标准的对象纳入刑法典，结合治安管理处罚的部分行为以及刑法中的一些程度较轻的犯罪，建立我国的轻罪体系，使我国的犯罪体系形成由重到轻或者由轻到重的犯罪阶梯。在实现“犯罪”统一的同时，对不同程度的犯罪处以严厉程度相当的刑罚，从而实现“刑罚”的统一，最终达到国家刑罚权配置的合理化。此外，为了缓解刑事法律规范与公众的一般观念之间的冲突，应在刑罚适用、诉讼程序、法律制度等方面区分对待重罪与轻罪。

2. 轻罪制度的价值分析。建立轻罪制度是完善刑法结构、实现法律制裁体系内部协调的需要。建立“二元”结构的法律制裁体系，是域外大多数国家在设置违法犯罪行为惩治体系时普遍采取的方式。具体而言，或者是刑事处罚和治安处罚的结合，或者是刑事

---

〔1〕 陈泽宪、刘瑞平：“论刑法与行政法的衔接——以劳动教养制度改革之切入点”，载陈泽宪、李少平、黄京平主编：《当代中国的社会转型与刑法调整》（上卷），中国人民公安大学出版社2013年版，第350页。

〔2〕 储槐植：《刑事一体化》，法律出版社2004版，第420页。

处罚和保安处分的结合，并在制裁范围与惩罚轻重上紧密衔接。同时，在刑事制裁体系内部，以犯罪的严重程度为标准，将犯罪进行分层划分，并规定了不同的诉讼程序和法律制度。笔者认为，建立轻罪制度，实现定性区分行政违法和刑事犯罪，可以解决两者之间界限模糊的问题，实现治安处罚和刑事处罚之间真正的衔接，从而使程度不同的违法犯罪行为得到与之相适应的程序规制和实体性规范规制。此外，将原劳动教养和治安管理处罚的部分对象，纳入司法体系，对犯罪进行轻重的层次区分，有利于刑事法律内部结构的完善。同时，根据不同层次犯罪确立不同的处理机关和处理程序，也有利于刑罚裁决权的合理分配。因此，“从某种意义上而言，在后劳教时代建构轻罪制度是违法犯罪行为制裁体系完善的内生性需求”[1]。

建立轻罪制度有利于在立法层面上贯彻比例原则。在犯罪的范围内，根据罪之轻重确定一个科学、合理、统一的认定标准，在配置法定刑时明确轻罪轻罚、重罪重罚的要求，保证轻罪不能用重刑、重罪不能用轻刑，可以避免行政处罚与刑罚的轻重倒置，也可以避免量刑出现过大偏差，不仅能够维护公法领域中的比例原则，而且能够在大的方向上保障罪刑均衡原则的贯彻。

建立独立的轻罪制度，有利于维护刑法的明确性原则。明确性是一项法治原则，刑法理论尤为强调法律的明确性，将明确性视为罪刑法定原则的题中应有之意。依据立法规定，明确界定犯罪行为与非犯罪行为的范围，保障公民的预测可能性，是明确性原则的基本要求。在轻罪制度下，以行为性质为标准区分犯罪与行政违法行为，避免了司法实践中对犯罪行为和行政违法行为进行量化区分的困难，有效维护了刑法规范的明确性；同时在某种程度上以定量为

---

〔1〕 梅传强：“论‘后劳教时代’我国轻罪制度的建构”，载《现代法学》2014 年第 2 期。

标准区分情节轻微的犯罪行为与严重的犯罪行为，通过适用不同的诉讼程序、分配轻重适当的刑事处罚，使公民对刑法的认同感得以维持。

3. 轻罪制度的可行性分析。遗憾的是，我国目前尚不具备建立轻罪制度的可行性。因为，一项制度的建构，既可能源自于应然层面上制度自身的新陈代谢，也可能源自于实然层面上社会需求的外在驱动。然而，不管是内部代谢类型的制度革新，还是外部驱动类型的制度重构，它们都面临着一个共同的基础性问题，即理论根基的选择。虽然在英美法系国家和大陆法系国家，轻罪制度理论已经相当成熟，但就法治土壤和法律体系而言，我国与之大相径庭，其中，“立法既定性又定量”的犯罪概念界定模式是目前我国建构轻罪制度的主要理论瓶颈。正如前文所述，无论从传统法律文化观念来看，还是从我国的法律体系状态考虑，罪量因素在我国刑法中仍然具备现实存在的合理性。现有制裁体制的弊端不在于罪量因素在刑法中的规定，也不在于行政机关分享了不法行为的制裁权，而在于行政权力的恣意扩张。因此，在当下的中国，解决问题的最优方案并不是“釜底抽薪”“重起炉灶”，而是对二元制裁体制遵循法治原则进行法治化的改革，即控制行政权的滥用，合理配置司法权和行政权。

但从长远来看，建构轻罪制度，有利于实现行政制裁与刑事制裁之间的有效衔接，有利于实现国家司法权和行政权的合理配置，有利于改革和完善中国的刑事和行政管理立法、司法体系，故轻罪制度可作为刑法与行政法有效衔接的远期制度构想。梅传强教授是轻罪制度的支持者，他认为尽管制度建构面临困境，即“轻罪制度的建构，是一项系统而又复杂的工程，不仅涉及对现有刑法内部结构的调整，而且涉及对我国目前违法犯罪行为制裁体系的整体权力配置。除了实体法上的这种调整和配置以外，轻罪制度能够顺畅地运行，还需要程序性法律制度的支撑，通过实体与程序的双向支撑，轻罪制度才能够在规范层面和实践层面真正建立”[1]。但不无可取路径，可以借鉴域外的轻罪制度理论，在本土法治环境的基础上，逐步消解“立法既定性又定量”的犯罪概念困境，以实现制度建构的困境突围。

第三节　社会变动的背景：审视民生发展的立法展开和司法适用

从法理学的角度来看，民生具有发展价值。民生问题是一个发展的问题，在历史的各个阶段，民众对民生的需求和渴望是不一样的，甚至还可能有对立的情形；进一步说，民生不是固定不变的，而是一个可变的函数。法律是需要适应社会的，法律的坚实土壤就是人类社会的生活，社会是法律的知识渊源和前提条件。但是社会是变化的，那么法律也应该根据时代和语境的变化而变化，按照我们古人的说法就是“世易时移，变法宜矣”。对于法律来说，随着法律规范的民生事务变化，其必然不能苦守那“三分地”，而是应该根据规则对象的变化而变化，实现对民生变化的回应。总之，民生是不断发展的，它必然需要法律的积极回应，这就是民生发展对法律的基本要求。

当社会发生了变化，法律将面临两个基本任务：一是根据社会生活的变化，对自身的规范内容与方式做出相应的调整，以适应新的社会语境，从而保持规范的有效性；二是在特定的价值指引下，维护规范系统的稳定，从而引导社会朝着健全的方向发展。换言之，法律不能全然被动地“回应”社会生活的变化，沦为世俗生活的工具，它需要在坚定地维护自身有益价值的基础上，塑造有意义

〔1〕梅传强：“论‘后劳教时代’我国轻罪制度的建构”，载《现代法学》2014年第2期。

的社会生活秩序。有学者认为，这就是法律的适应性，“具有适应性的法律，能够通过自身的内部机制满足动态社会的多样化需要，使法律的多元价值得到合理平衡、使法律的各种目的得到优化整合，因而具有强大的社会功能”〔1〕。

作为重要的法律领域，刑法的运作也存在适应性问题。刑法在规范社会生活时，不仅要维护自身的确定性，还需要具备自我调适能力，以自身的制度设计满足社会生活对刑法的合理预期。从这个意义上说，为了有效实现民生的刑法保障，刑法必须在规范层面适时、适度作出动态反应，以适应民生的发展。动态意义上的刑法适应性表现在立法权对刑法的发展和司法权对刑法的灵活适用两个方面。

一、刑事立法对民生发展的应然响应

立法权对刑法的发展主要通过立法机关修改刑法的活动来实现，当刑法的某些部分无法满足社会的需要时，就需要通过这种动态的方式来重新塑造其适应性，以满足社会的民生保护需求。究竟应当采取何种方式完善刑事立法？我国经历了一个不断探索的过程。1997 年《刑法》颁布之后，全国人大常委会相继出台了十个刑法修正案对刑法进行修正。刑法修正案作为修正刑法的主要模式，已经成为立法者的共识，〔2〕并且得到了刑法学者的认可。

为了弥合刑法规范与民生保护需求之间的距离、克服刑法的滞后性，刑法修正主要采取以下两种方式：其一，通过刑法的补充性变更，针对新兴犯罪行为规定新的罪名、设立新的罪刑规范，使刑

〔1〕 周少华教授认为，“法律的适应性是指，在一定的法律观念的支配下，通过各种法律技术和方法的综合运用，法律在其运行过程中所具有的，能够以其自身的结构和构成要素最大限度地满足社会生活需要的一种内在机制”。参见周少华：《刑法之适应性：刑事法治的实践逻辑》，法律出版社 2012 年版，第 10～11 页。

〔2〕 郭泽强：“从立法技术层面看刑法修正案”，载《法学》2011 年第 4 期。

法能够跟上社会生活的步伐：在现行《刑法》的10次修改（包括单行刑法和修正案）中，总共涉及对分则116个条文的修改，其中新增罪名47个，大大严密了刑事法网。尤其是《刑法修正案（七）》《刑法修正案（八）》和《刑法修正案（九）》修改、增设了不少严重侵害民生利益的犯罪，如侵犯公民个人信息罪、危险驾驶罪、强迫劳动罪、恶意欠薪罪、重大环境污染罪、食品监管人员失职罪、组织作弊罪、代替考试罪以及恐怖活动类若干犯罪等。其二，通过刑法的优化性变更，修改既有的刑法规范，使这些危害行为能够包含在既有刑法规范的犯罪构成要件中，例如，在《刑法修正案（八）》通过之前，强迫劳动罪的行为方式只能是限制人身自由，如果采取的不是限制人身自由而是其他方法，如暴力、胁迫的方法，剥夺人身自由的方法，或以扣发工资、辞退相要挟，则不能成立强迫劳动罪。《刑法修正案（八）》在本罪的罪状中增加了对“暴力、胁迫手段”的规定，不仅使本罪的规定与国际公约的精神相符合，还将刑法与劳动法相衔接。通过刑法的这种变更，立法者可以及时提炼社会生活中的“犯罪类型”，完善刑法规范体系，增强刑法的规范功能。

刑法的动态适应性具有相对性，刑法不可能对民生保护需求无限满足。“我国之所以采取刑法修正案形式修改刑法，是立法者为了保持刑法典稳定的同时，能够因情势所需而及时作出反应的政策选择。因而，修正案必然是应急性的、变动性的，但并非表明刑法修正案本身不需要考虑稳定性问题。”[1] 刑法保持相对稳定，是刑事法治的基本要求，也是维护刑法确定性的当然需要。“由于法律是一种不可朝令夕改的规则体系，其性质中根植着一种天然的保守倾向。一旦法律制度设定了一种权利和义务的要素，那么为了自

〔1〕卢勤忠：“我国刑法修正案立法的问题及对策”，载《南京大学学报》2009年第3期。

由、安全和预见性，就应当尽可能地避免对该制度进行不断的修改和破坏。"〔1〕与其他法律相比，刑法更强调确定性，更不能频繁、随意地进行修改。"人们在传统上总是以一个法秩序的存续时间的长短来衡量法律保障安全的目的是否达到"〔2〕，刑法保持足够的稳定，使已经建立的法律秩序得以长期维持，这样才能增加人们的安全感和对刑法规范的基本信赖，也能保护司法者的法律信仰。因此，立法者应当尽可能审慎地修正刑法，确保立法质量。问题在于，如何解决维护刑法的稳定性与谋求刑法的发展性之间的矛盾？笔者认为，解决这一矛盾的途径在于，对刑法的修正，应当在注重必要性的同时，兼顾考量前瞻性。

刑法修正的必要性。刑法修正的必要性通常从两方面进行考察：其一，虽然社会生活可能经常会提出变革刑法的要求，但是仅有社会需求还不能为修改刑法提供充足的理由。满足社会需求与维护刑法的某些重要价值之间有时是相互矛盾的，因为刑法本身具有片断性、分散性和不完整性的特点，基于刑法安全价值的需要，我们必须将刑法在某些情况下不能满足社会生活需要的状况视为正常与合理的现象，不能为了随时随地地满足社会的需要而频繁地修改刑法。只有当刑法的不完满性会产生某些难以容忍的消极后果，并且这种消极后果无法通过司法过程和其他法律手段加以避免时，通过立法权的发动对刑法加以修改才具有充分的必要性。〔3〕例如，伴随交通现代化的飞速发展，交通肇事违法行为普遍存在于现代社会之中，酒驾、毒驾、三超驾驶（超员、超限超载、超速）等违法

---

〔1〕［美］E. 博登海默：《法理学：法律哲学与法律方法》，邓正来译，中国政法大学出版社1999年版，第402页。

〔2〕［英］彼得·斯坦、约翰·香德：《西方社会的法律价值》，王献平译，中国法制出版社2004年版，第55页。

〔3〕参见周少华：《刑法之适应性：刑事法治的实践逻辑》，法律出版社2012年版，第226页。

行为日益挑战着公共安全的底线，当“醉驾”“超速超载校车”因得到广泛民意的支持入刑之后，要求将“毒驾”纳入危险驾驶罪的呼声日益高涨。然而，毒驾行为并未如社会公众所期待的那般被列入《刑法修正案（九)》中。笔者认为，其原因主要有：一是毒驾入刑尚不具备必要性：毒驾行为还不具有普遍性；二是假使毒驾已如醉驾一般普遍，还可动用其他手段予以控制制裁，如强制戒毒或按照交通肇事罪、危害公共安全罪等予以惩治。换句话说，在不消耗立法资源的条件下，也可以取得相同的法律效果，因此目前不具备将“毒驾”入刑的必要性。其二，刑法修正必须是完善刑法的必要手段。刑法的完善是一项永恒的工作，刑法修正和刑法解释都能使刑法得以完善。刑法修正是刑法完善的基本方式，其作用在于使刑法规范对社会生活做出及时的反应，最大程度消除刑法的滞后性；刑法解释是刑法完善的必要补充，主要是根据司法实务的需要，对刑法规范的内涵加以阐述，对可能产生歧义的规定做出解释，其作用在于增强刑法规范对复杂的犯罪活动的适应性，保障刑法得以正确适用。为了尽量减少立法变动的频率，尽可能保持法秩序的稳定，应该优先采用刑法解释的方式，发挥刑法解释的最大化效果。若通过合理地适用刑法解释，就可以完善刑法，保障其在司法实践中的良好运用，则没有必要通过成本更高的刑法修正来实现同样的意图。只有在刑法解释确实无法弥补立法漏洞时，制定刑法修正案才具有必要性。[1]

刑法修正的前瞻性。刑法修正应当具有适度的超前性，能够对社会未来的发展趋势作出正确的预判，从而减少修正刑法的频次，保证法的稳定性。人们已经逐渐认识到，法律是相对的，并不存在适用于所有文明的普遍的法律制度和法律规则。制定和修改法律，

〔1〕 参见康均心、蒋晗华：“刑法修正案的合理性分析”，载《武汉公安干部学院学报》2015 年第 4 期。

既要考虑法律的稳定性需要，也要承认法律的发展需求。基于社会生活的流动性，刑法对社会需求的满足不是一次性的，而是持续不断的过程。这意味着，刑法不仅应当能够适用于立法者已经预料到的情形，而且也应当能够最大限度地适用于立法者未能预料到的情形；不仅应当能够满足今天的社会需求，而且也必须能够满足未来相当时期的社会需求。为此，立法者需要以超前性立法思维来制定和修正刑法，使刑法本身具有适应复杂现实和未来变化的能力。[1]超前性立法思维强调立足于对社会关系客观规律的认识与预测，制定带有引导性、超前性的法律规范。超前性立法政策主导下制定的法律可能因对客观规律及其发展趋势的认识与反映而具有前瞻性、稳定性与完备性的优点。[2]

通过刑法修正废止某些过时的、无益的，甚至是有害的法律规范，本身也是完善法律规范体系的一种必要的方法。合理的犯罪圈，应是一个犯罪化和非犯罪化双向并举的动态过程。犯罪化和非犯罪化代表了刑法修正的两个方向，刑法修正的理想状态必定是既实现犯罪化又不失非犯罪化，既有法益保护又可保障人权，从而将动态犯罪圈保持在一个健康高效的状态，以便更好地打击犯罪。十多年来，刑法修正案基本上是在不断地增加罪名，删减罪名极为罕见。但不否认的是，非犯罪化也是刑法自我完善与发展的重要方式，它能纠正基于国家的强烈处罚要求而导致的过剩犯罪化倾向，立足于谦抑主义的立场，设置适当的犯罪。[3]“当人们认识到刑罚的过度使用将使刑罚所展现的价值钝化，或者说当一个理性的立法

〔1〕参见周少华：《刑法之适应性：刑事法治的实践逻辑》，法律出版社2012年版，第256~257页。

〔2〕参见梁根林：《刑事政策：立场与范畴》，法律出版社2005年版，第251页。

〔3〕参见［日］大谷实：《刑事政策学》，黎宏译，法律出版社2000年版，第88~89页。

要求开始被重视，对于除罪化的讨论与发展自然随之盛行。"[1] 非犯罪化的需求不是凭空产生的，也不是主观臆造的，而是客观存在的现实。配合社会的变迁及人们法意识的变化，并考虑成本效率及执法者能力的界限，当发现刑法在适用刑罚“无效果”“太昂贵”，或丧失了“补充性”时，必须将不符合时代需要的犯罪类型予以检讨废止，选择经济或行政手段予以规制，或者将其合法化。[2]

二、刑事司法对民生发展的合理回应

（一）刑事司法对犯罪圈的影响

规则是法治的基本前提，司法者只有严格遵守规则，才能维护法的安定性，使个人自由和其他基本权利得以保障。然而，完全排斥法官的裁量权既缺乏充足的理由，事实上也不可能做到，法官裁量权的行使可以适当弥补规则所固有的某些缺陷。因此，当代的法律实践并不反对法官享有一定程度的自由裁量权。

法律是服从于规则治理的事业，包含着规则的法律通常具有相当的刚性特征。刑法由于坚持罪刑法定原则，对自身的明确性要求极高，所以刑法的刚性特征尤为突出。然而，由于对刑法规定的犯罪成立要件进一步细化与明确化的需求只有在具体适用中才能得以发现，犯罪成立要件的确定内涵要通过刑法的具体适用才能得以展现。立法者试图为整个社会寻找合法、合理的制度，是在社会规范中寻找出了一般性的法律规则，而刑事法官必须带有对法律规则的忠诚为个案寻找合法、合理的基础，“如果说立法者是对某类案件的共性有所发现的话，那么法官不仅要了解这些共性的法律，而且还要继续法律的发现。当然这种发现不是发现共性的法律，而是发

〔1〕 Kaiser：Kriminologie，S. 351. 转引自陈俊伟：“入罪化与除罪化——刑事立法政策之基本思维”，中正大学法律学研究所刑事法组2003年硕士学位论文。

〔2〕 参见康均心、蒋晗华：“刑法修正案的合理性分析”，载《武汉公安干部学院学报》2015年第4期。

现、寻找针对个案的法律，这一过程是普遍性法律与个性法律的结合过程”[1]。在此情况下，刑事法官的裁量权可以发挥衡平作用，弱化规则的刚性特征，使法律适用的结果更加妥当。

刑事法官的裁量权绝不只是存在于量刑问题上，它同样存在于定罪问题上，亦即在犯罪成立与否的判断上也有着相当的裁量余地，进而对刑法的犯罪圈有所影响。严格地说，在犯罪成立与否的判断上存在法官裁量因素是与罪刑法定原则相矛盾的，因为这意味着关于犯罪行为的评价标准不仅仅是由立法者确立的，法官实际上也参与了评价标准的设定。我国“立法定性+定量”的犯罪成立模式提高了入罪的标准，限定了可以作为犯罪追究刑事责任的不法行为的范围；并且，这种立法模式下，不法行为的犯罪化（入罪与出罪）的决定权基本上由立法者掌握，刑法干预的边界比较确定。“立法定性+定量”的犯罪化模式在逻辑上具有否定法官自由裁量权的功能，尤其是否定法官在罪与非罪的判定上的裁量权，但是，由于犯罪现象本身的复杂性，立法根本没有能力提供一种既普遍适用、又具体可行而且穷尽一切可能的规范标准，“立法定性+定量”不仅不能强化刑法的确定性，反而不得不经常通过司法解释和价值判断加以补充。此外，“情节严重”“数额较大”等方式的“立法定量”本身也具有不精确性，仍然给司法判断留下了较大空间。因此，在相对罪刑法定观念下，必须承认法官在罪之确定活动中的裁量权也具有一定合理性。[2] 在司法实践中，罪刑法定并不意味着绝对的“有罪必罚”，很多刑事案件，可以由司法人员根据自己的自由裁量权而化约为民事纠纷，还有些案件，可以由刑事法官以“定罪免刑”的方式结案，这些都在情理之中。这也充分说明，刑

---

〔1〕 陈金钊：“司法过程中的法律发现”，载《中国法学》2002年第1期。

〔2〕 参见周少华：《刑法之适应性：刑事法治的实践逻辑》，法律出版社2012年版，第296~309页。

法在某些情况下并不都能提供确切的罪与非罪的判定标准，司法上的变通往往是为了更加符合罪刑法定之人权保障精神，这也正是刑事司法“想象性重构”的魅力所在。[1] 当然，为了维护刑法之确定性及其背后的价值，刑事司法对犯罪成立与否的裁量必须受到严格的限制，立法者应当利用立法技术尽可能堵塞法官个人主观价值混入犯罪构成符合性判断的渠道，尽量保持犯罪成立之法律评价的客观性。

（二）刑事司法对民生权益的适度关切

徒法不足以自行，仅有刑事立法上的修改和完善尚不能完全实现民生刑事保障，与刑事立法相比，刑事司法对民生权利的保护有更大的空间。既然法律不可能尽善尽美，在推行法治的过程中就应当发挥人的因素。换言之，必须在法律规则与人为裁量之间达成一种平衡状态，以人的因素弥补规则因素的不足之处。[2] 所以，在立法和司法上，除了具有旨在维护刑法之确定性的一系列形式化要求之外，也容纳相当的灵活性，允许司法者借助这些灵活性因素，将一定的价值判断纳入刑法自身的评价体系。然而，司法者应当依照怎样的价值标准发挥“人的作用”？在罪刑法定原则下，“人的因素”究竟能够有多大的作用？上述问题都是民生刑法在司法适用的动态过程中需要面对和解决的。

1. 在具体的法律适用中，法律的评价标准应考虑社会公众的正义观念。对民生领域犯罪的司法审判，因关乎广大民众的基本利益，判决能否符合社会公众对实质正义的心理期待尤为关键。“当下中国已经形成了多元利益主体共存的局面，社会已经从过去只承认单一的国家、集体利益的状态而走向一个利益与利益主体多元化

---

〔1〕 参见周光权：《刑法诸问题的新表述》，中国法制出版社 1999 年版，第 285 页。

〔2〕 参见宗建文：《刑法机制研究》，中国方正出版社 2000 年版，第 2 页。

的状态，这种利益主体的多元化催生了中国公众的主体意识与民主意识，并使之空前高涨，社会价值评价标准及评判结论的多元化渐露端倪，这使每一个体在面对抽象的法律条款时会自觉不自觉地以自我利益实现的立场来审视、判断具体的行为之是非对错，而不再以某个国家机构、某个执法者、某一权威的是非为是非，而且越是与公众利益直接相关的案件，其关注、评论与质疑的意识就越高。"[1] 对司法来说，案件的处理结果不能明显超出人们据以法律所作的预期，否则便不足以维护社会公众对法律的合理信赖。近年来，广州"许霆案"、河南的"天价过路费案"等具有标本化的案件，引起了社会公众的广泛关注。尤其是广州"许霆案"，两次判决结果充分显示了罪刑法定原则的形式要求与一般社会公众对实质正义的心理期待之间的严重冲突。事实上，"许霆案"的一审判决至少在形式上是符合法律规定的，它之所以给人留下"司法不公正"的印象，不是因为法院定罪量刑错误，而是判决结果缺乏具体妥当性，即严格适用法律所产生的结果与一般公众的正义感之间距离太大，因而难以被公众的法律情感所认同。[2]

刑法所规定的犯罪与刑罚是直接面向世俗生活，面向普罗大众的，刑法适用中公众认同的取得会让司法判决更具力量与权威。通过刑法的适用活动，刑法条文内涵得以明确和丰富，具体案件的处理结果因此而具有了行为裁判与行为指引功能，这种司法活动不仅对案件当事人的未来行为具有规制作用，对其他社会公众也同样具有行为指引作用，这种表面上事关案件当事人的处理结果实质对所有相关社会公众的行为都有重要影响。因此，在司法活动中，对有关某一刑法条款应当如何理解与具体适用的问题，司法机关应当着

---

〔1〕 唐稷尧：《从文本中的刑法到司法中的刑法——定罪视野下犯罪成立要件确定机制研究》，法律出版社 2014 年版，第 333 页。

〔2〕 参见周少华：《刑法之适应性：刑事法治的实践逻辑》，法律出版社 2012 年版，第 409 页。

重考虑具体的国情、社情、民情背景。否则，专断式的裁判结论，对被告人而言，不仅无法获得认同，而且会增加其对社会之仇恨；对于社会公众而言，不仅无法获得对裁判的理解，反而会导致对审判公正性与刑法正当性的质疑，刑法的行为规制机能也就无法获得实现。

2. 在具体的法律适用中，司法机关只能在罪刑法定原则的基础上表达公众的看法或追求判决的“社会效果”。根据刑法的明文规定进行司法适用，在刑法的授权范围内行使自由裁量权，这是刑事司法活动的最后一道栅栏；要追求刑法的灵活性价值，“人的因素”只能在罪刑法定的原则下发挥作用。在承认法官主观能动性的同时，我们也必须看到刑事司法活动中的人作用只能是有限的，刑法不可能总是“与时俱进”。正如有学者所指出的，“就一个社会的总体来看，法律制度的形成和确定必然是后续性的；因为不是法律创造社会秩序，而是社会创造法律。从此角度出发，刑法不可能随时随地对所有的犯罪都能作出反应；所以，法律规则滞后于社会生活实践乃是一种必要的、正常的状态”〔1〕。这种看法值得肯定。还有学者指出，“基于维护某种价值的考虑，法律的滞后性也可能是‘人意’安排的结果。在此意义上，刑法某些情况下无法满足社会防卫的需要，可以被看成是社会为了维护刑法之确定性而付出的一个必要代价”〔2〕。

总之，在刑法适用的具体实践中，基于刑法的谦抑性、补充性、最后手段性，刑法所能实现的正义必定是有限的正义。刑事司法既不可过于机械司法而拘泥于刑法的形式要件，也不可过度能动司法而背离刑法的明文规定，前者可能有碍实质正义的实现，后者

〔1〕周光权：《刑法诸问题的新表述》，中国法制出版社1999年版，第257～258页。

〔2〕周少华：《刑法理性与规范技术：刑法功能的发生机理》，中国法制出版社2007年版，第391页。

可能破坏法律的安定性。

步入“民生刑法”的时代，民生利益有赖于刑法的强化保护。在民生发展的背景之下，对于不断出现的民生侵权行为，刑事立法应当适时地完善个罪的规定，刑事司法应当适度地发挥司法能动，实现社会公众的正义期望，从而体现刑法对民生发展的积极响应。但不可忽视的是，刑法的人权保障的功能特性、法律安定性和公众信赖感的维护需要，决定了刑法对民生利益的保护必然存在一定程度的滞后性。刑法制度不能盲目追求与民生发展的“共时性变革”，否则速立的民生刑法容易围绕短期性目标的指挥棒盲目打转，也极易成为“速朽之物”。面对社会的变化发展，刑法的适应性是相对的，刑法在某些情况下不能及时满足民生的保护需求，可以被看成是刑法为了维护自身的重要价值而付出的必要代价，我们应当将其看作一种合理的状态而欣然接受。

参考文献

一、中文著作、译著类

1. 马克昌主编:《百罪通论》(上卷),北京大学出版社 2014 年版。
2. 马克昌主编:《刑罚通论》,武汉大学出版社 1999 年版。
3. 储槐植:《刑事一体化与关系刑法论》,北京大学出版社 1997 年版。
4. 储槐植:《美国刑法》,北京大学出版社 1987 年版。
5. 陈兴良:《刑法理念导读》,法律出版社 2003 年版。
6. 陈兴良主编:《刑法总论精释》,人民法院出版社 2011 年版。
7. 陈兴良:《刑法哲学》,中国政法大学出版社 1992 年版。
8. 陈兴良主编:《刑法疏议》,中国人民公安大学出版社 1997 年版。
9. 张明楷:《法益初论》,中国政法大学出版社 2003 年版。
10. 张明楷:《刑法学》,法律出版社 2011 年版。
11. 张明楷:《刑法格言的展开》,法律出版社 1999 年版。
12. 张明楷:《刑法的基本立场》,中国法制出版社 2002 年版。
13. 张明楷:《刑法分则的解释原理》,中国人民大学出版社 2004 年版。
14. 赵秉志主编:《和谐社会的刑事法治》(上卷),中国人民公安大学出版社 2006 年版。
15. 莫洪宪、王晨主编:《社会转型与法学发展——纪念马克昌教授逝世一周年国际学术研讨会论文集》,中国人民公安大学出版社 2013 年版。
16. 林亚刚:《刑法学教义》(总论),北京大学出版社 2014 年版。
17. 陈家林:《外国刑法:基础理论与研究动向》,华中科技大学出版社 2013 年版。
18. 王晨:《刑事责任的一般理论》,武汉大学出版社 1998 年版。

19. 何荣功:《自由秩序与自由刑法理论》，北京大学出版社 2013 年版。
20. 梁根林:《刑事政策：立场与范畴》，法律出版社 2005 年版。
21. 梁根林:《刑事法网：扩张与限缩》，法律出版社 2005 年版。
22. 梁根林:《刑事制裁：方式与选择》，法律出版社 2006 年版。
23. 梁根林:《合理地组织对犯罪的反应》，北京大学出版社 2008 年版。
24. 曲新久:《刑法的逻辑与经验》，北京大学出版社 2008 年版。
25. 曲新久:《刑法的精神与范畴》，中国政法大学出版社 2000 年版。
26. 卢建平:《刑事政策与刑法变革》，中国人民公安大学出版社 2011 年版。
27. 周光权:《刑法学的向度》，中国政法大学出版社 2004 年版。
28. 李洁编著:《罪与刑立法规定模式》，北京大学出版社 2008 年版。
29. 韩忠谟:《刑法原理》，北京大学出版社 2009 年版。
30. 黄荣坚:《基础刑法学》，中国人民大学出版社 2009 年版。
31. 林东茂:《一个知识论上的刑法学思考》，中国人民大学出版社 2009 年版。
32. 张小虎:《刑法的基本观念》，北京大学出版社 2004 年版。
33. 许发民:《刑法的社会文化分析》，武汉大学出版社 2004 年版。
34. 周少华:《刑法理性与规范技术：刑法功能的发生机理》，中国法制出版社 2007 年版。
35. 周少华:《刑法之适应性——刑事法治的实践逻辑》，法律出版社 2012 年版。
36. 周国文:《刑罚的界限——Joel Feinberg 的“道德界限”与超越》，中国检察出版社 2008 年版。
37. 杨春然:《刑法的边界研究》，中国人民公安大学出版社 2013 年版。
38. 郭立新:《刑法立法正当性研究》，中国检察出版社 2005 年版。
39. 张桂梅:《和谐社会语境下的刑法改革》，山东大学出版社 2012 年版。
40. 蔡道通编著:《刑事法治的基本立场》，北京大学出版社 2008 年版。
41. 劳东燕:《刑法基础的理论与展开》，北京大学出版社 2008 年版。

42. 杜辉:《刑事法视野中的出罪研究》，中国政法大学出版社 2012 年版。
43. 李汉军:《论犯罪观》，中国方正出版社 2001 年版。
44. 贾学胜:《司法上的非犯罪化研究》，暨南大学出版社 2014 年版。
45. 魏东:《现代刑法的犯罪化根据》，中国民主法制出版社 2004 年版。
46. 张小虎:《犯罪论的比较与建构》，北京大学出版社 2006 年版。
47. 孙战国:《犯罪化基本问题研究》，中国法制出版社 2013 年版。
48. 李占州:《罪与非罪界定论》，中国人民公安大学出版社 2011 年版。
49. 贾学胜:《非犯罪化研究》，法律出版社 2011 年版。
50. 周道鸾:《中国刑事法的改革与完善》，中国人民公安大学出版社 2007 年版。
51. 朱孝清、黄京平、莫洪宪主编:《社会管理创新与刑法变革》，中国人民公安大学出版社 2011 年版。
52. 周建军:《刑事司法政策原理》，清华大学出版社 2011 年版。
53. 万国海:《经济犯罪的刑事政策研究》，黑龙江人民出版社 2008 年版。
54. 许玉秀:《主观与客观之间：主观理论与客观归责》，法律出版社 2008 年版。
55. 刘艳红:《实质刑法观》，中国人民大学出版社 2009 年版。
56. 陈灿平:《刑民实体法关系初探》，法律出版社 2009 年版。
57. 于改之:《刑民分界论》，中国人民公安大学出版社 2007 年版。
58. 刘艳红:《行政刑法的一般理论》，北京大学出版社 2008 年版。
59. 车明珠:《民生刑法观导论》，知识产权出版社 2015 年版。
60. 张勇:《民生刑法：刑法修正案中的民生权益保障解读》，上海人民出版社 2012 年版。
61. 王兴国:《贾谊评传》，南京大学出版社 1992 年版。
62. 《孙中山选集》，人民出版社 1981 年版。
63. 《孙中山全集》（第 9 卷），中华书局 2006 年版。
64. 《孙中山全集》（第 3 卷），中华书局 2006 年版。

65.《孙中山全集》(第5卷),中华书局2006年版。
66.《马克思恩格斯全集》(第42卷),人民出版社1979年版。
67. 王家福、刘海年主编:《中国人权百科全书》,中国大百科全书出版社1998年版。
68. 李步云主编:《人权法学》,高等教育出版社2005年版。
69. 夏勇:《中国民权哲学》,生活·读书·新知三联书店2004年版。
70. 徐显明主编:《法理学教程》,中国政法大学出版社1994年版。
71. 龚向和等:《从民生改善到经济发展:社会权法律保障新视角研究》,法律出版社2013年版。
72. 吴忠民:《走向公正的中国社会》,山东人民出版社2008年版。
73. 陈晓枫主编:《中国法律文化研究》,河南人民出版社1993年版。
74. 公丕祥:《法哲学与法制现代化》,南京师范大学出版社1998年版。
75. 程燎原:《从法制到法治》,法律出版社1999年版。
76. 白鹏飞编:《行政法总论》,商务印书馆1927年版。
77. 陈新民:《公法学札记》,中国政法大学出版社2001年版。
78. 苏俊雄:《刑法总论Ⅲ:犯罪竞合理论与刑法理论》,元照出版公司2000年版。
79. 齐延平主编:《社会弱势群体的权利保护》,山东人民出版社2006年版。
80. 林纪东:《比较宪法》,五南图书出版公司1980年版。
81. 李海东:《刑法原理入门(犯罪论基础)》,法律出版社1998年版。
82. 史探径:《社会法论》,中国劳动社会保障出版社2007年版。
83. 翟中东:《刑罚问题的社会学思考:方法与运用》,法律出版社2010年版。
84. 黄荣坚:《基础刑法学》,中国人民大学出版社2009年版。
85. 季卫东:《法治秩序的建构》,中国政法大学出版社1999年版。
86. 林山田:《刑法通论》(上册),台大法律学院图书部2008年版。
87. 林山田:《刑法的革新》,学林文化事业有限公司2001年版。
88. 谢晖:《法律信仰的理念与基础》,山东人民出版社1997年版。

89. 陈朴生：《刑法专题研究》，三民书局 1983 年版。
90. 何鹏、李洁主编：《危险犯与危险概念》，吉林大学出版社 2006 年版。
91. 周永坤主编：《东吴法学》（总第 26 卷），中国法制出版社 2013 年版。
92. 张国钧：《邓小平的利益观》，北京出版社 1998 年版。
93. 丁后盾：《刑法法益原理》，中国方正出版社 2000 年版。
94. 王世洲：《德国经济犯罪与经济刑法研究》，北京大学出版社 1999 年版。
95. 蔡墩铭：《现代刑法思潮与刑事立法》，汉林出版社 1976 年版。
96. 刘广三：《犯罪现象论》，北京大学出版社 1996 年版。
97. 张军主编：《刑法（分则）及配套规定新释新解（上）》，人民法院出版社 2013 年版。
98. 葛洪义主编：《法理学》，中国政法大学出版社 2012 年版。
99. 龙敏：《风险社会下医疗安全的刑法保护》，上海人民出版社 2014 年版。
100. 岳公正、尚珂：《社会安全》，陕西人民教育出版社 2006 年版。
101. 白建军：《罪刑均衡实证研究》，法律出版社 2004 年版。
102. 路军：《中国刑法犯罪量化要件研究》，法律出版社 2010 年版。
103. 于志刚译：《芬兰刑法典》，中国方正出版社 2005 年版。
104. 张文显：《法哲学范畴研究》，中国政法大学出版社 2001 年版。
105. 张中秋：《中西法律文化比较研究》，法律出版社 2009 年版。
106. 梁根林、张立宇主编：《刑事一体化的本体展开》，法律出版社 2003 年版。
107. 苏俊雄：《刑事法学的方法与理论》，环宇出版社 1974 年版。
108. 张勇：《经济犯罪定量化研究》，法律出版社 2008 年版。
109. 陈正云：《刑法的经济分析》，中国法制出版社 1997 年版。
110. 陈泽宪主编：《刑事法前沿》（第 7 卷），中国人民公安大学出版社 2013 年版。

111. 中国社会科学院语言研究所词典编辑室编:《现代汉语词典》，商务印书馆 1983 年版。
112. 陈忠林:《意大利刑法纲要》，中国人民大学出版社 1999 年版。
113. 陈忠林:《刑法散得集》（Ⅱ），重庆大学出版社 2012 年版。
114. 蒋兰香:《环境犯罪基本理论研究》，知识产权出版社 2008 年版。
115. 唐稷尧:《经济犯罪的刑事惩罚标准研究》，四川大学出版社 2007 年版。
116. 陈泽宪、李少平、黄京平主编:《当代中国的社会转型与刑法调整》（上卷），中国人民公安大学出版社 2013 年版。
117. 屈学武主编:《刑法改革的进路》，中国政法大学出版社 2012 年版。
118. 张晋藩主编:《中国法制史》，高等教育出版社 2003 年版。
119. 黄明儒:《行政犯比较研究：以行政犯的立法与性质为视点》，法律出版社 2004 年版。
120. 戴玉忠、刘明祥主编:《犯罪与行政违法行为的界限及惩罚机制的协调》，北京大学出版社 2008 年版。
121. 高长见:《轻罪制度研究》，中国政法大学出版社 2012 年版。
122. 宗建文:《刑法机制研究》，中国方正出版社 2000 年版。
123. 唐稷尧:《从文本中的刑法到司法中的刑法：定罪视野下犯罪成立要件确定机制研究》，法律出版社 2014 年版。
124. ［美］哈伯特 · L. 帕克:《刑事制裁的界限》，梁根林等译，法律出版社 2008 年版。
125. ［美］麦克斯 · J. 斯基德摩、马歇尔 · 卡特 · 特里普:《美国政府简介》，张帆、林琳译，中国经济出版社 1998 年版。
126. ［美］E. 博登海默:《法理学——法哲学及其方法》，邓正来、姬敬武译，华夏出版社 1987 年版。
127. ［美］于尔根 · 哈贝马斯:《交往行动理论 · 第一卷——行动的合理性和社会合理化》，洪佩郁、蔺青译，重庆出版社 1994 年版。
128. ［美］S. 鲍尔斯、H. 金蒂斯:《美国：经济生活与教育改革》，王佩雄等译，上海教育出版社 1990 年版。
129. ［美］理查德 · A. 波斯纳:《法律的经济分析》，蒋兆康译，中国大百科全书出版社 1997 年版。
130. ［美］伯纳德 · 施瓦茨:《美国法律史》，王军、洪德、杨静辉译，法律出版社 2011 年版。
131. ［美］埃德温 · 萨瑟兰、唐纳德 · 克雷西、戴维 · 卢肯比尔:《犯罪学原理》，吴宗宪等译，中国人民公安大学出版社 2009 年版。
132. ［美］H. W. 埃尔曼:《比较法律文化》，贺卫方、高鸿钧译，清华大学出版社 2002 年版。
133. ［日］木村亀二:《刑法学词典》，顾肖荣等译，上海翻译出版公司 1991 年版。
134. ［日］西原春夫:《刑法的根基与哲学》，顾肖荣等译，法律出版社 2004 年版。
135. ［日］六本佳平:《日本法与日本社会》，刘银良译，中国政法大学出版社 2006 年版。
136. ［日］大谷实:《刑事政策学》，黎宏译，法律出版社 2000 年版。
137. ［日］野村稔:《刑法总论》，全理其、何力译，法律出版社 2001 年版。
138. ［日］大塚仁:《刑法概说》（总论），冯军译，中国人民大学出版社 2002 年版。
139. ［日］西田典之:《日本刑法总论》，刘明祥、王昭武译，中国人民大学出版社 2007 年版。
140. ［日］山口厚:《刑法总论》，付立庆译，中国人民大学出版社 2011 年版。
141. ［日］佐伯仁志、道垣内弘人:《刑法与民法的对话》，于改之、张小宁译，北京大学出版社 2012 年版。
142. ［日］曾根威彦:《刑法学基础》，黎宏译，法律出版社 2005 年版。
143. ［日］福田平、大埒仁编:《日本刑法总论讲义》，李乔等译，辽宁人民出版社 1986 年版。
144. ［法］卢梭:《社会契约论》，何兆武译，商务印书馆 1980 年版。
145. ［法］马克·安塞尔:《新刑法理论》，卢建平译，香港天地图书有限公司 1989 年版。
146. 北京大学哲学系外国哲学史教研室编译:《西方古典哲学原著选辑：十八世纪法国哲学》，商务印书馆 1963 年版。
147. ［法］埃米尔·涂尔干:《社会分工论》，渠东译，三联书店 2000 年版。
148. ［德］弗里德里希·卡尔·冯·萨维尼:《论立法与法学的当代使命》，许章润译，中国法制出版社 2001 年版。
149. ［法］罗伯斯比尔:《革命的法制和审判》，赵涵舆译，商务印书馆 1965 年版。
150. ［法］E. 迪尔凯姆:《社会学方法的准则》，狄玉明译，商务印书馆 2009 年版。
151. ［法］卡斯东·斯特法尼等:《法国刑法总论精义》，罗结珍译，中国政法大学出版社 1998 年版。
152. ［德］康德:《法的形而上学原理——权利的科学》，沈叔平译，商务印书馆 1991 年版。
153. ［德］黑格尔:《法哲学原理》，范扬、张企泰译，商务印书馆 1961 年版。
154. ［德］汉斯·海因里希·耶赛克、托马斯·魏根特:《德国刑法教科书》（总论），徐久生译，中国法制出版社 2001 年版。
155. ［德］康德:《道德形而上学原理》，苗力田译，上海人民出版社 1986 年版。
156. ［德］伯恩·魏德士:《法理学》，丁小春、吴越译，法律出版社 2003 年版。
157. ［德］克劳斯·罗克辛:《德国刑法学总论》，王世洲译，法律出版社 2005 年版。
158. ［德］弗兰茨·冯·李斯特:《德国刑法教科书》，徐久生译，法律出版社 2000 年版。

159. [德] N. 霍恩:《法律科学与法哲学导论》, 罗莉译, 法律出版社 2005 年版。

160. [德] 克劳斯·罗克辛:《德国刑法学总论》(第 1 卷), 王世洲译, 法律出版社 2005 年版。

161. [意] 贝卡利亚:《论犯罪与刑罚》, 黄风译, 中国大百科全书出版社 1993 年版。

162. [古希腊] 亚里士多德:《政治学》, 吴寿彭译, 商务印书馆 2009 年版。

163. 苗力田编:《亚里士多德选集 伦理学卷》, 中国人民大学出版社 1999 年版。

164. [荷] 亨克·范·马尔塞文、格尔·范·德·唐:《成文宪法——通过计算机进行的比较研究》, 陈云生译, 北京大学出版社 2007 年版。

165. [英] P. S. 阿蒂亚:《法律与现代社会》, 范悦等译, 辽宁教育出版社 1998 年版。

166. [英] 戴维·M. 沃克:《牛津法律大辞典》, 北京社会与科技发展研究所组织翻译, 光明日报出版社 1988 年版。

167. [英] 波得·斯坦、约翰·香德:《西方社会的法律价值》, 王献平译, 中国法制出版社 2004 年版。

168. Michael Jefferson, *Criminal Law* (*5th Edition*), 法律出版社 2003 年版(英文影印本)。

二、中文论文类

1. 卢建平:"加强对民生的刑法保护: 民生刑法之提倡", 载《法学杂志》2010 年第 12 期。

2. 何荣功:"要慎重对待'民生刑法观'", 载《中国检察官》2014 年第 3 期。

3. 王杰:"神权政治向伦理政治的转向——西周时期的敬德保民思想", 载《理论前沿》2005 年第 23 期。

4. 迟汗青："传统民本思想源流考评"，载《北方论丛》1995年第3期。
5. 王玉灵、霍有光："民主民本民生理念辨析及理论构建"，载《北京行政学院学报》2011年第6期。
6. 付子堂、常安："民生法治论"，载《中国法学》2009年第6期。
7. 陈金龙："孙中山民生主义的历史作用与当代价值"，载《科学社会主义》2011年第1期。
8. 张善根："人权视野下的民生法治"，载《法学论坛》2012年第6期。
9. 王人博："论民权与人权在近代的转换"，载《现代法学》1996年第3期。
10. 韩英军："中国近代民权的话语特性分析"，载《首都师范大学学报（社会科学版）》2006年第1期。
11. 田广兰："公正与关怀——民生制度与实践的伦理原则"，载《道德与文明》2011年第3期。
12. 汪习根："发展权含义的法哲学分析"，载《现代法学》2004年第6期。
13. 杨炼："民生保障的宪法透视：权利的三重视角"，载《黑龙江社会科学》2010年第2期。
14. 王太高、邹焕聪："论民生保障的法理基础"，载《南京社会科学》2010年第4期。
15. 孙中山："录中国日报民生主义与中国政治革命之前途"，载《民报》1906年4号刊。
16. 陈媚林："民生问题是构建和谐社会的基点"，载《求实》2008年第8期。
17. 卢勤忠："我国刑法修正案立法的问题及对策"，载《南京大学学报（哲学·人文科学·社会科学版）》2009年第3期。
18. 赵中源、梅园："回顾与反思：理论界关于民生若干问题的研究"，载《当代世界与社会主义》2010年第4期。

19. 郭泽强:“从立法技术层面看刑法修正案”,载《法学》2011 年第 4 期。
20. 窦孟朔等:“论十六大以来中国特色社会主义民生观形成发展”,载《科学社会主义》2011 年第 2 期。
21. 吴宁:“民生:马克思主义哲学中国化的现实问题和理论维度”,载《贵州师范大学学报(社会科学版)》2009 年第 1 期。
22. 窦孟朔等:“论中国特色社会主义民生观”,载《河北师范大学学报(哲学社会科学版)》2009 年第 1 期。
23. 燕树棠:“法律教育之目的”,载《清华法学》2006 年第 3 期。
24. 苏力:“二十世纪中国的现代化和法治”,载《法学研究》1998 年第 1 期。
25. 夏勇:“权利哲学的基本问题”,载《法学研究》2004 年第 3 期。
26. 王成礼:“利益、法治、秩序与和谐——关于构建和谐社会法治维度的价值思路”,载《法学杂志》2008 年第 6 期。
27. 洛桑灵智多杰:“解决民生问题要靠法治”,载《人大研究》2009 年第 2 期。
28. 曹建明:“检察工作必须做到‘五个始终’”,载《人民检察》2008 年第 9 期。
29. 李新刚:“构建民生法治是民生发展对我国法治建设的新要求”,载《南京航空航天大学学报(社会科学版)》2011 年第 4 期。
30. 陈伯礼:“民生法治的理论阐释与立法回应”,载《法学论坛》2012 年第 6 期。
31. 彭中礼、王亮:“‘民生’的法哲学追问——以‘权利—义务’范畴为视野”,载《西南科技大学学报(哲学社会科学版)》2010 年第 4 期。
32. 何士青:“通过法治迈向民生保障”,载《政治与法律》2008 年第 5 期。
33. 周志宏:“社会权——总论、教育权”,载《月旦法学杂志》1999 年第 48 期。

34. 龚向和："社会权的概念"，载《河北法学》2007 年第 9 期。
35. 凌维慈："历史视角下的社会权——以日本生存权理论的发展变革为视角"，载《当代法学》2010 年第 5 期。
36. 邓炜辉："社会权概念界定之批判与重塑"，载《北方法学》2013 年第 4 期。
37. 齐文远："社会治理现代化与刑法观的调整——兼评苏永生教授新著《区域刑事法治的经验与逻辑》"，载《法商研究》2014 年第 3 期。
38. 车明珠："民生刑法初论"，载《刑法论丛》2012 年第 4 期。
39. 陈兴良："法治国的刑法文化——21 世纪刑法学研究展望"，载《人民检察》1999 年第 11 期。
40. 姜瀛："民生写入刑法之初探——以'行贿罪量刑情节'为研究切入点"，载《南都学坛》2013 年第 4 期。
41. 张训："论民生刑法的出场——受达顿《中国的规制与惩罚：从父权社会到民权社会》的启迪"，载《安徽大学法律评论》2011 年第 2 期。
42. 杜宝庆："市民刑法的价值理念分析"，载《暨南学报（哲学社会科学版）》2007 年第 6 期。
43. 张勇："民生刑法的品格：兼评《刑法修正案（八）》"，载《河北法学》2011 年第 6 期。
44. 刘斌："法治的人性基础"，载《中国政法大学学报》2008 年第 2 期。
45. 尹振国："国家治理现代化与人本主义刑法观"，载《重庆理工大学学报（社会科学版）》2015 年第 4 期。
46. 李希慧、龙腾云："法律的人性关怀与刑罚轻缓化"，载《河南省政法管理干部学院学报》2010 年第 3 期。
47. 孙国祥："WTO 语境下的刑法观念重构"，载《江海学刊》2002 年第 5 期。
48. 姜涛："劳动法治视域下劳动刑法制度创生的法理求证"，载《法制与社会发展》2011 年第 2 期。
49. 魏昌东:“刑法立法的群体本位性与个体本位性”，载《刑法论丛》2008 年第 4 期。
50. 黄文艺:“谦抑、民主、责任与法治——对中国立法理念的重思”，载《政法论丛》2012 年第 2 期。
51. 吴玉萍:“民生刑法视角下食品安全犯罪之刑法规制”，载《齐鲁学刊》2014 年第 4 期。
52. 冯军、吴卫军:“刑事法律关系概念探析”，载《江海学刊》1997 年第 6 期。
53. 林嘉:“社会法在构建和谐社会中的使命”，载《法学家》2007 年第 2 期。
54. 姜涛:“论劳动刑法的建构及其法理”，载《中国刑事法杂志》2007 年第 5 期。
55. 姜涛:“民生保护政策视域下的劳动刑法图景”，载《江淮论坛》2012 年第 1 期。
56. 马金芳:“社会法的未来发展特征”，载《政治与法律》2013 年第 10 期。
57. 严励:“问题意识与立场方法：中国刑事政策研究之反思”，载《中国法学》2010 年第 1 期。
58. 袁林:“刑法解释观应从规则主义适度转向人本主义”，载《法商研究》2008 年第 6 期。
59. 袁林:“公众认同与刑法解释范式的择向”，载《法学》2011 年第 5 期。
60. 何秉松:“我国犯罪趋势、原因与刑事政策（下）”，载《政法论坛》1989 年第 6 期。
61. 陈兴良:“刑事政策视野中的刑罚结构调整”，载《法学研究》1998 年第 6 期。
62. 陈兴良:“宽严相济刑事政策研究”，载《法学杂志》2006 年第 1 期。

63. 吴玉萍："食品安全犯罪之刑罚配置——以民生刑法为视角"，载《政法论丛》2014 年第 4 期。

64. 陈兴良："法治国的刑法文化——21 世纪刑法学研究展望"，载《人民检察》1999 年第 11 期。

65. 杨柳："释法抑或造法：由刑法历次修正引发的思考"，载《中国法学》2015 年第 5 期。

66. 姜涛："问题与出路：对我国劳动刑法出场形态的慎思"，载《西南政法大学学报》2010 年第 5 期。

67. 庞凌："权利、自由与社会管理创新的切入点"，载《法学》2011 年第 10 期。

68. 高铭暄、陈冉："论社会管理创新中的刑事法治问题"，载《中国法学》2012 年第 11 期。

69. 储槐植："刑法契约化"，载《中外法学》2009 年第 6 期。

70. 陈兴良："刑法的人性基础"，载《法学研究》1994 年第 4 期。

71. 龙兴盛、周宇华："人性观与刑法的介入范围——基于中西方人性观之比较研究"，载《法律适用》2012 年第 7 期。

72. 梁根林："非刑罚化——当代刑罚改革的主题"，载《现代法学》2000 年第 6 期。

73. 李永升："《刑法修正案（八）》内容解析"，载《刑法论丛》2011 年第 2 期。

74. 田宏杰："宽容与平衡：中国刑法现代化的伦理思考"，载《政法论坛》2006 年第 2 期。

75. 孙道萃："刑法信仰的建构"，载《河南科技大学学报（社会科学版）》2012 年第 4 期。

76. 刘艳红："我们应该停止犯罪化的刑事立法"，载《法学》2011 年第 11 期。

77. 陈兴良："刑法谦抑的价值蕴含"，载《现代法学》1996 年第 3 期。

78. 穆丽霞："论我国环境刑法的立法价值取向及其实现"，载《法学杂志》2015 年第 1 期。

79. 郝艳兵："风险社会下的刑法价值观念及其立法实践"，载《中国刑事法杂志》2009年第7期。
80. 刘艳红："当下中国刑事立法应当如何谦抑？——以恶意欠薪行为入罪为例之批判性分析"，载《环球法律评论》2012年第2期。
81. 贾凌、毕起美："醉酒驾驶行为入罪论"，载《法学杂志》2010年第9期。
82. 于志刚："危险驾驶行为的罪刑评价——以'醉酒驾驶'交通肇事行为为视角"，载《法学》2009年第9期。
83. 周详："民生法治观下'危险驾驶'刑事立法的风险评估"，载《法学》2011年第2期。
84. 金园园："风险社会刑法作用的边界在哪里——访华东政法大学教授杨兴培"，载《人民检察》2012年第19期。
85. 杨兴培："索取非法'债务'拘押他人的刑法定性"，载《华东政法大学学报》2013年第2期。
86. 夏勇："民生风险的刑法应对"，载《法商研究》2011年第4期。
87. 屈学武："刑事法治理念的更新"，载《法学研究》2007年第4期。
88. 吴富丽："刑事法治与刑法谦抑"，载《人民检察》2008年第17期。
89. 赵秉志："我国刑事立法领域的若干重大现实问题探讨"，载《求是学刊》2009年第2期。
90. 冯军："和谐社会与刑事立法"，载《南昌大学学报（人文社会科学版）》2007年第2期。
91. ［日］滋贺秀三："中国法文化的考察"，载《比较法研究》1988年第3期。
92. 杨春洗、苗生明："论刑法法益"，载《北京大学学报（哲学社会科学版）》1996年第6期。
93. ［日］関哲夫："法益概念与多元的保护法益论"，王充译，载《吉林大学社会科学学报》2006年第3期。
94. 梁根林："论犯罪化及其限制"，载《中外法学》1998年第3期。

95. 陈家林:“德国的不能犯理论及对我国的启示”，载《刑事法评论》2007年第1期。

96. 吕英杰:“风险刑法下的法益保护”，载《吉林大学社会科学学报》2013年第4期。

97. 齐文远:“刑法应对社会风险之有所为与有所不为”，载《法商研究》2011年第4期。

98. 刘炯:“法益过度精神化的批判与反思——以安全感法益化为中心”，载《政治与法律》2015年第6期。

99. 周漾沂:“论‘煽惑他人犯罪或违背法令’之处罚理由”，载《台大法学论丛》2008年第4期。

100. 孙万怀、卢恒飞:“刑法应当理性应对网络谣言——对网络造谣司法解释的实证评估”，载《法学》2013年第11期。

101. 舒洪水、张晶:“法益在现代刑法中的困境与发展——以德、日刑法的立法动态为视角”，载《政治与法律》2009年第7期。

102. 张绍谦:“从刑罚特性看犯罪圈的界限”，载《河南财经政法大学学报》2007年第5期。

103. 谢望原:“作为刑罚价值的自由”，载《法学研究》1998年第4期。

104. 李琳:“新型危害行为入罪标准之确定——以质疑‘毒驾入刑’为视角之分析”，载《法学评论》2014年第2期。

105. 蔡一军:“犯罪化范围的法理分析与展开”，载《法制与社会发展》2010年第1期。

106. 周东平:“论犯罪暗数及其调查方法”，载《厦门大学法律评论》2001年第1期。

107. 王海、丁俊丽、李光泉:“从考试制度现状论国家考试立法的迫切性”，载《天津大学学报（社会科学版）》2003年第4期。

108. 姜涛:“问题与出路：对我国劳动刑法出场形态的慎思”，载《西南政法大学学报》2010年第5期。

109. 许发民:“风险社会的价值选择与客观归责论”，载《甘肃政法学院学报》2008 年第 5 期。
110. 张敬博："食品安全的刑法保护——访北京师范大学刑事法律科学研究院李希慧教授"，载《人民检察》2012 年第 5 期。
111. 吴占英："中俄刑法典有关危害食品安全犯罪的规定之比较"，载《政法论丛》2013 年第 1 期。
112. 王世洲："德国环境刑法中污染概念的研究"，载《比较法研究》2001 年第 2 期。
113. 储槐植："议论刑法现代化"，载《中外法学》2000 年第 5 期。
114. 王政勋："定量因素在犯罪成立条件中的地位——兼论犯罪构成理论的完善"，载《政法论坛》2007 年第 4 期。
115. 屈学武："中国刑法上的罪量要素存废评析"，载《政治与法律》2013 年第 1 期。
116. 张绍谦："论我国刑法的公正价值"，载《公民与法：法学版》2011 年第 9 期。
117. 储槐植、汪永乐："再论我国刑法中犯罪概念的定量因素"，载《法学研究》2000 年第 2 期。
118. 姜涛："风险社会之下经济刑法的基本转型"，载《现代法学》2010 年第 4 期。
119. 张旭："风险社会的刑事政策方向选择"，载《吉林大学社会科学学报》2011 年第 2 期。
120. 姜涛："行政犯与二元化犯罪模式"，载《中国刑事法杂志》2010 年第 12 期。
121. 劳东燕："犯罪故意理论的反思与重构"，载《政法论坛》2009 年第 1 期。
122. 肖中华、王海桥："危险驾驶犯罪行为的刑法界定"，载《法学论坛》2009 年第 6 期。
123. 翟中东："危险评估与控制——新刑罚学的主张"，载《法律科学》2010 年第 4 期。
124. 杜宇："再论刑法上之'类型化'思维——一种基于'方法论'

的扩展性思考”，载《法制与社会发展》2005 年第 6 期。
125. 王世洲：“刑法的辅助原则与谦抑原则的概念”，载《河北法学》2008 年第 10 期。
126. 陈璐：“犯罪化如何贯彻法益侵害原则”，载《中国刑事法杂志》2014 年第 3 期。
127. 梅象华：“刑法不得已原则研究——以界分不法行为为视角”，载《湖南社会科学》2014 年第 1 期。
128. ［德］赫费：“文化际的刑法Ⅱ”，蔡庆桦、孙善豪译，载《二十一世纪》2000 年第 58 期。
129. 梅象华：“继承与超越——刑法不得已原则之于谦抑原则”，载《河北法学》2014 年第 10 期。
130. 童春荣：“刑法不得已原则之提倡——与刑法谦抑性比较的抉择”，载《湖北社会科学》2015 年第 7 期。
131. 张明楷：“刑法在法律体系中的地位——兼论刑法的补充性与法律体系的概念”，载《法学研究》1994 年第 6 期。
132. 高铭暄：“风险社会中刑事立法正当性理论研究”，载《法学论坛》2011 年第 4 期。
133. 吴喆、任文松：“论食品安全的刑法保护——以食品安全犯罪本罪的立法完善为视角”，载《中国刑事法杂志》2011 年第 10 期。
134. 赵秉志、袁彬：“刑法与相关部门法关系的调适”，载《法学》2013 年第 9 期。
135. 曲新久：“论刑事责任的概念及其本质”，载《政法论坛》1994 年第 1 期。
136. 柳经纬：“从‘强制取得’到对债的依归——关于民事责任性质的思考”，载《政法论坛》2008 年第 2 期。
137. 周佑勇、刘艳红：“行政刑法性质的科学定位（上）——从行政法与刑法的双重视野考察”，载《法学评论》2002 年第 2 期。
138. 周佑勇、刘艳红：“行政刑法性质的科学定位（下）——从行政法与刑法的双重视野考察”，载《法学评论》2002 年第 4 期。

139. 朱铁军："刑法与民法之间的交错"，载《北方法学》2011 年第 2 期。

140. 夏勇："刑法与民法——截然不同的法律类型"，载《法治研究》2013 年第 10 期。

141. 姚建龙："论刑法的民法化"，载《华东政法学院学报》2001 年第 4 期。

142. 王莹："论行政不法与刑事不法的分野及对我国行政处罚法与刑事立法界限混淆的反思"，载《河北法学》2008 年第 10 期。

143. 梅传强："论'后劳教时代'我国轻罪制度的建构"，载《现代法学》2014 年第 2 期。

144. 陈志龙："刑法的法益概念（中）"，载《台湾大学法学论丛》1988 年第 2 期。

145. 张分田："从社会普遍意识角度看民本思想与统治思想的关系"，载《中国社会历史评论》，天津古籍出版社 2008 年版。

三、外文著作类

1. Andrew Ashworth, *Principle of Criminal Law*, Oxford University Press, 2003.

2. Eric Rasmusen, *Marriage and Divorce: An Economic Perspective*, Dnes, Robert Rowthorn eds., Cambridge: Cambridge University Press, 2002.

3. Barbara Ann Stolz, *Criminal justice policy making: federal roles and processes*, Westport, Conn.: Praeger, 2002.

4. Yves Beigbeder, *International justice against impunity: progress and new challenges*, Martinus Nijhoff Publishers, 2005.

5. Carlos A. Aguirre, Robert Buffington, *Reconstructing criminality in Latin America*, Wilmington: Scholarly Resources, 2000.

6. Glive Walker, Keir Starmer, *Miscarriages of justice: a review of justice in error*, London: Blackstone Press, 1999.

7. Christine Van Den Wyngnert, *International Criminal Law*, Kluwer Law International, 2000.

8. Clive Emsley, *Crime, police, and penal policy: European experiences 1750 – 1940*, Oxford: Oxford University Press, 2007.

9. Clemens Bartollas, Stuart J. Miller, *Voices in the juvenile justice system*, *Upper Saddle River*, N. J.: Pearson/Prentice Hall, 2008.

10. William JKeefe, Morris S. Ogul, *The American Legislative Proces*, Prentice – Hall, 1985.

11. Herbert L. Packet, *The Limits of the Criminal Sanction*, Stanford University Press, 1968.

12. *Black's Law Dictionary* (8th ed.), West Publishing Company, 2004.

13. Joel Feinberg, *Harmless Wrongdoing*, Oxford: Oxford University Press, 1988.

14. Joel Feinberg, *Offense to Others*, Oxford: Oxford University Press, 1988.

15. Ules L. Coleman, *The Practice of Principle: In Defense of a Pragmatist Approach to Legal Theory*, Oxford: Oxford University Press, 2001.

16. Makus D. Dubber, *Criminal Law: Model Penal Code*, New York: Foundation Press, 2002.

17. H. L. A. Hart, *Law, Liberty, and Morality*, Stanford: Stanford University Press, 1963.

18. A. P. Simester, G. R. Sullivan, *Criminal Law Theory and Doctrine*, Oxford: Hart, 2003.

19. Douglas Husak, *Overcriminalization: The Limits of the Criminal Law*, Oxford: Oxford University Press, 1994.

四、外文论文类

1. Mariela Machado, "La Protecion Penal de los Bienes Juridios Collectivos y su Relacion con los Delitos de Peligro", *Pensamiento Penal*, Vol. 9, No. 1, 2010.

2. Anthony Kennedy, "Justifying the Civil Recovery of Criminal Proceeds", *Journal of Financial Crime*, Vol. 12, No. 1, 2004.

3. Robert W. Drane, David Neal, "On Moral Justifications for The Tort/Crime Distinction", *California Law Review*, Vol. 68, 1980.

4. Hugo Adam Bedau, "Feinberg's Liberal Theory of Punishment", *Buff. Crim L. Rev.*, Vol. 5, No. 1, 2001.

5. Richard A. Posner, "An Economic Theory of the Criminal Law", *Colum. L. Rev.*, Vol. 85, No. 6, 1985.

6. Paul H. Robinson, "The Criminal – Civil Distinction and the Utility of Desert", *Boston University Law Review*, Vol. 76, 1996.

7. Santiago Mirpuig, "Legal Goods Protected By The Law and Legal Goods Protected by the Criminal Law as Limits to the State's Power to Criminalize Conduct", *New Criminal Law Review*, Vol. 11, No. 3, 2008.

8. Dan Markel, "Wrong Turns on the Road to Alternative Sanctions: Reflections on the Future of Shaming Punishments and Restorative Justice", *Tex. L. Rev*, Vol. 85, 2007.

9. Benjamin C. Zipursky, "Civil Recourse, Not Corrective Justice", *GEO. L. J.*, Vol. 91, 2003.

10. Robert W. Drane, David Neal, "On Moral Justifications for the Tort/Crime Distinction", *California Law Review*, Vol. 68, No. 2, 1980.

后记

保护民生已成为当前中国的时代最强音。刑法作为以保障人权为重任的法律，必须关注民生。刑法作为社会治理体系中的重要元素和社会纠纷解决机制的重要环节，必须保障民生。简言之，关怀与保护民生，刑法不能置身事外。作为一个刑法学的研习者，我不禁追问，面对愈来愈强烈的民生保护需求，中国刑法应该走向何处？若因刑法关注民生而构建民生刑法，成为刑法关怀民生与民生保护的制度体现，那么，民生刑法赖以建立的社会与法律基础应如何去论证与诠释？进而，我们需要一种什么样的民生刑法？合理把握民生刑法的规制限度，直接关乎民生保护的社会政策在我国刑法中能否成为一种切实的行动。这就是本书研究民生刑法的动机与视阈。本书着力构建一套关于民生犯罪的犯罪化的可行理论，旨在保证刑法介入民生保护的适当限度，为合理构筑民生犯罪的犯罪圈提供思路。正是基于这种愿望，希望本论题的努力，对于促使我国刑法学激活发展内生力，确认民生刑法自身价值、展现民生刑法实践品格有所裨益。

本书在付梓之际，感激之情油然而生。借此机会，向许许多多帮助关心过我的人们道一声感谢！

感谢我的博士生导师康均心教授！恩师以治学严谨、求真务实的精神时刻影响着我，他丰富渊博的知识、敏锐的学术思维、精益求精的工作态度以及诲人不倦的师者风范是我终身学习的楷模。感谢我的硕士生导师吴振兴教授！吴老师是将我领进博大精深的刑法学殿堂的指引者。感谢莫洪宪教授！莫老师孜孜不倦的学术精神、宽以待人的人格魅力、知性优雅的高贵气质，都令我深深地折服。在武汉大学求学期间，还有幸得到了林亚刚教授、陈家林教授、皮勇教授、王晨教授、何荣功教授、叶小琴副教授、陈金林副教授、熊琦副教授的指导和帮助，在此对各位老师表示最衷心的感谢！

感谢卢建平教授、梁根林教授、李洁教授、夏勇教授、齐文远教授、刘艳红教授、车明珠博士、陈忠林教授、周绍谦教授、唐稷尧教授、劳东燕教授、梅传强教授等学者，本书中的很多观点和思路，都是受到他们的启发才得以形成的。

感谢我的同窗好友秦继红、刘蕊、姜子倩，同窗数载、守望相助，此中情谊将相伴一生，难以忘怀。

感恩我的至亲家人，是他们的无悔付出和大力支持让我毫无牵挂地跋涉在刑法研习的道路上。感谢我的丈夫贺亚龙和我的孩子贺铭轩，是他们给予我无私的关爱和情感支持，使我能够顺利完成本书的写作。尤其要感谢我的父母，他们赐予我生命，给予我健全的人格。三十多年来，父母亲对我倾注了所有的心血。他们基于对知识朴素的信仰、对女儿理想的坚定支持，为我营造了舒心的家庭环境，使我能够踏实工作、健康成长。双亲已老，只有更加勤勉，才能报答他们的养育之恩。

中国政法大学出版社阚明旗主任、马旭编辑、高露编辑对本书的出版付出了辛勤的劳动，特此感谢！高露老师在审阅本书的过程中，提出了许多宝贵的意见，深受启发！最后，感谢所有帮助和关心过我的人们！

蒋晗华

2018年3月18日